我的父母亲，是一对洁净漂亮的人儿

1 | 2

3

1. 童年王刚
2. 我穿上了军装（1970）
3. 爸妈下乡归来之全家福（1977）

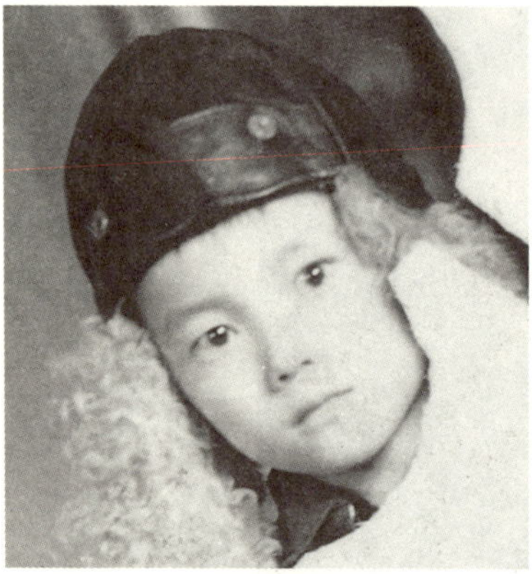

我本頑痴

王刚自题

凤凰出版传媒集团
江苏文艺出版社
JIANGSU LITERATURE AND ART
PUBLISHING HOUSE

目录 Contents

悲欢轮转：给先辈，给我的孩子们

其实，这是一部已写了十多年的书。

十多年前，我提笔写出所谓的“未完成稿”，是从我陪妈妈到医院看病开始说起，母子之间闲唠嗑，从现在的医生聊到我那当中医的姥爷。悠悠然讲起家族的传奇，有那么一点“听妈妈讲那过去的故事”的意思。东北老家的往事烟云：伪满洲国，亡国奴的屈辱，黎民百姓的艰辛，雪白血红，兵痞，匪盗……喧喧嚷嚷，头绪繁多。回味咂摸，还有点类似于女作家萧红的《呼兰河传》的凄婉和哀愁。

再一次动笔的时候，正逢妈妈最后一次住院。

终于，她老人家没有能够等到这本书出版。

说到“等”，突然有一种凄惶的联想，想到30年前去世的父亲。

当年已到癌症晚期的父亲躺在病床上，枕头下掖着一个半导体收音机，等候着一个节目的开始。那个节目，就是儿子王刚在中央电台演播的第一部长书连播作品《牛虻》。

老父亲悄悄地等着，下意识地调着收音机。虚弱地等着。

这大概属于人世间最遗憾最无助的等候吧。

以后的若干年，妈妈见证着儿子走下来的每一步。比起父亲，似乎少了一些遗憾，可是多了份操心。

牵挂着这么一个老儿子，可不是一件幸运的事儿。尤其是，曾经一度这个老儿子还经历离异了，打光棍儿了，处在没媳妇管的狼狈境地。懒散，颠倒，不吃早点，时不时还借酒浇愁。让为娘的想问又不敢多问，想劝又怕儿子嫌她絮叨。无所适从，只能悄悄叹气。

但这个不让她省心的儿子也曾给她带来不少满足。

她晚年时的最大消遣，就是看儿子演的电视剧；看她的儿子主持的各档节目。

老人家没事就这么天天看着，醉心其中，似乎怎么也看不够。在我的印象中，她从来没有对我的演出说过不待见的话——唯有那么一次，神州大地皆说“和大人”的时候，她在电梯里听到街坊老姐妹并无恶意的调侃，心里觉得不是滋味，回来忍不住提醒儿子一句：

“咱们……以后演个正面角色行不行？”

想到这个细节，不知道该开心还是难过，所有的感受触电般掠过，化为含泪的笑。

这是我的自传，毫无疑问。

这开篇卷首，就是一场轮回。的的确确，这是一个宿命的挽结，人生的盛衰、头尾，好像已经看到了轮廓。

我已经年过六十，比共和国年龄还大半岁多。自然地，我的感悟都跟时代紧密相连，但是可以毫不犹豫地说，我的“岁月感悟”跟当时的一般人、大部分人不同，甚至在经验和感情上还有一些疏远。当然不敢自诩“大梦我先觉”，可多多少少有点“另类”。

我人生经历里贯穿的某种情感疏远和“另类”，是以前未曾吐露过的。

我要给你们看一个我：一个曾经顽劣无比“引火烧身”的少年王刚；一个曾经我行我素不懂世道险恶的率性王刚；一个后来又懂得进退懂得伸缩的俗人王刚；一个如鲁迅先生说的，随时可以榨出皮袍下的“小”的王刚。

我要给你们看一个充满矛盾的我：拍戏当间儿突然冲到小树林里痛哭失声不能自持的性情王刚；一个皇上面前摇尾乞怜的“和大人”——狭邪无比的“分裂型”王刚；一个有过失败婚姻招人议论的王刚；一个以“天下收藏”寄托某种情怀的江湖人王刚。

这个我，真的很矛盾：是聚光灯下人五人六的我，笑容可掬的我，是面子上跟谁都能说得过去的王刚。这后面，还有一个不随和不宽容的我，一个被人戳着背：“啧啧，这人！怎么一脑门子官司？”——按北京话说：一个“挺不招人待见的”王刚。

曾经的说书人也轮到了“革命革到自己头上”的境遇。想想也是，我，王刚，“长书连播”里煞有介事说道别人的人，“王刚讲故事”的主讲，现在也要说道说道自己了。习惯于口齿伶俐说别人的人，终于也要来一场“自供”。

隐隐约约，脑子里涌出一个不太恰当的比喻，那就是《红楼梦》里焦大的话：我活了这么大岁数，只有跟着太爷捆人的，哪里倒叫人捆起来？

什么也甭说了，捆上捆上。把自己的大半生交代交代，尽量囫囵个儿地向列位看官托出。

书归正传。回到 2008，对于我个人来说，刻骨铭心的悲喜轮转也在这一年。

这一年，我逢遇了平生最大的喜悦——7 月 25 日上午 10 点 16 分，我唯一的儿子诞生了。

六十岁花甲得子，一个轮回，我有了这个儿子。

这一年年末，农历大年三十，还没到除岁的关口，我的母亲又第三次被送进了医院，老人家这一去，再也没有重回家门。

2008~2009 年间，正逢国家多事之秋，我个人的生活似乎也比往年多了几分喧嚣，几分波澜。

一样一样地说吧。

2008 年这一年，在媒体流布的绯闻的纷扰中，王刚按部就班地生活着。

媒体先是给我安排了一个不相干的女朋友，然后帮我辟谣——新闻标题特意强调我怎样“震怒”。

一日，南方某周刊的记者给我发信息，向我“核实”：某位开着奔驰车进

“二小同年为甥舅”，难得的天伦之乐。

入我的公寓的怀孕的女性，是否就是我现在的妻子。

我看见信息一愣，摇摇头，没理会。

记者多老练啊，等的就是这个。见我不答理，没过三天，网上独家爆料的组图出来了，被拍到的那位女士真是我爱人。那时候怀孕快九个月了，她开着车跟阿姨一块儿出去找月嫂，进药店。旁边附着我的照片，我从古玩城里正拿一小盒出来。咔嚓，咔嚓，几个定格。

娱乐，花边，组图……我听到的潜台词是：可逮住你了。

我对我的新组家庭保密了四年，就这样一夕间曝光在大众视线中。

2009年初（农历戊子年尾），我的女儿也给我添了一个外孙。在英国多年的女儿回国了，和那洋姑爷一起回到了北京，一家人从来没有这么齐全过。

北方人说的，“全和人”，就是这样一种境界吗？

一边看着我的宝贝儿子，一边稀罕着我的外孙，感叹着人生的神奇和我的人生之与众不同：儿孙绕膝乃天伦之乐，而时下真能享受儿子与孙子同时绕膝者，“多乎哉？不多也！”在掺杂着惭愧、侥幸的志骄意满中，在微醺的状态下，我写了这么一幅对子——

二小同年为甥舅，四世有聚惭老春。

虽然欠点对仗工整，也不大讲平仄，但在滋味复杂的2008年之后，对于生命的珍贵，人生的圆满，我想，大多数中国人应该有了别样的体味。

我的家庭和亲情谱系，也就是这样一个格局了：白发高堂——我的母亲；我的妻子；跨国婚姻——我的女儿婷婷和我的女婿彼得，还有他们的爱情结晶：我的外孙路易斯；我的妹妹王静；还有我在2008年最重要的收获——我的儿子丁丁。

乐乐呵呵、团团圆圆一大家子，过年了。戊子年即将过去了，我下了决心，一定要好好张罗一下年三十的团聚。很奇怪，好像一种强烈的暗示在催逼自己：好不容易聚齐了，不花团锦簇地安排一次大团圆，那一定是个遗憾。

这种暗示，毫无疑问，跟妈妈的身体状况有很大关系。

妈妈最后出现在大庭广众下的时候，是在她的孙子丁丁的百日酒席上。

有嘉宾助兴表演了各类节目之后，88岁的老母亲兴之所至，竟站起来，手持话筒，一板一眼地唱起20世纪30年代的流行歌曲《扁舟情侣》：

把桨点破了湖心，点破了湖心的平静，小船儿缓缓向前行，湖两旁的杨柳，摇曳轻轻，好像欢迎我俩来临……

歌词透着无比欢悦的情绪，透着生命盎然的美丽。全场最热烈的掌声过后，妻帮我悄悄擦去涌出的泪水。我在心里默祷着：妈，您还年轻，您就天天这样快乐着，等您百岁寿诞时，再唱这首歌……

半个月之后，妈的身体每况愈下，随后三次住院。添了孙子的喜悦，及后来“四世同堂”的“冲喜”，竟没能挽回衰落的生命。

年夜饭的红烛绿酒，掩盖不住人生的惶惑：一老一少，一个是生命刚刚开始，一个肯定是衰老的步履行将停止。

你只能眼巴巴地看着这一切发生。

永远不能忘记2009春节前夜的那一幕：热热闹闹一大家子，似曾相识，又恍若隔世，老母亲坐在正中，笑呵呵地看着儿子儿媳、女儿、孙女孙女婿，还有被抱在怀里的孙子、曾外孙，按照长幼顺序磕头祝福。

我的洋女婿肯定是第一次见识中国家庭过年的礼节，兴奋得不得了。伦敦过来的洋女婿，这回足足地见识了东方家庭的风韵。拍照啊，磕头啊，十分乐

妈妈在孙子的百日聚会上，高唱她年轻时的流行歌“扁舟情侣”。摄于2008年11月。

在其中。

我父母都是非常开通的人，家族里没有什么一定要讲究“老礼儿”的说法。然而，我还是在顽强维护着留存的一点点礼节，比如拜年，给长辈磕头，这一些充满仪式感的东西。当父亲老去，我成为家族的主心骨的时候，我还会带头演示这些“老礼儿”——演示这一切的目的，就是让晚辈看着，让他们明白“传承”是怎么回事。

我觉得礼是很重要的，这点形式再没有，真的不知道还有什么了。这不是保守，更不是矫情，恰恰相反，这是追求心灵上的“温润而泽”。

要在往年的话，这个晚上一定要唠嗑、守岁，乐乐融融一夜。可是这次，我担心妈妈过度劳累，就吆喝着散了。大家是在欢快的气氛里道别的：快走，快走！等会烟火爆竹齐放，当心炸着！

热热闹闹，有说有笑，没有看出任何一种不祥的兆头。

我和妻儿刚到家里没10分钟，电话就来了，女儿婷婷尽力保持着平静的口气，告诉我奶奶又不行了，得马上送医院。

我心里“咯噔”一下：终于快到那一天了吗？……

妈妈确实是每况愈下，第一次住院的时候，我还在怀柔拍《铁嘴铜牙纪晓岚》第4部，不可能天天去看她。每次我到医院看她的时候，她总是表现出很洒脱甚至很不耐烦的样子，总是把“你忙，别为我耽误了工作”挂在嘴上。

可后来就不一样了。

越到后来，老人惯有的矜持和克让就少了，搁下了，没了。

这种细微的变化，只有当儿子的，才能真切体会到。

第二次住院的时候，她还是心疼儿子为她来回跑，但不怎么说“你忙，少来吧”这一类的话了。

从老人家的眼神，我能看出掩饰不住的一丝焦灼：担心儿子真的因为忙就少过来了。

我心想：妈妈啊妈妈，这怎么可能呢？

有一天特巧，我中午还喂我儿子呢，下午就到医院喂我妈。一老一小，神态，眼神，肢体语言，几乎一样一样的。我也像几小时前哄孩子似的，柔声劝道：妈，再吃一口。

一个是 88 岁的老人，一个是婴儿。生命的终端和起始。

一切都颠倒过来了。想起一个词——“反哺”。

我几乎是天天去。病人已经到了下胃管、鼻饲的境地了，药都吃不下了，除了打点滴以外，药得通过胃管下去。但是有些流质食物还能从嘴进去。我扶她坐起来，在后面弄一些枕头，然后一勺一勺地，喂我妈妈多半杯橘子汁，特别小心地喂。

喂她橘子汁的时候，护理的小李（一直跟我妈妈的保姆）突然抿嘴一乐：王老师，我喂她就喝不了这么多，你喂的时候你妈全喝了。

每当我轻柔地在老人额头上吻一下——这是要走开的信号，妈妈的样子，会显得特别凄惶。

甚至表现出一种细微的委屈——打点滴的部位有点淤血，得热敷。我一边揉着一边说：妈，不要紧的，你看，不是好多了吗?

而妈妈微微摇头，那表情，委屈得跟个小孩似的。

这一揉就是半个多小时呢，我坐的是一个挺不得劲的凳子，揉着揉着，右腿不知怎么的就麻了。我也不敢动弹。妈妈很受用的样子，一会儿眼睛就眯上了，揉了 20 多分钟了，看她眯上了，我的手慢慢就放开。

不料这稍微一动，不行了，她的眼就睁开了，巴巴地看着我。

我咧嘴一乐，再接着揉。

要在过去的话，揉一会儿妈妈可能就说：“行了行了，重复同样的一个动作多难受啊。”现在她却不吭声，我就这样揉。

我表面笑着，内心深层的悲戚却一股一股地冲击着我的心胸：她的留恋，无助，纯粹的状态，弥留的心境，惧怕的心态，绝望中的挣扎，让我惊心动魄。

这么多年了，都 60 岁了，小时候无心，大了，老了，才意识到从来没有这么长时间地去注视我妈妈这张脸。

这么多年了，就这一次，老人家病在床上，在母亲临终前的留恋和儿子小心翼翼的伺候中，才进入一种意念，就像一本书上写的，“发现母亲”。长时间地看着妈妈，看着她的五官，仔细端详，努力通过她的五官，找到过去画影……

终于，妈妈走了——到这个年龄，还是习惯于用“妈妈”这个称呼，这样称呼她老人家，才有一种在家园的无忧感觉。在北京西郊的回民公墓，安置了她老人家后，看到那弯月亮，惨白的，高悬着，不知为什么，没有凄惶，反而有一种温暖的慰藉。

正是：城中日夕歌钟起，山上惟闻松柏声。

终于，在阳光之下，我带着儿子去看他奶奶。儿子很懂事，看着奶奶的墓碑，一反刚进陵园时的“哇哇”笑闹淘气，很安静，很亲近。

这种“通感”真的是很神奇的——记得有一天我头戴一顶棒球帽，帽檐儿拉得很低。街边昏暗的路灯下，直到我走近婴儿车，孩子妈妈和保姆都没认出我来，孩子却凭着婴儿的直觉，发出“啊啊”的欢迎信号。

这种体验，让我感到自己直接跨越了时空，不仅能想起刚有女儿时的情形，甚至能穿过时空隧道，回到自己还是婴儿的时代，看到生命的本源。所以，有了儿子之后，借用友人邹静之的一句话：我都不“敢”老了。是的，我更加知道爱惜自己了，更加知道感恩了，感谢先人，感谢爸妈，感谢所有对我好的人。

确切地说：这是一部写了大半辈子的书。时光刻录，不断更新着，不断被新的体悟所覆盖，直到儿子诞生，那些不会被湮灭的记忆焕发出新的光泽，生命体验得到新的延伸。所谓“悲欢轮转”，也就指的这一切吧。

书是个什么？

有一种说法叫“世事如书”，书上载的事儿，往往就在你旁边，不管是得意事儿还是糟心事儿，都能成书。

书就是“春秋”，中国人常说的“春秋笔法”，意味实在深远。一个人的春秋，一个大时代的春秋，可感可泣可恼可忘之事，该存则存，当忘则忘。

然而，爱是不能忘记的。

书，“输”也，文言的说法叫“输诚”，换个说法，就是跟大家伙儿掏心窝子，这是好听的。而不好听的说辞，这“输”就是得失之失，“孔夫子搬家净是书（输）”的“输”，意味着我把自己出卖了，把自己人生命运的曲折处、要紧处、关节点，袒露在大家眼前。

照我的理解，书就是一个空间，对我来说，就是一个关于自己生命历程的空间。

我要给你们的这本书，就是这样一个空间。这个空间里有我的现在，更多的是我的过去。这个空间里，有画面，有乐声，有开心，有哽咽；有小满足，有大无奈；有烈火烹油繁花锦簇，有静夜暗室里的回味和孤独；有岁月积累下来的谅解，有对自己的宽恕；有家长里短，更有苦乐滋味。

正是：

拍案未必惊奇，人生原来顽痴；
戏里戏外搬弄，半演半偈主持。
戏说“和相”非我？收藏孤独情丝；
王刚几回故事？悲喜轮转由之。

Chapter 1
第一章

顽劣童年

此命五行缺土。身旺无助。

早运较好；三十而立；中运亨通，灵活；破家，逆行之人；有官克官非之嫌；名高利浅；利厚破喜；四二～四六破家成家；四七～五一妨（防）伤本；脱胎换骨，清白沏底，意念僧道；聚业十年；老年文昌高照；清静着（著）书，教授；寿高古稀开外。

愚见劣批。见（鉴）谅。

某某

一九九一腊

20 世纪 90 年代初，一位《易经》学者、“命理”专家给我批了一个八字。兹录于文前。

蓦地想起另一个说法，很早以前写我的一个通讯，标题很抒情，“看那冲出峡谷的河”云云。这位作家朋友和我聊了聊，他说你别看这个比喻挺老套，可联系到你王刚青年中年时代遭遇的那些事儿，又特别熨帖。大家都知道河流都是这样，当有山阻碍它前进的时候，它会变得很窄，形态变得很收敛，但内蓄着的力量依然很强劲。当一旦冲出这个峡谷，它会把它尽情地伸展开。作家说，你大概就是这么一个人。这么多年来你又似乎很顺利，当你穿越险山，两岸已经变得很窄的时候，你把身子缩起来，把真实的东西掩藏得很深很深，但是它没消失，一旦冲出来你又舒展开了；峡谷好比人生的关隘，说不定下回还有呢，你又缩回去了。

这一席话，特别是“下回还有呢”那一句，竟把我说得“哇凉哇凉”的。

命理，运数，在我看来，还不如这些比喻给我的昭示，更让我乐于接纳，并认清自己。

儿时，每当老辈人遇到什么大事小情，常听他们感叹：“唉，这就是命呵！”

对所谓命，不管是那种强调“运程”把握和热衷于宣讲“命理”技术操控的说法，还是完全消极处世的观点，我一向持保留态度。

这命准与不准，从今天往后，我不好说；从今天往前，倒勾起许多回忆。

血脉传承 · 妈妈的初恋

我出生在辽宁锦州，长在长春。出生地就离著名的锦州古塔不远，现在的锦州还有一个古塔区。

我们这个家族支系叫北镇的王家。北镇，现在改名叫北宁市，是回族、满族相对聚居的地区，至今还有民族自治县的行政建制。史料记载，明宣德年间，在锦州南门外火神庙东修建了第一座清真寺，这是本地区回族民族史的标志性建筑，自此，回族纷纷迁入。

王家属北镇回民大户，却不富有，是谓“穷王”。然而“穷王”却懂穷乐呵，有道是“生旦净末丑，文武昆乱满不挡”；爸爸就是票友，善言派老生，我至今还能来段儿《让徐州》，跟这种熏陶不无关系。从老辈叙述中，脑海能依稀浮现出这些往事鳞片——王家大院儿五间正房，前院有棵大柳树，树下有一大石桌，四周几个石鼓墩儿，围墙脚下栽种各色花草。后院是大片菜地，还有一个羊圈。还记得老王家的自制羊胰子，清香滑爽，胜过“力士”；还记得二婶系糙人，留存着时代尴尬的印记：她脚裹了又放，晚辈戏曰："二大妈脚跟粗，睡睡觉，打呼噜；二大妈脚尖儿长，吃年糕，蘸白糖。"

20世纪80年代出现一股文学上的"寻根"热，爱好文艺的我也跟着"寻"了一把。我的所谓"寻根"就寻到了我出生的那所房子，很落寞肃静的一栋老房子，周围芳草葳蕤，苔藓点点，依稀就是这些印象。

那栋老房子，没有留下任何照片。

大概在20世纪90年代的样子，城市建设大兴土木，老房子早就扒了。

那次旧地重游，妈妈告诉我埋胞衣的所在，我都去找了。盘桓于里巷之间，做了哪些"怀古"，展开了一些什么想象，已经淡忘无存。

也难怪，关于北镇的王家，我父亲的这一支，在长辈的叙述中，在我的记忆里，显得很模糊。在大离乱大动荡的时代里，父亲怎样走出了北镇老王家，和辽宁黑山肖家我妈妈的这一支融合，都已经模糊无序。

人生就是这样，不是所有你曾经历的脉络都能理清的。当记则记，当忘则忘。

老王家沿袭下来，出了个能说的王刚，会唱的王静。然而我爸这人却不苟言笑。原先我以为，我的好奇心，自我炫耀心，早早就萌发的"文艺细胞"，一定不得益于我爸，后来才得知，这纯是主观臆断。

这里先说说我上辈中的活跃人物。爸的二哥，我二大爷，豁达，幽默，讲古论今，招大家尤其孩子喜欢。二大爷这人，真的就是一部"活的历史"，一生充满传奇色彩。1948年深秋，"八路"（老百姓如是称呼东北民主联军）围长春，国军（新七军和六十军）与民争食。据后来我三姑讲：国民党飞机空投粮食，曾将后院老徐家房子砸个大窟窿。居民蜂拥前去抬粮，士兵开枪弹压，死伤无数百姓。百姓饥寒交迫，猫狗耗子都吃，挖草根，啃树皮，据说还有易子而食者。长春围困期间，我二大爷在国共两军中间地带收割后的高粱地里趴了半宿，趁黎明前最黑暗的时候，哨兵打盹儿的当间儿，总算爬出"卡子"。到了怀德县，身无分文卖了孩子换吃的，他刚拿起窝头要塞，被主人强行夺过，改飨以稀粥——这一举措等于是救了二大爷的命，不然非撑死不可。

在那场浩劫当中，我父母幸在锦州，如不然，王刚也可能断送在那场"围城"中。

那年头，无论男女教员，统被尊称为“先生”。因此我妈也被尊称为“肖先生”。图为做教员的妈妈，摄于 1940 年。

翻开家里的老相册，我的父母亲，是一对洁净漂亮的人儿。

二老的漂亮、洁净和尊贵，一直保持到老。这在阴霾重重的年代里，是很难得的。无论再困难，生存质量再低，总要打扮得尽量利落漂亮，保持最低限度的风度，讲求内在的尊贵，我们兄妹俩的某种气质，肯定有对父母亲的秉承。

关于这段家世，对于母亲青春时的初恋，我运用“说书人”的惯常手艺，做了一番“情境还原”式的勾勒，也许不太符合“史家笔法”，但绝非主观穿凿，这文字浸润着“听妈妈讲那过去的故事”的养分，也寄予了我对当年“新式恋爱”的欣赏之情——

妈十八岁那年，经姥爷世交——一位姓吴的小学校长的介绍，离开黑山，到北镇与沟帮子之间的大祖村中心小学当上了教员。

大祖村实际上是个不小的镇子，学生多半是富家子弟，教员中竟有来自北平和关里其他大城市的大学生。估摸是因为“满洲国”出笼后，关里关外一下子成了两个“国家”，“护照”不好办，那些教职员工也就只好留在“异国”他乡了。

尽管妈妈的学历是“国高肄业”，但在这所学校里，她算得上学历最短，年龄最小，一天教龄都没有的“先生”，而且是该校唯一的女教员。

这年初冬，妈带着欣喜而又忐忑的心情走进了这所学校的校门。

她身材窈窕，皮肤白皙，面目清秀，留着齐耳短发，穿着姥姥亲手缝制的深灰色棉袍。大概是为了显得老成些，一张稚气未脱的娃娃脸上硬架了一副玳瑁眼镜（这是我三姨出的主意）。但无论怎样，仍遮不住这个年龄的姑娘自然流露出来的青春气息。

那年头，无论男女教员，统被尊称为“先生”。因此我妈也被尊称为“肖先生”。

任教头一天，肖先生就遇上了难题：要给入学的新生填写学籍簿子。

日伪当局为强化对人民的控制，对档案的登记管理非常严厉，即便是小学生的学籍簿，需填写的内容也是细致入微，从学生的个人状况，到家庭背景，乃至经济收入，动产不动产，详尽到养了几只鸭，几只鹅……不一而足。

初来乍到的“肖先生”哪懂这些，强压住紧张的情绪，上完了白天的课程，回到自己的独身宿舍——校方腾出来的半间北房，便拿起那一厚摞学籍簿子琢磨起来。

其实，她完全可以去请教其他老师，人家也定会热情地帮助她。可天都黑了，就她一个女教员，找谁去？

夜深了，只有“肖先生”的房里还亮着灯光。那摞学籍簿子不知翻了多少遍，许多条款还是弄不明白。明天放学后校方就要收了，今晚务必得搞出个眉目来，真的就没咒儿念啦？……有了！“肖先生”终于想出辙来，她封上炉火，点着一根洋蜡，夹起一本儿学籍簿子，围上一条毛围脖儿，开门走了出去。

早已封了炉火的教员室里又冷又黑，“肖先生”先找到自己的桌子，把学籍簿子放好，又端起蜡烛向别处走去。她挨个儿桌子照啊，找啊……她终于翻到了一本人家填好的学籍簿子，如获至宝般地捧着它，回到自己的座位。

蜡快燃尽了，学籍簿子也顺利填完了，她哈了哈快冻僵了的双手，又悄悄把“借”来的那本送回原处。刚要回身，抬头看见墙上有个很大很大的人影，吓得差点儿叫出声儿来。她下意识地想跑，可那身影也跟着她动；她晃了两下身子，那影子也晃了两下。她吁了一口气：那分明是自己的影子嘛！

她回到自己的桌旁，夹起填好的学籍簿子，提起那眼看要烧着手的洋蜡头儿向门口走去。不知怎么，事儿办完了，心中涌起一种好像偷了他人东西的感觉。

刚要推门——“啊！”这回她真的叫出声来，手中的蜡烛，腋下的簿子，都掉到了地上。透过挂满霜花儿的门玻璃，依稀可辨外面有一张脸，一张男人的脸，在下方一束跳动的烛光映照下，忽明忽暗，煞是可怕。

门开了，他走了进来，弯腰拾起那本学籍簿子，拍拍上面的灰尘，看了看，递给肖先生，又捡起那段洋蜡头儿，对着自己手中的那根儿洋蜡点起来。刚要递过来，大概让烛火烤着了，一松手，那蜡烛头儿又掉到地上，灭了。

“啊，对不起，您还是用我的吧。”

“……”

“肖先生”没接他递过来的洋蜡，也不吭声，只是低头看着地上，不知是冷还是怕，她一个劲儿发抖。

“瞧我，竟忘了自我介绍，鄙姓王，也是本校教员，刚刚看见教员室有亮光，我有点儿不放心，就赶过来看看……没想到是您，惊着您啦，请肖先生原谅。”

说着，他竟给她鞠了一躬。

“肖先生”往后退了一步，不知所措地又摇头又摆手地说：“别……您别叫我先生……我……我得回去啦。”

“好，我来送您。”

王先生说着打开门，用手护住被风吹得歪向一边的火苗，回头招呼着：“天黑风大，您尽量离我近点儿。”话毕，他侧过一步，用自己身体挡住前边刮来的风，再弯腰向前走去。

到了那间小北房的门前，他轻轻推开门，转身将洋蜡递给“肖先生”。

“您快进去，明天还有课，早点儿歇着吧。”

“谢谢王先生……”她用几乎听不到的声音说着，掐着王先生的手空出来的洋蜡的上半截儿，接了过来。

王先生侧过身子，将她让进门，然后说：“我回去了。”

“您的洋蜡……”

“我道儿熟，闭着眼睛也能摸着门儿。您留着吧。”

刚要回身离去，又站定补了一句：“您刚刚来，许多人和事难免生疏。像这学籍簿子，日本人搞得如此复杂，我刚来时也不知怎么个填法。如果信得过我，也许我能给您一些帮助。咱们今后就是同事了，千万不要客气，肖先生。”

“您以后别叫我先生，好吗？”

听她这么一说，王先生也乐了：“咳，老师之间叫惯了。其实，白天同事们谈起您，还真不怎么叫您‘肖先生’……”

她好奇地追问：“那……他们叫我什么？”

“叫您……”他沉吟了片刻，“叫您——小先生。”

王先生说完，自己先觉着不好意思了，头也不回地带上门，转身快步离去，不一会儿就消失在夜色中。

说来也怪，刚才两个人说话时，门始终敞开着，炉火一直封着，可肖先生却一点儿不觉得冷。

经我这么想象，描摹，还原，他们的青春故事，有没有一点点《夜幕下的哈尔滨》的气韵？

但我最后必须澄清的是，以上并非我父母的恋爱，此王先生非彼王先生，但肖先生的确就是我妈妈。这是妈妈的初恋，但终因民族与宗教的原因，为老辈人所不允。五年后，妈嫁入了另一个王家。

我十几年前听妈讲了她的初恋之后，真的是感慨万千：当肖先生与王先生携手登上医巫闾山看日出时，那该是多么难得的浪漫与幸福啊，这是在“夜茫茫”下卑微的幸福，沦陷国土上的个人风月，她与大时代的洪流相比，只是一朵小浪花而已。当然对我来说，却又有着另一番意义：他们多亏没幸福到底，否则没我什么事儿啦！

我有个一岁的生日照片，戴小帽子趴着，贼亮的一对眼睛往前看。可惜照片丢了，为什么觉得可惜呢？我死记着一个印象，这张照片里的我，跟我儿子现在的模样太像了。

丁丁三个月的时候来了一个月嫂，特别快人快语。记得有一次，她抱着孩子看那些老照片，愣怔怔地插了一句嘴：“咦？王老师，我看你这儿子……怎么那么像他爷爷啊？”

我心中一凛，亦悲亦乐，强笑道：“怎么可能呢？”

祖孙之间，血脉也能带来穿越时空的印刻？要知道，他跟他爷爷差了 95 岁。

她摇头，看着我爸爸青年时的照片出神，一脸不可思议的样子，边看边说：

这血脉传承啊，简直太神了。

我也经常抱着我儿子，端详着我爸爸的照片，喃喃地低语："爸，您有孙子了。"想象着冥冥之中血脉的连接，内心会有一种皈依家园的感觉，会觉得很踏实。

早运 · 不安分的孩子

我小名儿"小宝儿"，大名"冬至"——因我恰在冬至那天生人。

等到上幼儿园，爸妈将我改名"王刚"。

这名字虽说响亮脆快，但却泛滥得可以。取名叫"王刚"的，光沈阳就有1800多。这个数据是辽宁一家电视台为举办一个"同名之友"晚会，邀请我参加，特意从公安局户籍部门调查得来。

那是一副怎样的"盛景"？王刚见王刚，两下皆茫茫。此王刚彼王刚，和谐财聚人旺。

还曾亲见《北京晚报》登了一幅漫画：一位老师正在点名。老师唤了一声"王刚！"下边竟有六个学生同时举手。

当初我爸妈这么取名，在那个历史环境下，估计没敢奢望这小子长大能升官发财名扬四海光宗耀祖，充其量希望男孩子要刚强一点儿；对比之下，小我8岁的妹妹叫"静"，很典型却又极普通的女孩儿名，叫这个名字的全国肯定也不下几十万。

父母没有奢望，我们也没想过通过个人奋斗成就什么功业。而后来，兄妹二人同时被评为国家一级演员，成了"明星"，成了"名人"。这大概应了那句话："王侯将相宁有种乎？"

我搞不清"早运较好"到底是什么意思，之于我个人，我真觉得本人"早运"不错。但如果问到家人与外人的感受，那就大可商榷了。

所谓不错，我觉得童年的时光留下了很多美好的回忆。如果能像电影上那样穿越时光隧道，我倒再想活一回童年。

大人们和小伙伴们一定会对我的"自我感觉良好"不以为然：重回童年？你还嫌自己折腾得不够呀？

北方俗语："七岁八岁讨狗嫌"，我四五岁就开始了，贪玩儿不回家，"小宝子回家吃饭喽"是我儿时记忆最深的一句话。那时玩的花样比现在的孩子多：弄个沙坑，装上耗子崽儿，盖上玻璃，让小耗子晒太阳；扇"啪唧"，扇得裤裆没棉花；玩"打仗"，玩得满身灰土；"藏猫儿"，得哪儿钻哪儿；"拉狗"，弄得胶皮鞋臭不可闻；逮蛤蟆蛄蝼儿（蝌蚪），弄得两腿"肉钻子"（蚂蟥），再用鞋子抽打（听说不这样蚂蟥真会钻进肉里）；小满后，到林子粘雀儿；上秋摘毛豆，偷苞米；冬天玩自制的滑子、爬犁；在平康里胡同老郭太太的"后花园"被蜜蜂蜇；当街被自行车从身子当间压过，还没等骑车人扶我，自个儿先吓跑了……

至今我还留着当年的"操行评语"：聪明、主观、好动；在课堂上好做小动作；不注意个人卫生；在游戏时总是不遵守规则……

一个四五岁的孩子，操行评语居然被冠以"主观"。这也算得上是大时代社会生活"泛政治化"的印记吧。

一直到了中学的操行评语，最后一栏总说"希望"——过来人都明白：说"希望"等于是在说你的缺点。"希望你注意克服骄傲自满情绪，注意联系群众，增强劳动观念"，云云。

我四岁上的幼儿园。进园没过半年，老师就判定我是个坏孩子——回想起来，那阵的我还不是一般的"皮"，真是憋着"坏"，士兵突击，三天两头犯"坏"。

幼儿园里玩搭积木，那不是一般的积木，每一块差不多和孩子一般高，搭起小房子真能钻进人去。而每当"房子"建成，小伙伴们都高兴得在里面钻来钻去。等他们在"城堡"里玩到兴浓时，我天真无邪地把"房子"推倒，不少小伙伴被砸得鼻青脸肿，哇哇大哭。等的就是这一幕，我张个大嘴，瞪着眼欣赏着他们的悲剧，乐得不行。

这种把自己的快乐建立在小朋友痛苦之上的"罪恶往事"，居然构成了我在幼儿园人生最富有冲击力的回忆。人之初，性本啥？我也为这段往事感到困惑。

这方面的劣迹太多了，数不胜数，终于犯了众怒。

一次，在攀登架子上玩"占山为王"，我当仁不让爬上了最高一层。要在平时，对我的"霸道"作风不服气的小同伴们会阻挠我，斥骂我。奇怪的是，这回没遇到什么阻拦。可等我要下来，才发现已经被"敌人"层层包围了，每一个落脚处都遇到坚实的阻击。平时吃过我的亏的小朋友们堵住我的去路，龇牙咧嘴，发出怪声儿。我要强行下来，下面的人就拽我的裤管，扒我的鞋，我只好后退。

可我必须马上下来，一泡尿憋得实在难受啊。

“突围”几次，下不来。我痛苦地捂着裆，脸憋得通红。小朋友们朝我哈哈大笑。

我一个总好整别人的人，如今也被暗算，自己哪受得了这个？忽然觉得分外地孤独、绝望。据说亚历山大大帝征服了欧洲，登上阿尔卑斯山，突然感到“高处不胜寒”，放声大哭。而五岁的我骑在最高一层的横杆上，也充满悲戚。只是两者之间，思想境界完全不同而已。

终于“杀出重围”——我尿了裤子，天降“甘泉”，水花四射，被淋到的发出惊叫，其他的则发出充满嘲笑意味的响亮的笑声。

我因为失去男子汉尊严流下耻辱的眼泪，而老师并不同情我，过后反而狠狠地批评了我一顿：“你！真是个坏孩子……”

在转到北安路小学前，我的小学一、二年级是在长春市回族小学度过的。因为离家太远，上学得走四五十分钟。学校在长春伪皇宫旁边，伪皇宫里的地道（就是当年的防御工事）是我跟几个淘小子常去探险的地方。那时候伪皇宫基本废弃了，落寞的廊柱，幽暗的角落，神秘的房间，都是孩子的乐园。

不知道为什么，很奇怪，从小学到中学的一段时期内，我一直在孩子们当中享有“崇高威信”，有点“孩子头”的意思。说来还挺牛气的。曾一度，打了上课铃，只要我不进教室，班上同学没有进教室的。尽管我的外形并不怎么符合“强者为王”的标准——当时的我身高中等偏下，极瘦，两只大眼珠子，一头卷发。

我长着一副与世无争的无害的样子，可是干的捣蛋事足以让每一个老师气得发疯。到什么程度？你尽可以去想象，怎么偏锋、邪门地去想，都不过分。反正那时我的顽劣，达到了惊世骇俗的地步。

我小时候特别爱看戏，戏台子上兵丁呈报这个关节，总是看得兴高采烈。兵丁上得台来：“启禀丞相，大事不好了，司马懿兵抵西城啊。”丞相一举羽扇来个韵白：“再探。”“得令！”——反正就是那么个意思，学者不是说“艺术起源于模仿”吗？如果说幼小的我也有“艺术潜质”的外露，最突出的表现，就是我把台上招摇着的令旗搬到课堂“活跃气氛”了。

我开始了人生中较早的“艺术模仿”，用纸剪了一个三角旗，自己画了点什么，还写了一个“令”字，弄一根长筷子粘上。

老师一转身板书的时候，我就把“令旗”往这边一挥，这边两排齐声发出怪叫。老师一哆嗦，回头怒视——下边同学们又正襟危坐，第一排的王刚同学没事人儿似的，一副莫名其妙的样子，跟着老师的视线东张西望，还显出和老师“同仇敌忾”的表情，愤愤地用严肃的目光帮老师“维持秩序”。

趁老师回头写板书，我又开始摇旗，往另一个方向一挥，众人又怪声呐喊，笑成一片。老师又一哆嗦。再回头时，我正襟危坐在座位上，一声不吭，瞪着一双大眼，无辜地直视着老师。

如是几番“闹鬼”，老师多了个心眼。这一回他闷声不响地写板书，我又故态重萌。

殊不知老师打了一个时间差，猛一回头，惊雷似的怒吼：“好你个王刚——”我举着令旗的胳膊僵在半空。

下场自然是悲惨的，我——一个全班最矮的男生调到了最后排，无法发号施令。

我眼睛很早就近视了，估计就是那次“整肃”的历史遗产。

不过，不管我怎样“淘”，我的学习成绩一直很优秀，教室后墙上的学习标兵榜上，写着我名字的小红旗总是高高悬在“金字塔”的顶端，总是处在最瞩目的位置上。这可能是我在同学中有点小威望的原因，也是老师对我的胡作非为能有一定限度容忍的原因。可是后来发生的一系列登峰造极的顽劣之事，使老师和校方对我失去了最后的信心。我第一次尝到了跌落到谷底的滋味。

1959 年春，在我四年级的下半年，期中考试，我第一个答完卷子，交给老师，再返回自己的座位。本当收拾一下离开教室，但是，我觉得好像还欠点什么。

我悄声地对前几排的同学说：“分开，分开！”前边本来并坐着的两个同学将各自的椅子拉开一段距离，闪出一条缝来。我猫下身在地板上爬行。

我们的教室伪满时期就有了，铺着地板。地板下面是空的，离地大约有一米高，中间是暖气管道。我掀开地板盖，麻利地钻了进去。抬头压低嗓门对一个女生下令："盖上。"

那女生顺从地把地板盖轻轻合拢到原处。

底下漆黑一片，地板缝还能露出点光来。此时的我像头穴居动物，在黑暗中轻轻喘息。

我摸着早已备好的小道具，火柴、蜡烛头，把蜡烛点着，然后往前爬，要到另外一个教室的地板口再出来。多好玩儿的地下探险啊。我觉得自己是《平原游击队》里的英雄主人公李向阳——他可是我当年最崇拜的偶像，又觉得自己像安徒生童话里的小锡兵，穿行在鼠国的宫殿里……

丰富的联想还没怎么开展呢,凶险的现实一下把我打晕了——爬了没几步，手中的蜡烛一歪，坏了！倏地火起，点着了纸堆。地下通道堆满长年被暖气烘干的废纸，这可是上等燃料啊。

地底下这个所谓地道，有如穿堂风一般的那种效果，空气是流通的，眼看着这火越烧越旺了。这下我可蒙了，噼里啪啦地扑打。可人小力薄啊，知道不行了，咣咣咣敲地板。耳听得地板轰隆隆作响，显然上面乱了，烟早已从多年失修的地板缝冒了出去。

只听见老师在上面大声喊："怎么回事？啊？"

一个带着哭腔的女声："……王刚下去了。"

地板盖被掀开了，一缕光射了进来。浓烟也没有那么呛人了，紧跟着是一盆接一盆的水泼了下来，水盆不够，还有同学用饭盒接了水泼下来。好在救我于地火之中的"天水"能续得上——走廊里就有水管子。

火灭了，等我从地板口爬上来，已如落汤鸡一般。老师也是又恨又心疼，火海余生的我已经不是人样了：又是灰又是汤水的。不知是吓得，还是被激得，我浑身打着哆嗦。

同学们哈哈大笑起来，我擎等老师的一顿狠批。

可老师这次却意外地没有批评我，只是苦笑着摇摇头说："嘿！说你什么好呢？快把湿衣服脱了，别着凉。"

这件事总算平安过去了，天气也渐渐转暖，我又按捺不住了，鼓捣七八个男同学去南湖游泳。

六月中旬，南湖的水很凉很凉，有两个同学说什么也不下去。我竟一把将其中的一个推下水去。凉水一激，可怜的同学抽筋了，张着两臂，大声呼救。

开始，我还以为他是装的，因为我们经常这样做。“狼来了”的悲剧在人间重演，他挣扎一番，沉下去了，光冒泡，不见人，我才慌了。一个猛子扎下去，在几个同学配合下，好歹把他捞了上来……

那可怜的家伙真不争气，回家便卧床不起，发了高烧，整整一个星期没能上学。家长不干了，找到学校，还找到我父母进行“严正交涉”。

自此，我妈连去学校开家长会的勇气都没有了。每逢到学校，必将受到老师和家长们的同声指责：你家的王刚，可真是个坏孩子！都坏出品了。

母亲不好护着儿子，顶多小声嘟嘟囔囔无力地分辩一句：其实我们家王刚本质上还是不坏的……

而爸爸绝不宽容，动不动就是一顿暴揍，还时不时呼天抢地：“我怎么养了你这么个儿子啊？！”

一系列“恶性事件”后，我备受孤立。因为，所有的同学都接到他们家长的“指示”：以后，绝不能再理王刚，免得也跟着学坏！

被孤立的滋味是不好受的。想当初，我摇动“令旗”’一呼百应，何等威风！现在落了个众叛亲离，形单影只，好不凄惨。

那一阵子，甭说我妈，连我也不想到学校去了。

我开始逃学了。

早上，背上书包出去直奔桃源路或新民胡同，无精打采、漫无目的地四处溜达。

那些地方对孩子是颇有吸引力的。变戏法的，拉洋片的，唱“蹦蹦儿”（二人转）的，卖糖葫芦的，卖大果子的，卖破烂的，五行八作，应有尽有。而我最神往的地方就是解放电影院，一毛钱看一天，没人撵你，因为影片是循环放映。

然而，神往终归是神往，我白天的任务是上学，所以爸妈不给我一分钱。

那段时间，我每天装模作样“去上学”，到了傍晚，又装着“放学回家”。晃悠了多天，爸妈竟然毫无察觉。老师也没跟家长交流我的动向，大概学校没了我这个坏孩子，倒难得清静吧。

这一天，我死乞白赖地向爸妈要了一毛钱，谎称学校安排野游，中午不能回来，揣一毛钱好买个烧饼吃。

有了钱，我撒脚就往桃源路跑，因为今天这场电影非看不可了。今天演的是印度电影《流浪者》。

我早就听我们胡同里的几个大孩子没事就哼哼《拉兹之歌》：到处流浪，到处流浪，啦啦啦……现在我不也在到处流浪吗？

买票进了解放电影院，天黑方出来，虽然饿着肚子，但精神很充实。我真觉得自己就是拉兹，我真的要到处流浪。就这样想着，不知不觉竟向长春火车站走去。

当时有一本苏联儿童小说《铁木尔和他的队伍》，在小说的开头，那个顽皮的小主人公也是不满于现实环境离家出走，储藏食物，憧憬着那个不可测的未来。

我想乘上一列火车，哪怕是货车，也要离家出走。

可我没有钱。

在车站广场，我毫无目的地转着。最后在票房子里靠着一根大柱子睡着了。

突然，有人把我扒拉醒了。我睁开一只眼——另一只大概是被毒虫叮了，肿得老高，只剩下一条缝，看见爸爸铁青的脸。

回家后爸爸自然狠揍了我一顿，鼻子都揍出了血，可我并没讨饶，昂着高贵的头颅，承受着“封建家长”的毒打。甚至，破罐子破摔的心理使然，我冷冷地把鼻血一把一把抹到雪白的墙上。

转运・给毛主席写信

人在寻找慰藉的时刻，总是把信任和情感倾注给他最崇敬的人，尤其是孩子。处于苦闷境地的我，不知怎么突然想起要写一封信，给这样的一个人。而我们那个时代的孩子，最崇敬的人还能有谁呢？李向阳？那是虚构的。“抬头望见北斗星……”对了，就给毛主席他老人家写信！

信的内容详细的记不得了，只记得大意是：敬爱的毛主席，我是长春北安路小学的王刚。我们要学习您老人家，在大风大浪中锻炼，勇敢地畅游长江，在雨中跑步，在闹市读书……还画了两幅水彩画。一幅是“我们一定要解放台湾”，画上前面是一个持枪的解放军，在解放军的背后，是中国地图。台湾岛画得比例很大，正好落在解放军的左肩上。另一幅是小白兔吃萝卜。还找了一张我戴着红领巾，规规矩矩，和我妹妹在一起的照片。

我把信、图画、照片全都塞进一个信封里，封好，贴上一张八分邮票。可地址该怎么写呢？犹豫了半天，我干脆写上：

北京　毛主席收

第二天一大早，我双手把信塞进邮筒里。然后在对面马路牙子上坐等，一直到亲眼看见邮递员叔叔打开邮筒，取走了全部信件，才放心地离开。

到了学校，这事儿我谁也没说，也没人愿意听我说，说了人家也不信。

再过几天，我自己把这件事也忘了，随之一连串的打击又接踵而来：班学习标兵被撤掉了，学校小足球队的右边锋不让我踢了，合唱队的领唱也换人了。对于我以往犯的错误，学校作了最后的处理，“数罪并罚”，我被记了一大过。

同时通知我爸妈，希望他们给我另外再找一个学校。这就等于变相开除了。

永远不能忘记 1959 年 7 月 6 日那一天，期末考试了，我很早就去了学校。令我惊异的是，班主任老师一反常态地主动跟我打了招呼，还朝我笑，她说：“王刚同学，你来得真早呵！先跟我到教导主任那儿去一趟，好吗？”

到了教导主任那儿，她也朝我笑，轻柔地拍着我的头说：“王刚同学，你家里有人在北京吗？”

我说：“有，我四姑住北京。”她点点头，又说：“那你跟我到校长那儿去一趟吧。”

我愣住了。我忽然觉得，完了，这回完了，肯定要被宣布正式开除了。

可他们为什么朝我笑呢？对了，过去从电影上戏里看过，凡是被判了死刑的犯人，临赴法场之前，总要被管顿好饭，喝一大碗烧酒，给一个久违了的笑脸……

胡思乱想间，已经被带到了办公楼。爬上三楼，腿脚不稳，中间一连磕了好几下，踉跄不已。

到了校长室，我听见教导主任叫了一声校长：“王刚同学带来了。”

我的心狂跳起来，我估摸着校长也得冲我笑。

果然，校长笑着向我走过来，边走边说：“来，来，王刚同学，坐下坐下……”

我没敢坐，教导主任和班主任也没坐。

校长从桌子上拿起一个牛皮纸的大信封问我：“你们家有在党中央工作的亲戚吗？”

我摇了摇头。

“那这封信是怎么回事？”

我接过那个大信封，上面用钢笔写着：吉林省长春市朝阳区北安路小学四年二班王刚小朋友收。落款是几个红色的铅印大字：中国共产党中央委员会办公厅。

我呆在了那里，一时反应不过来。校长问：“可以打开看看吗？”

我木然答道：“可以。”

校长用一把剪刀，小心翼翼地剪开信封，取出一张很薄的纸，大声念起来：

王刚小朋友：

你六月二十四日写给毛主席的信和寄给毛主席的图画照片都收到了。谢谢你。今寄去毛主席的相片一张，请留做纪念。希望你努力学习，注意锻炼身体，准备将来为祖国服务。

此复。并致，

敬礼。

中共中央办公厅秘书室

一九五九年七月二日

此时此刻，十岁的我好像长高了许多。我拿过这封信，不知看了多少遍，最后，毕恭毕敬地给校长敬了个礼，转身跑了出去。

“王刚给毛主席去信了！”

“真的？”

“可不，党中央都回信了，下边还有大红印章呢！”

“这孩子人才可造，没准儿这回被党中央看上了！”

“我早就看出来了，这孩子真不二五眼！”

这事在全校范围炸了窝。大家议论纷纷，喧喧嚷嚷的，尽是溢美之词。在大家眼里，我好像从来就是一个“根红苗正”的好孩子。那个曾经闯下若干祸事的王刚，似乎是另外一个人。

我被请到学校广播站的小播音间，向全校师生传播这个特大的喜讯。这是我这辈子第一次“在喇叭里讲话”，我的播音生涯，比所有听众想象的更早。

还记得是播音间里用的那种动圈话筒，上面还系一个红绸子。

我清了清喉咙，开口：“老师们，同学们，我是四年级二班的王刚，我前些天给毛主席写了封信。现在党中央回信了，我给大伙儿念一遍……”

这件事很快传到区里，区上说，这不仅是你们学校的光荣，也是全区的光荣。

市里也带下话来，这不仅是你们区的光荣，也是我们全市的光荣。

我开始“转运”了，那段时间，我成了学校的“王牌学生”。

中办的回信给我带来戏剧性的“转运”，业已被边缘化的“坏学生”，从此又被融入主流，视为革命接班人。

在以后的很长时间里，这封信成为一个孩子心灵的慰藉。寥寥数语，被我颠来倒去做了无数解读。中办的回信中最后提到：希望你努力学习，注意锻炼身体，准备将来为祖国服务。

我于是异想天开：“准备将来为祖国服务”？唔，有深意，大有深意呀！为什么要强调“为祖国服务”呢？这可不是随便写写的。“祖国”是针对“外国”而言，而这两者的纽带是外交官；中国的外交官在国外工作，最能体现“为祖国服务”——不愧是中央来信啊，水平就是高。

就这样一句话，这么丰富的解读，竟然给予我莫大的激励。我从小立志，做一名驰骋世界舞台的外交官。如果说这个志愿在上小学乃至初中时，还处在朦朦胧胧的阶段，等上了高中，当我的英文成绩已“无人望其项背”时，就非常清晰明确了。

Chapter 2
第二章

那个饥馑年代

从 1948 年到 1958 年，从襁褓里我走向人间，经过顽劣的童年，长成一个少年。

在新中国的初春，触摸着新国家的形态，在父母、至爱亲朋、街坊老少、老师同学的关爱中，我渐渐长大。我的记忆，我的“底蕴”，我的家园意识，我一切的局限性，被这一切所塑造。

和别的演员不同，我还不能仅仅以“专业人士”的视角叙述我所历经的时代。

不妄言苦难是“营养”，也不妄言自己承受的“代价”，在我眼里，如果命中注定要与“剧场”“戏场”拥抱的话，我的“戏场”早已在少年时的生活道路中展开。

色彩斑斓的前奏

小时候住长春的家，朝阳区崇智胡同 12 号，是一座日式小平房，离剧场、博物馆和图书馆都不远，这在“地理意义”上，也许对我这样一个求知欲很旺盛的孩子是一种“偏得”。然而人世的剧场，悲欢炎凉的博览，人生的大书，更多的是从大街小巷中的气息，从底层生活的万千气象中感知、获得的。

建国了，按我们的话说是“百废待兴”。那时日子虽不富裕，但战乱总算结束，社会安定，百姓乐业。共和国的初春，我家的变迁，寻迹如下：

锦州时代——我妈重新教书，在政治夜校上文化课，后座居然有原校长当学生，实为表现进步。抗美援朝运动如火如荼展开，妈还参加“荣军学校演剧队”，演话剧《五星旗下》，其中女特务由妈亲自扮演。不知何故，那时女特务秘书之类，必由漂亮年轻女性扮演，而妈妈又是令人瞩目的美人。伪“满洲国”时代，学校教员们还拿妈妈跟李香兰相提并论呢。而爸爸呢，也成为新国家的积极的公民，他开了一家被服厂，业务繁忙，加班加点为志愿军做棉衣……这些都是从长辈零星叙述中缀接而成的。

举家迁居长春的日子——1952年夏，爸妈带我从锦州去长春；妈进了“干训班”，年底进房地局，成为国家干部；次年又转西广场局劳动工资科。妈妈工作变动那天，正巧是1953年3月5日，整个城市汽笛凄鸣——斯大林元帅去世了。爸爸也进入玻璃厂，也当了干部。当时我幼小的记忆还包括这些：三姑带我看切面机上不断挤出的一绺绺白面条，煞是好看；邻居老徐家大院盛开的芍药花，像画一样；抓蝴蝶、蜜蜂、蜻蜓；满街马车和“大鼻子”汽车……这都构成了我“人之初”的“美学记忆”。

童年的色彩是丰富的：上街的爷爷看“影儿”回来，我在大门洞等他从袄袖里藏着的白手绢儿里变出糖来；听大学毕业因病赋闲在家的大表哥讲古，或看他变戏法儿，玩扑克，拉京胡，抖空竹……大表哥肚子里有书：“哲学三定律”“或然律”“否定之否定得出肯定”《啼笑姻缘》《隋唐演义》《说岳》……我都从他那里听来；大表哥体弱，无缚鸡之力，却是标准的篮球迷，我常随他去看全国甲级联赛，至今仍记得20世纪50、60年代的甲级劲旅，四川队、空军队……前者有“长人”石那威，还有苏联什么斯巴达篮球队的中锋让中国人惊呼：喝！这老毛子个子忒高啦！

那个时代的社会风景也难以忘怀——大门洞外，常看一车车脖子后插着招子的反革命分子被拉去枪毙。我往车上丢砖头石子，跟大人唱“镇压反革命，大家一条心”；还记得大胆的哥哥们去看公审，看枪毙，大声嘲笑那些死到临头的“一贯道”点传师：“飞呀！飞吧！不是能离地飞升吗？”那真是激情燃烧的年代，生活中到处充满了政治标符，每天贯耳的都是社会动员。我深刻的记忆是：“三五反打老虎”老开会，会老多了，多到什么程度？妈成天坐着开会，爸爸调侃说，她那棉裤屁股那儿的棉花都快磨没了。

我从小就知道，“老虎”可是个坏东西，人民政府枪毙了天津贪赃枉法的刘青山、张子善，着实大快人心。

还记得被选上区人民代表的三姑一双“民装后改造”（从前裹小脚后又放开了）跑前跑后，热心肠，人缘好；满口新名词，仿佛永不知疲倦。

可是在时代的大洪流下，作为孩子的我，也能嗅到另外一种气息——这一天夜里，我发现三姑有些心神不定。平时，睡前总听三姑讲“老虎妈子”——那是传说的一种怪兽。三姑是那么能讲，那么会讲，这次却没心思讲了，老催我早睡。

我极不高兴地扯过被子睡去，然而并没有睡着。

终于听到屋那头三姑呜呜咽咽的哭声，她在跟我父亲倾诉着什么。断断续续地，我大约摸清了这“夜半哭声”的缘由——原来四姑来信向三姑求助，藏在乡下的四姑夫（他当时被定性为“历史反革命”）要来躲灾，但三姑不敢接纳，只能在深夜里悲叹着四姑和她的孩子……

虽帮不了四姑父，三姑倒也安然无恙。这“王代表”成了护身符，三姑夫虽曾担任伪官吏，历次运动也未遭整治，这要感谢历史的安排：在伪满完蛋前若干年，三姑夫突然顿悟了什么，弃官从医，遂得平安；三姑积极了若干年，终于也归于平淡，再无事可忙，没几年故去了……她临终时，我竟没有见上一面。

怀念三姑，怀念三姑相伴的那些夜晚。

我还清楚地记得，第一次拥有社会角色感，是我以实际行动拥护“三面红旗”。

当时，正推行消灭“四害”，斩草要除根，灭蝇先从挖蛹做起。我把苍蝇蛹装在小玻璃瓶里交公家，因过于“积极”，竟把厕所挖塌了。

“四害”之一还有麻雀。网粘、弹弓打，成效太慢，于是就轰，全民动员一起轰：喊声四起，鞭炮齐鸣，旌旗招展，锣鼓喧天……我手中不过是破盆、破锅，挥舞的无非是一根旧竹竿，上面绑了一条红布，但觉着自己像一名在战场上厮杀的战士，好威风。轰得麻雀无落脚之地，最终累晕了、累死了，许多便一头猛地扎下来。孩子们疯拥而上，争抢着战利品，好向老师邀功。

那时节，上学经常拎着一串麻雀，一玻璃瓶蝇蛹，或一扎耗子尾巴。也有虚报假冒的，我就听说一孩子因过于瘦弱，没法与人家抢麻雀，竟将爷爷珍爱的黄鸟儿捏死，“滥雀”充数，把他爷爷气得犯了脑溢血，半身不遂了。

连小孩都会弄虚作假，大人的世界更难预料。

大跃进开始了，口号是“10 年超英，15 年赶美”。胜利公园举办发明展览：彩旗飘舞，喇叭震天响：“破纪录！放卫星！”四周围着蓝布围子放“白昼电影”，展示着“就怕想不到”的人间奇迹——如：大汽车前保险杠底下装个铁扒手，撞上人可自动下来把人兜起；擀饺子皮儿一分钟几十个……

在形势感召下，我也搞发明，煞有介事地画“犁地、刨坑、播种、盖土一体机”的图纸，还四处找铁——当时称之为“挖宝”。可为此搭上小命儿的事也有发生——有的孩子被埋在地下多年的炸弹炸死或炸伤。那时讲“大会战”，学校操场上小高炉林立，炼出来的我们叫“铁粑粑”，敲锣打鼓去报喜，街上总能碰到这样的队伍。

街道也成立了公社，孩子们兴高采烈去吃大食堂，开初似天天过年，真觉到了共产主义；“人民公社好，吃饭不要钱。”我眼红，因“隔教”不能和大家共餐，嫉妒得要命。

没过多久，我又庆幸，因他们吃得真快成了“大锅清水汤”了。

饥饿记忆之一：种豆子收了眼泪

现在的人，很少有人能体会到挨饿是个什么滋味。

而我和不少同龄人，还有上一辈的人，一提起“挨饿”这个字眼儿，便会心照不宣地想起那三年。1960 年是所谓“三年自然灾害”的第二年，正是最难熬的时候。

“自然灾害”，自然有之，苏联人逼债也无可否认，但我们自己的冒进浮夸，不能不说是原因之一吧。我曾在电影“加映片”（注：这是共和国几代人熟知的名词，大概新的汉语词典不会再收录了吧）——新闻简报中见过一片结穗儿的稻田，密密的稻子上躺上一个人，硬是掉不到地上。地头儿插了块牌子，上书“亩产万斤粮”……当然其中的荒谬，都是后来我们才知道的。

我那会儿还小，哪里晓得这些，只知道饿肚子难受。好在不是我一个人饿，我爸妈妹妹也饿，认识的人都饿。中国人自古“不患贫，患不均”，俗话说：“天塌大家死，发水也不淹我一家子。”于是饿得无恨，饿得坦然。

后来读到毛主席的警卫写的回忆，那年月，共和国第一家庭的聚餐，那细节也是寡淡得很：老人家眼见自己的小女儿用一小块儿馒头蘸碟子里剩下的菜汤吃，故意用手中报纸遮住脸不忍看，而一旁的江青已潸然泪下。

不过那时普通老百姓难得有馒头吃，我们家能吃菜团子是幸运事，更多的时候是高粱面——不同于高粱米面的是，它是带着高粱壳儿磨成的，产量是提高了，但极难消化。于是，常听到如厕的人哼哼唧唧，痛苦的景况不忍回睹。我依稀记得那年非体力劳动者每月粮食定量是 27 斤，重体力劳动者 42 斤，而其中绝大部分是粗粮。要是现在，恐怕吃不了那么多。可当时，除了粮食，再少其他，鱼肉蛋甚至蔬菜皆凭票证供应，于是这点粮食就成了人们摄取蛋白质维生素等营养的最主要来源。

如今见面儿说谁“胖了”，尤其对年轻女士说这话，她会不安。而在那个年代，你想胖也胖不起来。胖了闹不好会遭人猜忌。那时若有谁胖了，多半是“胖”（读阴平音）了，即浮肿了，小腿一按一个坑，那可不是好事，是病。

我那时瘦得可以，瞅着跟“人灯”似的，和后来从荧屏或杂志上见到的非洲饥民相差无几——我妈抱着我妹领着我在长春胜利公园拍的那张照片，后来让我撕了。原因是我的第一个恋人要看我儿时的影集，我嫌那模样丢人。

现在想来有些后悔，我的少年“风采”，王刚困苦童年的时代见证，就这样被虚荣心给封杀了。

“自己动手，丰衣足食”，毛主席这条重要指示，当年真起了重要作用。面对“帝修反”的高压和封锁，加上“自力更生”的气概，真个是“要创造人类的幸福，全靠我们自己”。我们一家人也“自己动手”了。

城里人也知道农历的节气了，那年“谷雨”前后，一家四口儿，按照爸爸事前踩好的“点儿”，天蒙蒙亮，便奔了长春西郊的一片废弃的炼铁工地。那是举国“大炼钢铁”时遗留下来的，遍地疙疙瘩瘩的耐火砖，蒿草丛生。我们捡去砖头，拔掉蒿草，干到太阳偏西，手指磨出血来，才清理出巴掌大的一块地。

又一个礼拜天，又是全家动手，将那片“未开垦的处女地”挖了，松了，一埯一埯撒下种子。那是一粒粒黄豆，平时绝对舍不得吃的“高蛋白”，爸爸说不能多撒，一埯只准下三粒。

整个夏天，我心里总挂念着那块地，有空就往那儿跑。眼看地上蹿出了芽儿，眼看小苗分了蘖，眼看长出一片片叶子……那一小片绿色成了我和我们一家人最大的希望所在。

接下来，要间苗。拔掉的苗也没丢掉，拿回家来煮汤喝。大约是自己种的缘故，感觉那味道别样鲜美。还要除草，要灭虫，要浇水，要施肥。

所谓“肥”是沤过即发酵的粪便。我在地头儿专门挖了一个小小的粪池，从附近的农村大道上拾来马粪牛粪，倒进池中，再和上些水与土，有时趁四处无人再补充点儿自产的肥料。总之，我按照毛主席提出的农业生产八字宪法，即“水、肥、土、种、密、保、管、工”，全心全意地侍弄着这块宝地。

初秋，豆子结荚啦，绿绿的，玲珑可爱，上面还有一层绒毛。这时的豆子就叫“毛豆”，若放上花椒大料加盐煮了吃，是很难住嘴的，非吃到肚子发胀、不停放屁不可。这份儿口福我已久违了，眼下我们又舍不得。爸说，一定要等豆子完全成熟了才能摘，那才有分量，有营养。那年月，黄豆是稀罕物，是人们摄取蛋白质的主要来源。

过了国庆节，算算该去收豆子了。这天，又是一大早起来，又是一家四口，怀着迎接收获的喜悦奔向西郊。

行前，我从邻居家借了一条大麻袋，爸笑呵呵地提醒我说“用不了那么大，那块地收不了多少豆子”。可我还是担心，怕麻袋小了装不下。妈还准备了三双线手套，除了妹妹——她还太小，不到五岁，每人一双。她说：熟豆荚和豆秧扎手。

一家人先乘3路电车，再换6路，到了终点站，又步行。为什么我会记得这么清楚？因为这次“收获”对我来说太刻骨铭心了。

这一路，爸妈轮换抱着妹妹，妈还不时哼上几首歌儿。一向不苟言笑的爸爸，竟如醉了般哼起京戏来。我上蹿下跳，跑前跑后，猛然觉得自己很像西天取经的孙悟空。于是灵感来了，我手搭凉棚，挤眉弄眼，逗得妹妹王静嘎嘎直乐。

说说笑笑，蹦蹦跳跳，不知不觉到了我们家的这块“飞地”，宝地，自留地。

还有一段距离呢，我就停下脚步，把那条大麻袋撑开，手套也戴上了。正要跑上去大干一场，这时候，走在前头的爸爸回过头来，快乐的神色荡然无存，换成一脸的——怎么说呢？——我永远记得，那脸色是那样地可怕。

爸张口结舌了一会儿，猛地蹲下去，将攥在手里的手套摔在地上。他双手抱头，我再也看不见他的脸，爸爸肩膀似在抽动。

真的听到了哭声，可那是妈妈的哭声。

我几步蹿到地头，第一感觉：我一定走错了地方。可很快发现，我挖的粪池还在，我们清理出的耐火砖还在。

而我们的豆子没了，我们全家种的，全没了！连豆秧都没了！

一家期盼了半年多的丰收果实被人连根儿拔了！

一粒都没剩，一棵都没剩，只留下一片空地，和垄台儿上一个个的坑儿。

这一幕的刺激，这一下的伤害，至今仍耿耿于怀，到今天写下这一段还感到无比地难受。

整一个冬天，我都在诅咒偷我家豆子的人。

直到转年春天，我的情绪才好起来，因为我养了两只兔子，一对儿喜马拉雅兔。

喜马拉雅兔俗称八黑兔。它浑身雪白，唯有鼻尖、双耳、四足及尾巴是黑的。那年春天，我用积攒了一年的零钱买了一对儿，我还给它们起了名字，公的叫“小黑”，母的叫“小白”。同时还买了一本叫《养兔法》的书。

我家住的是日式平房，当年长春这样的房子很多。房前有个不大的空地，我们自家用竹劈子围起来，算是院子。我东捡一块砖，西拾一片瓦，在院子的一角为我的宝贝兔子搭了一所小房子。红砖红瓦，有窗户有门，屋顶还戳着根烟囱——尽管兔子不会生火，可我认为是个家就得有烟囱，否则怎能体现小日子的红火？这所兔屋，我是以胜利公园里的一座小房子为蓝图建造的，颇有几分童话色彩。

两年前，我曾画了两张水彩画寄给毛主席，其中一幅就是“小白兔吃萝卜”，那是照着画册再加上几分想象画的。而今我真的有了小白兔，真的想再画它们一回。可它们太活跃了，没一刻消停，总在院子里跑来跑去，弄得我没法落笔。

更使我为难的是，真的小白兔是很难吃到萝卜的。我无法按照书上给兔子定的“食谱”来喂它们，我只能在菜点儿收摊儿后，从地上划拉点儿菜帮菜叶喂它们。

那时没有如今随处可见的农贸市场，大约一个居委会设一个卖菜的地方，我们叫它“菜点儿”，还是国营性质的。每天天还没亮，附近的居民就会把各自盛菜的家什摆在空空的摊床上，摆不下的就撂在马路牙子上。虽然在饥馑的年代里，还是保持着淳朴的民风，每天还由居委会派人值班，以便在各式各样的家什上用粉笔画上号儿。我还记得，当时我们家买菜的家什是一个破抽屉。各家各户一大早来人放下家什占位子，便放心回家睡个回笼觉，等天亮了再起来买菜。菜是定量的，每家一个菜本儿，按人口儿算。

那几年，本儿啦，票儿啦，特多。光我现在还能记起的就有户口本儿、粮本儿、副食本儿、煤本儿、煤油本儿、粮票儿、油票儿、肉票儿、鱼票儿、糖票儿、烟票儿、布票儿……对了，还有一个本儿，叫“饲料本”，谁家养了什么家禽家畜才发它。

我原以为，我家的兔子该享受这个待遇的，可一问居委会主任侯大妈才知道，敢情兔子不算数！我力争。侯大妈的老头儿——一个早年当过私塾先生、现因生痨病赋闲在家，我们背地叫他“老猴儿”的——倚在门边，指着不知哪年贴在门框上、而今已斑斑驳驳的对联儿，摇头晃脑地说：“不是常说‘六畜兴旺’嘛，何为‘六畜’？马牛羊鸡犬猪是也。而兔子绝不在此列……”

我紧跟着接上一句：“那猴子更不在此列啦！”

老爷子被我噎得一个劲儿地咳嗽，伸手要抓我。我撒腿就跑，比兔子还快。

怕侯大妈收拾我，我许多天不敢从她家门口过。不料有一天她竟找上门来，手里还端着个鞋盒子，盒子里有什么在咕咕嘎嘎地叫，轻轻掀开盒盖儿……啊，那里边装着四个毛茸茸的小东西，看见亮儿啦，一下子都仰起头来，张着扁扁嘴，叫得更欢了。

是四只可爱的北京鸭，我把手伸进盒子里，它们争着啄我的手指，痒痒的，十指连心，我的心也痒痒的。

我紧着点头儿，高兴得不知说什么好了，嘿嘿傻笑。

“看这孩子稀罕的！——那就搁你这儿啦。”侯大妈说着将那盒子往我怀里送。末了，她又掏出个小本儿放在身边的桌子上：“连同这饲料本儿。”

我又惊又喜：“谢谢大妈。”忽然又想起什么，“大妈，这鸭子也不算六畜啊！”

“嘿，听我那老头子瞎掰！”大妈爽朗地笑着，拍了我脑勺一下。

那天，我记得特清楚，是7月5日，因为第二天就要进行升初中的考试，而这四个小东西带给我的兴奋，令我几乎一宿没睡，结果答卷时脑袋晕晕乎乎的。

从那天起，我们家虽未“添丁”却也进“口儿”啦——又多了4张嘴。

没过多久，又要添许多张嘴——那对儿喜马拉雅兔生了九只小兔，再加上两只大的，还有四只早已长大的北京鸭，我家的小院儿可真够热闹的，引得邻居家的孩子总扒着墙往里看，那眼光里有羡慕，仔细看还透着几分贪欲。我也是几分欢喜，几分不安。一朝被蛇咬，十年怕井绳，去年的“豆子劫”给我的刺激太大了。

从此，我除了上学，几乎所有的业余时间都搭在了我的兔子和鸭子身上。我悉心照料它们，甚至把我自己口粮的份儿也匀给它们不少。尤其是长到一定程度后的北京鸭，需要将精饲料和着高粱米面儿攥成一条条的，硬挤进掰开的嘴里，是谓“填鸭”。名闻遐迩的北京烤鸭，生前就是这么“填”出来的。

现在一提起烤鸭，胃里就犯腻，那时却要流口水。

上秋，去农村下放劳动的爸爸回来了。爸爸瘦多了，一脸的菜色。

当晚，妈跟我商量：爸回来了，是不是改善一下生活？那年月，所谓“改善生活”，就是一个字——吃。我敏感地意识到，这将意味着什么，我没言语，妈也没再说什么。

一宿没睡，脑子乱得很，这大概是我有生面临的第一次“哲学思考”，不亚于哈姆莱特“生存或者死亡”的悲怆。“填”它们的目的又是什么？归根结底，不就是养大了喂肥了，再把它们吃掉吗？那时我还小，一度只顾体味与时下人们养宠物一般的心境，竟忘却了生活的艰难。我第一次朦朦胧胧地体会到：当人生基本需求成为第一需要的时候，舍此言他，什么“童心”啊“陶冶”啊“娱情”啊，近乎迂腐或罪错。

第二天，一只鸭子被宰了，当然是经过我的允许。宰的时候，我不在场，借故走开了，傍晚才回来。进门儿就闻到一股香味儿，后来吃得也挺香。

再后来，不仅鸭子，还有兔子，一只一只，吃掉的吃掉，送人的送人，半年工夫，一只也没剩。

按我们的规矩，鸭子是要送寺里请阿訇宰的，而家兔是不能吃的，可在这个非常态时代，没谁顾及这个。

兔子们各归乌有，没有谁带领它们“总动员”，睹屋伤情，没多久我就把兔屋拆了。

文革期间，作为“逍遥派”的我，在一个冬日“逍遥”到胜利公园，又找到那座小房子，并将相机立在一棵树杈上，自拍了一张照片，算作对喜马拉雅兔的纪念。

饥饿记忆之二：父亲的巴掌

1961 年的春天来了。人民广场一片新绿，杏花绽开了粉红色的蓓蕾，但我却感受不到多少暖意。原因嘛，一则那年春寒，二则还是经常填不饱肚子。

4 月 29 日的晚上，我早早躺下，却怎么也睡不着。那倒不是因为饿，是激动——我积蓄了许久的愿望，明天就要实现，我要独自乘火车离家远行了！

现在看来，目的地实在称不上“远”——九台县的饮马河，离长春也就一百多里地。可我那年还不满 13 岁呀！

我失眠了，一直听到隔壁妈妈和妹妹的房里那架老式挂钟敲了三下，才蒙眬睡去。

梦中我见到了爸爸。他正驾着康拜因——联合收割机，行驶在金灿灿的麦田里，特像我们常在苏联电影里见到的情景。

我向他招手，他也向我招手。

他停了，我飞跑过去，一跳就跳进了驾驶室——一间玻璃小屋。

爸爸朝我笑，我也朝他笑。

爸爸的脸又黑又亮，胳膊上的肌肉疙疙瘩瘩的，雪白的背心儿上印着鲜红鲜红的四个大字：劳动光荣。

“爸爸，让我开吧！”我嚷着挤进他的怀里。

我紧贴爸爸的前胸坐稳，后背能感觉到爸爸的体热，鼻子能嗅到那熟悉的却又久违了的“爸爸味儿”。

轰——康拜因开动了……

丁零零——闹钟把我吵醒了，睁眼看到的却是妈妈的脸。

“宝儿，起床了。”她轻轻拍了拍我的脑门儿。

“妈，我梦见爸爸了，他可棒了！”我边说边从被子里伸出双手，做驾驶状，好像还在康拜因的小玻璃屋里。

“好了，好了，快起来吧！”妈妈有点不耐烦了。

我忙捂住被头，故意板起脸说：“别介，妈，你要闪着我呀！”

“眼瞅着要自个儿出门了，还这么娇气！快点儿，再磨蹭就赶不上头班火车了！”

妈妈说完回身又进了厨房。我转头一看床上的闹钟，六点多了！忙一骨碌爬起来，穿上妈妈早已为我备好放在椅背上的干净衣裳，也赶到外屋，胡乱洗了把脸，一屁股坐到饭桌边上，擎等着吃早饭了。

妈妈端上一碟腌萝卜，一碗高粱面粥，还有仨窝头。

我风卷残云般吃着，当我伸手抓起第二个窝头时，又撂下了。

一直坐在对面看着我的妈妈挺奇怪：“怎么不吃了？”

我说：“还有您和妹妹哪！”

妈妈欣慰地看着我：“我们还有。要出远门了，下顿饭不定什么时候吃呢。全吃了吧。”

妈妈用纸包好那两个窝头，塞在我的包里。

来到火车站，挤在“盲流儿”（指当年外出逃荒讨饭的人们）的队伍里，登上了开往吉林的火车。

一路上，我一直站着，也没有地方坐。我始终紧紧地抱着我的包，生怕被挤在我身边的面带菜色的“盲流儿”偷了或抢了去。

这种事，在当年司空见惯。前不久，家里偶然做了一回白面馒头。为了把那甜美的滋味品得时间长一点，上学的路上，我边走边吃，一小口一小口地，细细咀嚼。不料，被一位穿着还算整齐的叔叔一把抢过去。他先啐上两口唾沫，连跑也不跑，就站在我的身边大吃起来——我永远忘不了他的那副表情，凛然，淡漠，接近麻木，还有几分讥讽的笑意。不知道他是嘲笑这个世界还是嘲笑他自己。

严酷的环境让人学会像动物那样“护食”，这本身就是触目惊心的。

车到饮马河，我下了车。摸摸我的包，圆圆的，鼓鼓的，那两个窝头还在。

边走边打听，我大约走了十里路，总算来到了爸爸下放的那个屯子。

屯子不大，也就二三十户人家。该是开午饭的时间了，却看不见哪家的烟囱冒烟。

屯子里很静，一条瘦狗蹲在村口。它冷漠地看着我，一声不吭。城里的孩子没有不怕狗的，但我是个例外。我也友好地看着它，它大概觉得有点无趣，喷了喷鼻子，转过头去。

终于找到了爸爸住的房东家。我打开门，喊了一声："爸——"

东屋出来一个老大娘，打量了我两眼，露出笑容，说："你是老王的儿子吧？你爸给我看过你的照片。"

大娘要接我手里的包，我却死死抱着不放。

大娘把我带进屋里，屋里光线很暗，一股混杂着烂土豆、芥菜疙瘩的霉味扑鼻而来。大娘用袄袖擦了擦炕沿，让我坐到炕上。

我问："我爸呢？"

"你爸呀，还早着回来呢！他和老董下地去了。"老董是跟我爸爸一起下放锻炼的叔叔。

我觉得很失望。大娘又问："还没吃晌午饭吧？"

我点点头，又摇摇头。爹妈嘱咐过我，不要吃别人家的饭。现在谁家都不易。

大娘走到外屋去了，剩下我一个人在里屋闲坐。

我侧身靠在墙上，这才感到好累好累，不久，我就打起盹来。

半睡半醒之中，忽然闻到一股香味，我睁开眼，贪婪地吸着鼻子。

这时，外屋传来大娘的声音："孩子，把帘子掀开。"

我下了地，掀开麻花布的破门帘子。

大娘端着两个大海碗进了屋。她把碗放在炕沿上："快吃吧。"

我愣在那里，简直不敢相信眼前的情景：那是一碗白花花的大米饭和一碗油汪汪的鸡蛋羹。

我不知道是该吃还是不该吃。

大娘一把将筷子塞在我手里，说："趁热快吃吧。"我又咽了一口唾沫，实在抵不住这饭菜的诱惑，大米饭和鸡蛋羹真的是好久好久没有见过了。我怯生生看了大娘一眼，端起饭碗狼吞虎咽起来。

饭吃到一半，外屋响起了脚步声。

我急忙放下饭碗，掀开帘子跑了出去。

“——爸！”

爸爸一脸的惊喜。

可转瞬间，闻到了什么味道，爸爸的脸色变了。他快步走进东屋，我想跟进去，可爸爸转头又出来了。还没等我反应过来，爸爸一巴掌扇掉了我嘴边的大米饭粒。

我的腮帮子一阵火辣辣的疼痛，眼泪紧跟着流了出来。

大娘一脸愧疚地护住我：“是我让他吃的……”

旁边的董叔叔一把拉过爸爸，大声对他喊：“老王，你这是干什么，孩子大老远来看你，你一句话没说……房东也是好意嘛！”

爸爸看了大娘一眼，脸比我还红。踌躇半天，他挤出三个字：“谢谢了！”

此刻，我真的有点恨爸爸了。倒不光是因为他那一巴掌，还有他说“谢谢了”口气的淡漠和不通人情。董叔叔把我和爸爸推进西屋，我擦干眼泪，从一直挎在肩上的包里拿出一个硬硬的窝头：“爸爸，董叔叔，你们还没吃饭吧……”

我看见爸爸和董叔叔的眼圈红了……

半年之后，爸爸回到了长春，我打听那位董叔叔，爸爸说：他死了。为了捞菱角，淹死了。

等我真正长大的时候，爸爸才告诉我：当年那家房东成分是富农，所以……唉，你这孩子……

少年“下海”卖香片

记得1961年，长春的冬天特别地冷，我之所以感到特别冷，大概是因为我们肚子里油水太少的缘故。

当然，也不是绝对没有好吃的东西，可是太贵了。一般人买不起。所谓“议价”，在我记忆中，大概就是从那个时候开始的。比如，有一种议价糖，拇指大小，外面包了一层薄薄的巧克力，里面就是白砂糖，却要卖到 4 块多钱一斤。而那个时候，城里人凡上班做工的都堪称工薪族，人均月薪也就 40 块左右。我还记得，一条又瘦又小的羊腿，可以卖到 20 块钱。我妈妈曾带我到长春西安大路一家清真饭店，咬牙买了一盘烧羊肉，比玉米粒大不了多少的羊肉块，我数了数，不到 20 块。至今我清清楚楚地记得，那盘菜 13 块 6 角。

从那时起，我深深感到：钱还是很重要的。起码能使我填饱肚子，甚至解解馋。

爸妈工资有限。我家的邻居，同学的家长似乎也没谁更富有。那时候如果听说谁的爸爸一个月能挣 100 块钱，我们就推测，他爸爸一定是个大官。

有一天，邻居刘家的老二突发奇想，要拉我们一块去挣点钱。因为要过年了，而爹妈是不会给多少压岁钱的。怎么挣呢？刘家老二说，咱们胡同拐角有一家小商店，卖香片，一盒 100 张，卖 3 块钱；而市场上零售，5 分、6 分都有人要。所谓香片，也就是烟盒大小的卡片，上面印着各种花鸟人物，散发着一股香味，人们可以用它当书签，或当现在的贺年卡用。

在我们的眼里，这无疑是一种奢侈品。当然，现在的人们是没谁瞧得上眼了。

据刘家老二探得的消息，现在来说就是商业情报了，这种香片似乎只有这家小商店批发着卖，别处根本见不到，真是奇货可居呵。于是我们定下来要做这笔生意——卖香片。

做买卖得需要本钱呀，可上哪儿弄呢？万般无奈，我跟爸妈撒了一个谎，说下学期的学杂费要提前交纳。妈就给了我 3 块钱。

3 块钱正好买一包香片。

刘家老二要带我们去附近的五商店街边去卖，我却坚持要奔二商店，因为那儿离我家和学校都较远。何以舍近求远？这是怕同学和熟人看见。

那天，天早早就黑了。还没吃晚饭的小哥四个，急忙奔了二商店，在一个大橱窗前面，一字排开。地上捕了一张破报纸，我把那 100 张香片铺成一个扇面。

我压低帽檐，低着头，袖着双手，蹲在地上看一双双来回走动的脚。

尽管我有些心跳，但我还是盼望着有一双脚在我面前停下来。可是没有，人们在我的面前匆匆而过。

我始终一声不吭，而我两旁的小伙伴们却大声地叫卖起来。

“快来买呵。喷喷香的香片，只卖 5 分钱一张了……”

这时我发现，他们的叫卖真的产生了效果。有一两个人在他们跟前停下脚步，我侧目而视，眼见着人家的买卖开张了。报纸上的一张张香片越来越少，钱越来越多，我眼红了，心里很难受，可我还是张不开嘴。

当人家报纸上只剩下十几张香片的时候，我的肚子开始咕咕叫了。一阵阵冷风卷着小清雪向我袭来，我的身子开始发抖，连牙齿都在打颤。我终于忍不住了，大叫了一声：

“快买香片啦，3 分钱一张！”

转瞬间，眼前一张香片也没有了。我捡起一堆毛票，揣进兜里站了起来，这时发现，我已经走不动道了，两条腿不知是冻得，还是蹲得，已经完全麻木了。

有人在我后面踢了一脚，回头一看，是刘家的老二。他的眼睛瞪得老大老大，嘴里大口大口地呼着白气，说话声哆嗦着：“你想干啥呀？你他妈的，不说好 5 分钱一张吗？”

我没回嘴，只嘟囔了一句：“我想回家。”

走在回家路上，老有一种做了一回贼的感觉，像偷了谁家的东西，又侥幸没被人抓着。

侥幸得太早了，当晚，我挨了爸爸一顿胖揍，因为爸爸听邻居家的同学说，学校根本没让交学杂费。

爸爸问我拿钱干什么去了，我心力交瘁，只好实话实说。我把所有的钱都交了出来，却对不上数了，差了好几毛钱。

我想，大约是我急于回家，没有收净，或者被某些顾客给坑了。

这便是我一生中头一回做买卖，也是唯一的一次。

差点随剧团离家出走

那是一个匮乏的年代，然而对我来说，精神生活还是挺富足的。

出了家门往东不到 100 米，就到了胡同口。左边是朝阳剧场，说是剧场，却经常放电影。现在回想起来，许多电影都是在那儿看的。像《夏伯阳》《列宁在十月》《列宁在 1918》《祝福》《三毛流浪记》等等。当然，也看过很多戏，其中大部分是京剧和评剧。

许多外地剧团也常来此演出，像天津建华京剧团、麒派老生刘汉臣的《四进士》《徐策跑城》，著名武生董文华演的《美猴王》，甚至连秦腔《火焰驹》《三滴血》，还有福建泉州木偶戏团演出的傀儡戏《水漫金山寺》和《解放大陈岛》，等等，我都在这个剧场看过。不是我多么想看这些戏，关键是不花钱，全是蹭戏看。但耳濡目染，我渐渐地看出了一些门道，进而喜欢，然后开始模仿。

为了学麒派演唱，我曾喊哑了嗓子，弄得在课堂上无法回答老师的问题。后来我明白，我那是东施效颦。麒派鼻祖周信芳先生原本就是个哑嗓，他把这不利的条件变成自己独特的演唱风格，辅之以颇具韵味的念白，洒脱帅气的身段，独树一帜，另创一派，成为我国四大须生之一。而我全学了一些“末节”。

说来可笑，麒派没学成，我改学马派。一段《借东风》刚学到“倒板转回龙”，懂行的人说，我唱言派更合适。于是，我终于学会了一段《让徐州》，至今还算得上我的拿手好戏。

对于京剧的痴迷，加上在各种戏班里混得脸儿熟，许多行家前辈便逗我，要我今后就吃他们这碗饭。

那时节，我简直变成了一个“戏痴”，成天介随着剧团，甘愿当“苦力”——帮着叔叔阿姨们搬行头拿道具。那一次，剧团要离开崇智胡同了，卡车缓缓启动，我情急之中，竟然登上了汽车的踏板。

心里话说：他们去哪我跟到哪儿。

剧团的人开始还跟我嘻嘻哈哈：“对啦，甭回家啦，跟我们去天津吧！”我兴奋得不能自已，以为汽车真的要把我带向远方。

车开得很慢，因为在胡同里，不能加速。我攀着车窗，在踏板上骄傲地左顾右盼，胡同里的孩子们向我投来羡慕的眼光。

可惜这个“少小离家出走”的梦幻也就维持了两三分钟——准确地说，也就几十米的路程。汽车到了胡同口，停了下来，剧团的叔叔把我抱下车。他们友好地朝我摇摇手，汽车绝尘而去。

只留下我，傻站在原地。

其实，我也没有认真考虑过这碗饭是否能吃一辈子，只是觉得好玩，过瘾。一个十几岁的孩子，所谓“理想抱负”谈不上，出发点也仅限于此。

小学快毕业前，我真的偷偷报考了戏曲学校。

初试时，一个剃光头，扎板儿带，穿灯笼裤，脚蹬一双洒鞋的老师听我唱完了一段《让徐州》，便从考桌后走到我的面前，撩起我前额上的头发。我本能往后躲，这是我平时最忌讳的举动，因为从小我的前额就出奇地大，我最怕小伙伴们冲我念叨那句顺口溜：锛儿头，锛儿头，下雨不发愁。而眼前这位老师还拍了拍我的前额，惊奇而赞赏地说道："这孩子，勾脸儿，带盔头，都不用剃光头了。"

紧接着，他扯开嗓子唱了一句："劝嫂娘，你休流泪，免悲伤……"这是《赤桑镇》里包公的唱段。他让我跟他学，我随口跟他唱："……百年之后，弟就是你戴孝的儿郎。"末了，这位老师一声"好"——竟吓得我一哆嗦。老师又拍了拍我的大脑袋说："你有脑后音呀，唱什么言派？改学铜锤花脸吧，过两年，准是一个小裘（裘盛戎）呵！怎么样，就跟我学吧。"我傻笑着点点头：看来，言派又要改裘派了。

初试顺利通过。正当我跃跃欲试、满怀信心要进入复试的时候，这事让我爸妈知道了。他们批评我不务正业，没几天我三姑也知道了。我万万没有想到，别说我父母，就连我认为一直最疼爱我、理解我的三姑也站出来横加阻拦。

这一天，三姑突然出现在我家，一反平时和蔼可亲的神态，和爸妈一唱一和，软硬兼施。

究竟说了些什么已经不怎么重要了，只一句让我刻骨铭心：

没出息的东西，你干什么不好。却要去当戏子！

命运使然，从更为宽泛的意义上讲，我还是当了"戏子"——如果三姑还在世的话，真不知道她该作何感想。

无论如何，终于没能上成戏校。按着三姑的教导，我还是静下心来学好功课，争取今后做一个有出息的人吧。

从此，我便很少再进剧场了。没事儿出了胡同口，往右便是吉林省博物馆，节假日就在博物馆里打发时间。这里有固定的展览项目，一是社会发展史，二是物种起源。另外一些不断更换的展览项目就五花八门了。

博物馆往西，不过200米，就是我说的图书馆。它隶属于朝阳区文化馆，其实称它为阅览室似乎更合适。但对于当时的我来讲，进了这座小小的图书馆，等于游进知识的大海洋。

在这座图书馆里，我知道了鲁迅、巴金、郭沫若；在这里我读到了《三国演义》《水浒传》《西游记》《红楼梦》；在这里，我还结识了托尔斯泰、果戈里、车尔尼雪夫斯基、高尔基、莫泊桑、雨果，我甚至还偷看了当时几乎被列为禁书的“三言二拍”。

要知道，一初中学生，很多生僻的字是认不得的，我经常左边放着一本书，右边放着一本《新华字典》。看一会儿书，查一会儿字典。书看了不少，字也认得越来越多了。

记得 1961 年的冬天，是我在图书馆里度过的最漫长的假期。学校没有煤来烧暖气，寒假放了近两个月，我差不多天天待在图书馆里，往往成为阅览室里最后一位离开的读者。

那真是一段美妙而神奇的时光啊：时而与关张赵马黄为伍，时而和一百单八将结伴……阅读改变了我的形态——准确地说，大家看到的戴眼镜的王刚，就是从那时“炼”成的。开学后，我的座位又换到了头排，倒不是因为我调皮捣蛋需要监控，而是因为我戴上了一副近视眼镜。

那年月，我还有两大业余爱好，一是集邮，二是装半导体收音机。于是有空就往长江路跑。长江路口有个大邮局，旁边还卖半导体组件。三极管、二极管几毛钱一个，电容、电阻一块钱一大把，虽然次品废品居多，但总能挑出不少好用的。记得我由矿石收音机装起，没几个月就能装四管超外差式收音机了。当年也算个时尚，就像眼下的孩子们玩游戏机，玩电脑，甚至自己攒电脑差不多。暑假一到，我往长江路跑得更勤了，或用钱买，或用几张邮票换回一些半导体组件。

自觉比同龄人“先觉”“早慧”，可能跟这些经历有关。

1966 年，我读高二。楼上是即将毕业、面临高考的师哥师姐们。

那年春夏之交，我总往二楼跑，看那贴满走廊墙上各个大专院校的招生简章。虽然考大学还是一年后的事，我已在摩拳擦掌跃跃欲试了。

几番比较，几番斟酌，我定下了自己的升学志愿：第一，北京大学西方语言文学系。第二，北京外国语学院英语系。第三，吉林大学外语系……

我抱定了志愿，尽管是偷偷地，但心劲儿十足。时至今日，其他老师的名字，包括班主任，大多忘记了，唯有英语老师记得很清楚：郭雪芳，冯连珍，祁梅，陈四维，沈继汤……这中间也有没在课堂上教过我的，但我也没少求教于他们。比如祁梅老师就曾给过我一本大学英语本科二年级的教材，那里边选了不少外国文学名著的段落原文，比如狄更斯的《双城记》等，我竟看得比读中文小说还上瘾。

随着“三年自然灾害”的结束，随着各项政策的逐步落实，大环境比前些年宽松了些。由于志愿已定，在加倍努力学习英语的同时，我也开始尽力关注国际局势的发展变化，开始“放眼全世界”了。

从 1964 年到 1966 年的上半年，我现在还留有印象的大事有：南非的“非洲之矛”司令纳尔逊 · 曼德拉被判终生监禁；刚接任被谋杀的美国总统肯尼迪之位不久的约翰逊下令出兵越南；二战同盟国三巨头之一的丘吉尔去世；美苏宇航员首次在太空对接成功；蒙博托推翻刚果现任卡萨武布政府；印度尼西亚发生排华事件，苏加诺总统将权力移交给陆军司令苏哈托，中国印尼断绝外交关系；南越（这个名词也早已成为历史）一个僧人在街头点火自焚，抗议吴庭艳的专制统治；美国无人驾驶的航天飞行器“测量者 1 号”在月球软着陆，并将珍贵的照片传回地球……而这些风云变幻的信息，大都是从自己组装的半导体收音机里获得的。

到了 1966 年的年中，我便无暇、也没那个心思继续关注国际风云变幻了——原因很简单，大风暴来临了。

Chapter 3
第三章

在风暴中失落的

1966年，8月里最热的一天，我进教室换游泳裤，从一溜儿窗下跑过，没见里边有人，便一头闯了进去，却吓了一跳：一个人跪在讲台上，脑袋上扣着个纸糊的帽子，又长又尖，胸前还挂了个大牌子，脸上涂得黑一块白一块，被汗水冲得一道一道的。

我一下子愣在那儿，是庄老师！他失魂落魄地跪在那里。在我的心目中，这样的形体语言，只能属于装神弄鬼的调皮学生。很奇怪，多年以后我都能鲜明地回想起这种乾坤颠倒内心跌宕的感受。第一次对于一个大时代产生的不安和恐怖，竟然在寂静的中午，在游泳的当间儿，在一个不经意看到的画面中发生。让人瞬间觉得野蛮离你那么近，觉得洪流随时都能吞噬你。

我们欠他们一个反省

这十年的记叙，可以从这儿开始。

这十年的画面很多，记得好多人聚集在长春人民广场，我骑个自行车到苏军烈士纪念塔那儿，把车子架好了，站在后座上看造反派攻打长春市公安局。极其强烈的印象：造反战士用的是冷兵器，空心的钢管，一头儿斜削下去一截，就是一杆扎枪，一扎，血顺着钢管的空心流下去，人就完了。搭着云梯往上冲，攻打巴士底狱，还是巴黎市政厅？我那时候年轻，只懂得看热闹，觉得挺刺激。

接着我也进入了这片红色风景。

6月起，开始“停课闹革命”。原以为闹上几个月，还能重新走进课堂，谁知从那时起，我就永远告别了课堂生活。更冤的是那些高三学生，志愿都报上去了，拉开架势要参加高考了，一纸通知下来，便一头扎进了革命的旋涡。精力最旺盛的这一代人，就这样丢掉书本，拿起毛笔，写起了大字报，戴上了红袖标。

“文革”风潮席卷全国，学校的“运动”也是如火如荼。

校长被斗了，书记被斗了，许多教师，尤其老教师和英文教员几乎无一幸免。他们或多或少都能查出些“历史问题”，罪名也是五花八门。例如，“崇洋媚外”是外语老师的。最“经典”的案例，一位名叫陈四维的老师，他的带有封建色彩的名字犯了“破四旧’的忌，当然没什么好果子吃；冯老师，一位自尊敏感的女性，挺不过连番批斗，跑到化学实验室，喝了硫酸，结果没死成，烧坏了食管和大半个胃。

而这种伤痛，是可以表述的，是可以要求岁月补偿的。绝大多数人，在时代的狂飙下，无力地前行。大多数人，收获的是失落，是一种价值的折耗。一个民族，为此付出代价。

悲剧就在于此。

回想起碰到庄老师那一幕，我至今还在想，为什么我会同时涌起受害者和加害者的体验？

这庄老师教了三十多年书了，在学校堪称元老，据说早年还在日本早稻田大学念过书，他是老师们当中唯一总穿西装的。以往无论是站在讲台上，还是走在外边，总是昂首挺胸，派头十足。有学生背地里叫他“庄鬼子”，他只要远远地走来，总有人哼着电影《平原游击队》里“鬼子进村”的那段著名进行曲为他伴奏，这效果实在是滑稽，惹得大家一阵乱笑。那时的我早已不“淘”了，我尊敬庄老师，他课教得好。有时背地里我还称他“庄先生”，他听了似乎特别高兴。

此刻，这位庄先生就跪在我眼前，被弄得如马戏团的小丑一般，但我一点儿都不觉得这模样可笑，只是有点不知所措。

我扫了一眼空空的教室。我明白准是那些造反派们将庄老师斗完了，又去干别的——这么热的天儿，多半是游泳去了，留下他自己在这里继续反省“罪行”。

而多会儿回来，能不能回来，全由他们的兴致而定。

好半天，庄老师一直没有抬头。他虽未看到，但肯定听到教室里进来人了，他大约以为还是那些刚才批斗他的人。

我用很小的声音冲他说：“这儿没旁人，你起来吧。”

他抬起头，和我的目光只对视了一下，就又低下头去。那对视也就一瞬，但我看见了他满眼的泪花和一脸的羞愧，没有悲哀，更没有愤怒。

猛地意识到，此刻，他不求谁来怜悯他，“搭救”他，他还想保持最后一点的可怜的“颜面”，根本不愿意让我看见他这副样子。

我转身跑出了教室，好像羞惭的应该是我。

30 年之后主持“东芝动物乐园”，有这样的体味：动物王国的“生物链”细琢磨也蛮残忍的，但那是自然规律，舍此无法维持平衡。人与人是同类啊，何必如此相残“相煎”？

那是一个随时都感觉到敌意的时代，然而传播学意义上的仇恨，和现场感的体验又是两回事。

多年后，演播《夜幕下的哈尔滨》，里边曾提到“知耻近乎勇”，意在为自杀者开脱。一天，借着酒劲儿，我曾问小说的作者陈玙一个颇为唐突甚至有点残忍的问题：“陈老，您‘文革’时被斗成那样，没想到自杀吗？”

陈老坦然回答：“想过，裤腰带都解下了，可一想到老伴和孩子，又系上了。”

同样的问题，我也问过在部队文工团当过团长的老焦，焦老师笑着说：“第一次挨批斗，懵了，被涂了一脸的墨汁走回家去，低着头怕见人，就这么一直往前走，结果不知不觉又从大院的后门上了街，一帮小孩儿朝我扔石头，我才转头回了家。那一宿没睡，真不想活了，可第二天，我见挨斗的人越来越多，也就不想死了。”

然而终有挺不住的，那年夏天，老舍先生便投了太平湖。

不管是死了的，活着的，我都尊敬爱戴他们，因为，在那个特定的年代，活着，死了，都需要勇气，都是大丈夫。

当然我也会怜悯另一些人，那些逼得冯老师喝了硫酸的人，那些给庄先生戴纸帽挂牌子的人，那些逼得陈玙老师差点上吊的人，那些往焦老师脸上涂墨汁的人……

有人辩解说那是“革命需要”，那是“大势所趋”，那是“被政治热情冲昏了头脑”，那是因为“年轻不懂事”……但起码我当年没“热情”到那个程度，尽管我也年轻。我自然也参加过不少批斗会，也跟着喊过口号，但我终不曾动过别人一手指头。我至今也说不清，我当年为什么没那么做。按照我爱出风头的脾性，这样做似乎也符合逻辑，而我没有。我还为此“自得”过。

巴金后来回忆那个年代时写道：“那些年我口口声声‘改造自己’，究竟想把自己改造成为什么呢？我不用自己的脑筋思考，只是跟着人举手放手，为了保全自己，哪管牺牲朋友？起先打倒别人，后来打倒自己……想想可笑，其实可耻！甚至在我甘心彻底否定自己的时候，我也有两三次自问过：我们的文化传统到哪里去了？我们究竟有没有友情？我们究竟要不要真实？”

读过巴老以上这段话，我那几分“事不关己”的自得感没了，代之以深深的思索：一个曾受过严重迫害的人还在谴责自己，而那些迫害过他人的人何以就处之泰然？

“狗崽子，滚回去！”

真没想到，电脑的字库中竟有“串联”这个词，对当代青年人来说，这个词是陌生的，怪异的。而对我这一茬人，这个词却能勾起许许多多值得回忆，甚至可以大书特书的往事。

“串联”又叫“大串联”，或“革命大串联”。它的表面意义可以理解为：全国大中学生红卫兵小将串通联合起来，统一部署，统一行动，同仇敌忾，向资产阶级司令部及一切牛鬼蛇神作坚决的斗争。

而它的实际效果，用一句话便可说明——免费旅游！

记得1994年的春运报道，突然令我不合时宜地回想起那一段“免费旅行”

历史。那年春运期间，车站码头，万头攒动，拥挤不堪，有报道说：定员 108 位的车厢竟挤着四五百人，而厕所里硬是塞进 14 个人。

这记录也许绝后，却并非空前。1966 年下半年到 1967 年初，这阵势，我见得多了。

我的第一次“串联”实在是毫无准备。

那是 1966 年的 8 月，即毛主席在天安门城楼上首次接见红卫兵后没几天。

接近中午时分，在吉林大学数学系读书的表哥来找我。他们班几个同学约好了要去北京，问我去不去。

去！我二话没说，推上自行车就往外走。

表哥说：“你要先骑车回家，再去车站，可就来不及了。”

“那就直奔火车站！来，上车！”

我驮着他，飞似的赶往长春车站。

到那儿都快 1 点了，开往北京的 60 次快车应该发车了。可那列火车显然还没有准时出发的迹象，因为仍有不少旅客挤在进站口，绝大多数是青年学生，最容易区分的特征是：他们不像其他旅客那样手中高举着车票。

把自行车停在票房子旁边，锁好了，我转身拉着表哥朝车厢冲锋……

完了，人山人海，只能遥望车厢。

我掉头就跑：“疤哥，跟我来！”表哥脸上有块疤，所以我这样叫他。

一口气跑到了货运站口。那儿只有一位穿深蓝制服的铁路工作人员在那儿把着，我上去央求。这位叔叔用奇怪的眼光看着我，用例行公事的口气回答：“这是货运站，客运在那边。”

说完，便不再理我。

我急得不行。这时，客运站口那边隐约传来有节奏的口号声，细听，是“我们要见毛主席，我们要见毛主席……”

不知为何，我真的激动起来，跨前一步，拉住那位大叔的手，紧紧握住，还拼命地晃动着，丹田运气，筋肉也随之抖动：“大叔！行个好吧，我们要去北京，我们要见毛主席，我们要见毛主席呀！”

我说到“毛主席”的时候，眼泪夺眶而出，大叔显然也被这现场效果震撼了。他露出了百感交集的样子，抽出手，在我的背上拍了一下，抽抽鼻子，颤声说："进去吧！"

我和表哥边喊"谢谢"，边往里飞跑。

我突然想起什么，又折回头跑到大叔的跟前，从裤兜里掏出那把车钥匙硬塞到他的手中："大叔，麻烦你！打个电话让我爸爸来取车，就放在票房子旁边，是辆凤凰28的。我爸的电话是……"

我胡乱摸索着，大叔摊开手："写我手上吧。"

我也没时间客套了，在他手心儿上写下我爸单位的电话号码和我爸的名字。

写完我就追表哥去了，耳听背后传来那位好心的大叔的喊声：

"替我们工人阶级向毛主席问好——"

现在想来，那时候"左"，但那时候的人又真好，那般单纯质朴，像这位铁路大叔的情感绝不是做出来的，更不是谁逼出来的，他是真心热爱毛主席，真的以为我们能把"问好"捎给毛主席，而我也真打算这样做，以此来报答他。

我和表哥是从窗户钻进火车车厢的，小桌面上好几个铁路专用的大白瓷缸子全让我们碰掉了，而进得车厢才意识到：里面连下脚的地方都没有，我只能手攥着行李架子，脚踩在小桌上，同时嘴也没闲着，跟着大家不断高呼口号。

"毛主席万岁！""革命无罪，造反有理！"响彻车厢。

火车开动了，旅客们经过一番自我调整，重新排列，我总算有了落脚之地，心情也渐渐平息下来。

车过了公主岭，连午饭都没吃的我开始感到饿了。

我捅了一下紧挨着我的表哥："饿不？"

他摇了摇头，没再说什么。他来找我之前大概已吃过饭了。

等过了四平站，不争气的肚子一个劲儿地叫，我实在挺不住了。我想等下一站停车时，一定通过窗户从站台上买点吃的。至于餐车，是休想挤得过去的。我开始找钱，可周身上下里里外外搜了个遍，才凑出1毛2分钱。这点钱虽说不多，但那年月买俩烧饼或一个面包还富余。

可转念一想，不行，得留着，到了站下了车，要去四姑家，得乘公共汽车的。这时，我才想到，北京还有四姑这家亲戚呢，而且我还知道，四姑住东四前炒面胡同。

就这样，不吃不喝，一直挺到天黑。也多亏不吃不喝，再加上出汗，要不没地儿撒尿去——早听人讲，厕所里都挤满了。

不吃不喝能忍，可不睡觉真难熬。听到最后一声报站好像是“唐山”，过后便再不记得，显然我是睡着了，站着睡着了——站着能睡着觉，我若不亲身经历，打死也不信。

突然，响亮的乐曲声将我惊醒，那是车上的广播在放《东方红》。平素几乎每天都听，但今天的感觉就是不一样。从车窗望出去，正是东方泛红的时候，火车正驶进北京站。我们真的到了北京！我们就要见到毛主席啦！

我和表哥，不，应该说全车的人，困顿全无，个个兴高采烈。

口号声复又响起，我随着人流向车门口走去。没走几步，感觉腿已经不是自己的了，沉得很，木得很，只是被前后左右的人夹着往前移动……出了车门，便跌坐在站台上。

表哥也坐下了。我们揉了半天腿，才互相搀扶着站起来。

往前迈了几步，又觉两只脚疼痛难忍，低头一看，原来已经肿了，塑料凉鞋一条一条地鞋面和鞋帮都勒进肉里。

索性将鞋子脱掉，我光脚向出站口走去。

还没走出地下道呢，前面的人就自动排上了长队，还不止一条。细问方知，出站口的大厅里已设了好几个接待站，分别接待来自全国各地的大学生。我这时才知道，当时还不接待中学生。

此时，表哥也找到了他吉林大学的同学，我便混在了他们的队伍里。

我们算“东北方面军”被分到了西郊马神庙的北京商学院。

我们被专人引导着，井然有序地登上了等在站外的大客车。我注意到，引导我们的显然也是个学生，与我们不同的是，他穿了一身草绿色的军装，左臂上戴了一条红色的胳膊箍儿，上边印了三个黄色大字，毛体的三个大字“红卫兵”。这是我第一次见到红卫兵。

在客车上坐定，我才有心思看看北京站这座建筑。首先映入我眼帘的是贴满墙上的红白相间的一条条标语，我印象最深的，一条红色的写的是“革命无罪，造反有理”，一条白底黑字写着：“狗崽子，滚回去！”

所谓“狗崽子”指的是“地富反坏右”的子女，他们想加入革命阵营，但认出他们身份的红卫兵不买他们的账。我虽不在此列，可心里也有几分不舒服。

我下意识地看了看四周，真的有几个人神色不自在，默不做声低着头，与情绪激昂抢着往外看的大多数人形成鲜明的对比。

莫非这堆人里就混有“狗崽子”？想到这儿，我立刻收回眼光。我对他们似乎有几分同情。他们刚来，就要“滚回去”，天知道将是什么样的命运等待着他们。

客车一路向北开。原本以为要经过天安门的，谁料穿过长安街竟进了一条小胡同,从几乎擦车而过的小门小户的门牌上知道,我们走的叫“朝阳门南小街”。

第一次来北京，最想见到的建筑便是天安门，听车上的人议论，也都一般心情。可眼前却是鳞次栉比的一座座小庙似的房子，而且全是灰色，看着了无生气。

左拐右拐，车子开进了北京商学院。

一个教室住二十人，打地铺睡。表哥和他的同学安顿下来就去吃早点啦，我则不管这么多了，倒头便睡，一觉到天黑。

醒来浑身软绵绵的，一天半水米未打牙。我晕晕乎乎地去了学生大食堂，如流民被舍粥般排队领来一份儿饭菜，狼吞虎咽，风卷残云。不一会儿，盆儿干碗儿净,又重新排队领第二份儿。好在吃白食不花钱,我那一毛二仍揣在怀里。

混饱了肚子，我才想起，该去四姑家看看了。

大风暴下，我“里通外国”

那天来到东四前炒面胡同表姐家已经晚上 8 点多了。

四姑家四口人：四姑、四姑夫、表姐、表姐夫。四口人住三间房，虽是四合院的“倒座子”，却也算宽敞。

正所谓“姑表亲，辈辈亲，砸断了骨头连着筋”，四姑见到我格外地亲，加上她只有一个独生女儿，待我便如亲儿子差不多。而我却觉着很不好意思：大老远来的，竟然两手空空。当时，我手头只剩 2 分钱，那一毛给了公共汽车的售票员。

表姐仍如我前几年见过的那样好看，大眼睛，白皮肤，一头的自然卷发。而表姐夫乍一看，却实在配不上她——表姐夫身材矮小，貌不惊人。更令我吃惊的是，一个在北京教语文的，讲起话来还有点地方口音，后来得知，他原籍是河北农村的。

我开始有些纳闷儿：表姐怎么这样没眼光？再一想，我似乎找到了原因：表姐“家庭出身”不好，我那四姑夫伪满时当过军官，算是“历史反革命”。忽又想起北京站关于“狗崽子”的那条标语，表姐能嫁出去已属不易，还能住在北京，更是值得庆幸的事。于是我也就见怪不怪了，更何况经过一番长聊，表姐夫给我的印象相当不错。

表姐夫虽有点“怯口”，却特别能说。他先夸我讲话没有东北口音，又说来北京这么多年，他的普通话一直说不标准。由此我看出：他很敏感，也很聪明。他心里非常清楚他的弱点，于是他来个先发制人，把你的第一印象自己先抖搂出来，感觉是自谦，其实透着自信。

这一招儿给人印象很深，多年后我也使过。比如，一次主持晚会，我的搭档是位名模，她身高 1 米 83，再穿上高跟鞋，整高出我一头，并肩一站，观众就乐了。

我没乐，只是无声地侧脸仰视着她，心甘情愿地让反差效果多停留一会儿，观众笑得更欢。

一直等笑声没了，我才开口：“有志不在年高，有才不在身高，我就喜欢和高个儿女孩子在一起，因为人们会得出这样的结论：这样的女孩儿能愿意和他在一起，这小个子必是有什么特别的本事。”

观众哄堂大笑，掌声如雷。我轻松而自信地主持下去。

自信当然不能盲目。当年表姐夫的自信是有理由的。对我这么一个高中学生而言，毕业于北师大中文系的表姐夫真是个大文学家，大学问家。文学是他的本科，自不必说。聊起历史乃至政治经济国际形势来，他也能引经据典，口若悬河。他似乎特钟情于鲁迅及其作品，讲起来更是如数家珍。我俩谈得兴起，话题自然涉及现实。

我冷不丁问了他这样一个问题：“要是鲁迅活到今天，会怎样？”

他张了张口，好半天没说出话来。

最后他苦笑了一下，说：“时候不早，睡吧。”

第二天，四姑给了我两块钱，我自己去了天安门广场。

《我爱北京天安门》，这是当年流行的一首歌，也是我多年不散的情结。这个“结”从那个夏日开始总算是系上了。

那天我把天安门广场和周遭地带足逛一通，又信步走进中山公园。在“五色土”旁边，我碰见一个穿衬衫还打着领带的年轻人，是黄种人。中国人现在还有这打扮？只在爸爸早年的照片上见过类似的装束——还有遭到批斗的庄先生，就是因为一身洋装惹的祸。

那阵也不懂盯着人看是欠缺礼貌的，我目不转睛地盯着他看，发现他也正在看我，还向我走来，招呼道：“你好。”

他的发音听来很别扭，洋腔怪调的。外国人！朝鲜战友？越南的“同志加兄弟”？哎呀，该不会是“蒙修”（“蒙古修正主义”简称）吧？……我无暇细想，也回答：“你好。”

他又开口了，这回讲的是英文，我听懂了：他是个日本人，首次来中国，来北京。希望“多加关照”……

我也用英语作了自我介绍。

我为我能听懂他的话而兴奋不已，这是我平生第一次与外国人用英语对话。

他似乎也为能在这儿遇到一个能交流的对象而振奋，忙从上衣口袋里掏出一张硬纸片，双手递给我。

到现在我仍记得，那上边印的是“东京某某株式会社，北原武彦”。“武”字被钢笔划掉，上边填了个“一”，其他的字很像我们20世纪50年代中期学过的老汉语拼音，可又不是。许多年后才明白，那叫“假名”。更是许多年后才知道，那张硬纸片叫“名片”。

他指着名片上的字向我解释：他爸爸叫“北原武彦”，而他叫“一彦”。显然这是他爸爸的名片。

我当然不懂得交换名片的礼仪，即使懂得也没有——直到今天也没有。更可笑的是，我甚至不懂得名片是赠给我的，心想这么金贵的“卡片”，他怎么会随随便便送人呢？

幸亏多了个心眼，没有在“国际交往”中丢丑。听说直到20世纪80年代，还有人不懂名片的功用，别人递过来，他看了，又恭恭敬敬还回去，把对方搞得很尴尬。

记得接过名片时我还冒出一句日本话："阿里嘎叨（谢谢）。"这还是我妈教给我的——经过伪满那段的东北人大都会几句"小鬼子"话。

北原听了更是欣喜异常。接着我们边走边聊，大多用英语，间或蹦出几个中文或日文词儿来。

直到临别，他热情地请我写下我的住址以便今后联系，我犹豫了，隐约觉得：不能留。但看着北原那期待的目光，又不好意思不留。

最终我在他递过来的另一张名片上瞎写了一个住址和姓名。

回到四姑家，只有四姑夫在，我大大咧咧地把刚才的经历讲给他听，还把那张名片拿给他看。

多少年后我都会清楚记得那场面——我真了不起啊，我一个不经意的"壮举"能把一个人吓成这个样子！不记得哪本古典名著写的：脸像"成了精的冬瓜"，一会儿青一会儿绿一会儿白。毫不夸张地说：我四姑父当时就这模样！

他拿着名片的手直哆嗦，如风雨中的树叶，他猛地爆发了出来，表情还带着几分凶狠："小刚啊，你！你，你胆子也太，太大了！你这叫，叫里通外国呀！"

我忽然想起他的"历史问题"，后悔不该跟他炫耀这段儿。

我转过来安慰他："没事儿，谁也没见着。"

"你这个傻小子！那可不一定啊——"四姑夫说完又将名片塞回我手里，轻手轻脚走出房门——估计他是去了院门口，看看有没有人盯我的梢儿。

没一会儿姑父又转回来，擦着一脑袋的虚汗说："把名片给我！"

"干什么？"我不懂事地抗拒。

他瞪着眼拖长了声调："不能留着！"

见他如此认真的样子，我老大不情愿地把名片刖断成两半儿，赌气地丢在地上。

四姑夫又把名片捡起来，划了根火柴烧了。

他不知叮嘱了我多少遍：这事儿千万不能告诉别人啊，可千万千万……

姑夫变了一个人，整天蔫了吧唧的。看到姑父受到如此大的刺激，我才涌起一股悔意，并跟着惶惶不安起来。

同时庆幸多亏没给北原留下我的真实地址和姓名。

第二天，四姑夫到了中午也没起床。四姑轻声告诉我他病了，我当然知道这“病根儿”。

我有点愧疚，决心不在四姑家住了。

晚饭后，我提出要回商学院。四姑、表姐、表姐夫真心挽留，连四姑夫都在里屋紧着喊：“小刚别走啊……”但我还是走了。

快出胡同口儿了，表姐夫追上来，塞给我10块钱，说：“有空就来，我挺愿意和你聊的。关于鲁迅的那个问题，下次你来，咱们再探讨。”

我由衷地点点头，心想：姑夫面无人色的那一幕，真的能加深我对这个“鲁迅假设”的理解。

以后，我又去了四姑家几次，每次又必同表姐夫一通神聊，但谁都没再谈起这个话题。

再以后，听说表姐夫进了鲁迅研究所，也不知这个问题他研究出来没有。

我见到了毛主席

那一天，我终生难忘。

那是1966年8月31日。

天刚亮，我们这些睡在大通铺上的外地学生便被叫起，抖掉满身的干草——也许还有虱子跳蚤，我们叫它们“串联虫”，匆匆吃过早点，便由当时还算北京西郊的马神庙步行赶往天安门广场。

来自“五湖四海”的红卫兵聚集在那里等待毛主席的检阅。

这是他老人家第二次接见红卫兵。而第一次是在8月18日。就是那次，他把“红卫兵”的袖章戴在了胳膊上，并亲口对一个叫宋彬彬的女学生说：要武嘛。后来那女生真就改名为“宋要武”了。从此，红卫兵运动风起云涌，如火如荼，进而由“口诛笔伐”发展为“文攻武卫”——多少革命小将为捍卫毛主席的革命路线而献出了年轻的生命。这是后话。

刚进广场坐定，我就发现这次和上次不大一样。“8·18”的场面从报纸上见过，毛主席只在天安门城楼上远远地向密密麻麻的红卫兵们挥手。而这次广场上却留出了车道，道两旁由解放军战士组成人墙，将学生们隔成了一个个方阵。

莫非毛主席要下来？我猜测。

若真如此，我可不能傻坐在这里。

想到此，挤在方阵中间的我便开始一点点往边上蹭，一直到我能嗅到眼前一个战士的臭胶鞋味儿。

直到下午 2 点左右，“毛主席万岁”的欢呼声炸雷般响起，原本席地而坐的我们“呼啦”一下全都站起来，向前拥去。战士们手拉手，如抗洪抢险般堵住汹涌的人潮。

毛主席真的从城楼子上下来了。他的车离我越来越近。

主席高高站在那辆检阅车上向我们招手。

车缓缓地走着，渐渐驶过西边的华表。

伟大领袖的敞篷吉普车离我只有四五米的距离了，我一下扑向我前面的解放军警戒线。紧接着，后面几个红卫兵也跟了上来。秩序一下就乱了。

战士们拉了这个，跑了那个。我拼命挣脱了一个紧抱住我的战士，一个趔趄跌向主席的车前。

车停了。

我发现我的双手正扶着那辆崭新的北京吉普的右前灯。

我抬起头来，目不转睛地望着“我们心中的红太阳”。那一刻如同印在我脑海中的照片，至今难以忘怀。

多少年后，我听曾同在沈阳军区文工团的黄宏说，当年他才七八岁，老听人讲“韶山升起红太阳”，于是真的以为每天早晨太阳都是从韶山升起。我虽不至于如此天真，但对能亲眼见到毛主席，我曾设想那必定是感受温暖、沐浴阳光、挥洒金色、无上荣耀、庄严神圣的一刻。

然而当我亲临这一刻时，我不能不说，感觉有些异样。

我看到的是一张跟我想象中不太一样的脸，比我在新闻纪录片中见到的显得苍老疲惫得多，甚至略有些浮肿。解放帽下，那明净的前额渗出滴滴汗水，一片汗光晶晶，下巴正中那粒有名的痦子也黯然失色。肥大的绿军装依然遮掩不住微驼的背，还有顶在车护栏上的肚腹。

老人家神色庄重从容，却也流露出一丝不易察觉的焦虑。

那一刻，我盼他能看我一眼，毛主席果然看了——不，确切地说，是瞥了我一眼。

我想向他汇报关于我的一切，真想对他讲：我小时候曾给您写过信呢！还邮了我的照片！党中央还回过信呢！这您一定知道……

他只瞥了我一眼，那眼神是漠然的，似乎我并不存在。

我渴望这幸福能够多延长一些时间，我期盼他老人家能再看我一眼，我更奢望能面对面地聆听“最高指示”……

一只手拽住我的后脖领子，死命地往后拉，旧军装的领勾儿勒得我喉结生疼。

我终于跌坐在警戒线的后面，头撞在一根灯柱上。

等我的满眼金花散尽，我才看清我身边的一面红旗上写着：山东师范学院红卫兵。

过后，我怎么也想不起来，我，一个中学生混进大学生队伍中去怎么就那么容易。

这些今后要“为人师表”的我的大哥哥大姐姐们似乎比我更具有革命朝气和造反精神，加上多数比我力气大，尽管解放军战士拼命地拉扯，他们仍有不少拥在主席车的周围，有节奏地高喊着“毛主席万岁”……

我虽然站起身，但实在无力再冲过那道“绿色长城”，只能通过不断变幻的人墙的缝隙看到主席。他好像对他旁边的一个同样穿着绿军装的人说了一句什么。那人比他矮且瘦，手中挥动着一本小红书（《毛主席语录》）。我这才意识到，那是“林副统帅”。

忽然间，口号声小了，一个略带嘶哑却十分高亢的声音回荡在耳边：“红卫兵小将们，同学们，请散开，请注意主席的安全……”

我连连跳起，终于看清，那是周总理在喊。他已经从第二辆车上走下来，走到学生们中间。

很快地，学生们退回到各自的队伍中去。

主席的车缓缓启动。老人家又高扬起巨手，副统帅小红书挥得更加起劲儿，口号声复又响起，多数人热泪纵横。

车子一辆辆开过，我依次看到后面的康生、陶铸、朱德、江青、陈云、邓小平、刘少奇……当时我能将名字与长相对上号的也就这么几位。有点儿纳闷儿：在此之前，多年来总挂在口头上的“毛刘周朱陈林邓”，为何打乱了原有的排列顺序？我隐约感到“革命形势”正发生着巨大的变化，而“路线斗争”才刚刚开始。

那满载革命统帅部成员的车队，恰如一列战舰在海上驶过，那是百万红卫兵在这世界上最大的广场铺就的人海。它卷起人浪，荡起人潮，唤起人声，聚起人心。

那一刻，不，应该说那前前后后很长一段时期，人作为个体不存在了。无论是谁，他首先是群众的一员，是集体的一员，是某组织的一员，就如绿地的一棵草，大海的一滴水，甚至是大地的一抔土。

当年的外国人乃至如今的年轻人很难理解那段时期中国人着装色彩的单调：要么是绿，要么是蓝，要么是灰。而这三种颜色恰巧又是草、海与土地的主色调。

这是外表，而不知是可贵还是可悲的却是人的内心或曰灵魂的统一。那时讲“灵魂深处闹革命”“要狠斗私字一闪念”；主席更教导我们说：“群众是真正的英雄，而我们自己则往往是幼稚可笑的。”而一旦脱离了“群众”，那后果恐怕就不仅幼稚可笑，简直大逆不道，其罪当诛了。于是人人自危，于是人人都怕脱离群众。

如果说，红卫兵小将们、工农大众们真的是出于一种革命热情而自觉地成为某个革命组织的成员，那么其他很多人，包括干部、知识分子则大多基于一种本能，一种生存的需要了。

那天，直到太阳偏向人民大会堂身后时，红卫兵百万大军才陆续散尽，广场上遍布踩落的鞋子。

没过几天，我也回到了长春。

一进校门，便有同学兴奋地告诉我：你上报了。

有一张报纸印着：长春二中红卫兵小将幸福见到毛主席。里边有关于我的一段报道。

这是一个嘲讽意味十足的人生插曲，王刚居然是以这种形式第一次进入“公共视野”。

在革命大潮的裹挟下，只能说：我是半清醒半糊涂地往前走着。如今，我颇为庆幸的是：我既没成为革命的先锋，也没成为革命的对象——这庆幸带着几分自私，有种明哲保身的味道。

至今仍耿耿于怀的是："文革"将我理想的翅膀折断了，我没能升上大学，没能圆"外交官"之梦。好像不仅这些，我的所谓"理想"和"志愿"里更深层次的东西——对未来美好的向往，对生活乃至生命的认知，总之，关于真善美的憧憬——似乎一切都被搅乱了。

一个人的"串联"

读万卷书，行万里路，古往今来，被认为是想成就一番事业之人的最佳途径。

这话不无道理。

然而真能做到，着实不易。

古人将二者等量齐观，囿于交通之落后，一生能行万里路者可谓凤毛麟角；今人则相反，坐上飞机便可日行八万里，然而若谈及读书，即便是做学问者也不敢夸口"万卷"。

当然，此处之"万"，仅指多矣，并非局限于数字。

自小时候起，这八个字便在心里扎了根，但我从不敢也不愿狂想读什么"万卷书"，那该多枯燥乏味，还不把人愁闷死。"行万里路"却是我的一个梦想。年轻人，尤其是男孩子哪个总愿意守在家里？哪个不想到外边的世界闯一闯？

我多少次面对墙上的地图发呆，幻想着去这儿去那儿，甚至还琢磨过：自造一条小木船，由伊通河（我家乡长春的一条河）下水，到松花江，进黑龙江，经阿穆尔河，最后漂入鄂霍次克海，再掉头向南，那便是地图上最大的一片蓝色——太平洋。

想啊，盼啊，即便做梦都没想到，有朝一日我的梦想竟得以实现啦，"革命大串联"让我实现了随心所欲的旅游。

那年的 9 月 10 日，我先奔了大连。去那儿，就是为了看海。

在星海公园那一站，我从有轨电车上下来，终于看见海了，我竟旁若无人地大叫起来，惹得周围的几个人赶忙将自己的衣物挪得远远儿的，想必他们以为我是个疯子。

我全然不顾，三下五除二，脱掉衣服，又是一阵狂跑，扑向水中。

离大连，回长春，没几天，我又去了北京，但这次是为转道去南方。

不知为何，火车到了天津南仓站，我们这些手头没票的全给撵下来了。撵，我们毫无怨言，而最早“我们要见毛主席”也不成其为理由了，“革命小将”已经变得让人讨厌了。

眼看别人成群结伙地离开，有的进了票房子休息，有的干脆步行沿火车道奔了北京，最后只剩我一个呆坐在站台上，我不免自怨自艾起来。

那是9月末的一天的后半夜两点多，本打算去南方穿得又很单薄，我饥寒交迫。

又一声汽笛长鸣将我惊醒，天还没亮，我仍坐在站台上，只是眼前多了一列火车。那是一列货车，敞篷的。我四顾无人，硬是爬了上去。我翻过车帮儿一屁股坐到里边，扑地一下，软软的，一点儿没跌疼。我发现这是拉煤的车，确切地说拉的是煤面子。

我瑟缩在角落里，只怕谁看见，盼着车开。

没一会儿，车开了。货车总不如客车稳，一个劲儿地晃，像个摇煤球儿的筛子，而我就是煤球儿。

走了一个多钟头，停了。我探头向外看，灯箱上写着——丰台。

我庆幸离北京不远了，这列货车肯定不能进北京站，我该下车了。

我自然不敢走出站口，从站边儿绕出去了。

天渐渐亮了，我仍在车站四周徘徊。我实在没那个能力步行进京，我想等一列客车，哪怕是买票上车。

路上人多起来，奇怪的是，看见我的人不是笑就是躲。我忽有所悟，忙对着街边一所房子的玻璃窗照了一下自己，这一照，我先是吓了一跳，紧跟着，我也笑了。玻璃上映出的简直就是个黑人，除了眼边儿和牙是白的，剩下全是黑的，浑身一抖还直掉煤末子。

这副模样甭说进北京，丰台也没法待，哪儿也不成，见不得人啦！

我得洗个澡，连衣服也得洗。

我找了个旮旯儿，又是四顾无人，便撕了墙上的一张大字报——那时候，这东西随处可见，胡乱抹了一把脸，再找个玻璃窗照照，嘿嘿，能认出是我了，便又去寻澡堂子。

离车站不远就有一个，可把门儿的不让我进，嫌我太脏。我磨破了嘴皮子，他总算让我进了。他随后也跟了进去，他要盯着我先淋浴再进池子。

那年头，澡堂子就有洗衣服的服务了。等我出了池子又美美地睡了一大觉，衣服也干了。出了澡堂子，已是中午时分，我又找了一家清真馆子，要了两大碗羊汤、四个火烧。我洗去一路风尘，睡了个四体通泰，吃了个脑满肠肥，买票上车，大模大样理直气壮进了北京城。

进京在四姑家只住了一天，和姐夫聊了半宿，只记得我对他诌了一句："长此以往，国将不国了！"姐夫又一愣，没接我的话茬儿，只是催我睡。

次日，我便登上南去的列车奔了武汉。

真不愧是"大武汉"。站在蛇山之上，虽无"会当凌绝顶，一览众山小"的感慨，却定能体味"茫茫九派流中国，沉沉一线穿南北"的恢弘气势。

长江、汉水将其割为三镇：汉口繁华热闹，虽不是盛夏酷暑，走在江汉路上，两边的人气儿烘得你直冒汗；汉阳小而旧，但墨水湖畔那低矮的屋檐下卖蓬蓬的姑娘像一副水墨丹青，令我想入非非；武昌自然人文景观最多，光一个东湖就让我流连了一整天，还爬上珞珈山顶的一个铁架子，用小刀子刻上了几个字："王刚到此一游"。

此后多少年，每每想起，此举着实令我汗颜，却又总想有机会再去看看，那几个字是否还在？而每次再到武汉，又总是来去匆匆，始终没得闲儿。话又说回来，有空儿也不好意思再爬了。人还是年轻好，少有顾忌。

离了武汉，又继续南下到了广州。

等我再转头北上，经郴州、衡阳、株洲到了湘潭，我终于病倒了，发起了高烧。病因是在火车上站得太久，脚肿了，又被硬塑料鞋磨破感染。眼看一条"红线"（淋巴发炎）顺着腿往上"爬"，我真的害怕了，我觉得我要客死异乡了，因为我很小的时候就听人讲过，说这红线一旦爬到心脏，人就彻底玩儿完啦。

外地学生接待站（当时铁路沿线大中城市都设有这样的机构）的人将我抬到了医院，打点滴，灌流食……

死亡的恐惧消除了，三天后我又能走了，我去了韶山。

做梦都没想到，有朝一日“行万里路”的梦想竟得以实现，“革命大串联”让我实现了随心所欲的旅游。图为“一个人串联到韶山”。

我拖着疲惫的身子，随着参观的人流在毛家大屋里无声地鱼贯穿行。大部分屋子阴暗潮湿，墙上挂着发黄的老照片，家具农具陈旧不堪。但我相信人们的心一定都是暖的热的，无限爱戴无限崇敬的，因为伟大领袖就生于斯、长于斯，因为我们心中的红太阳就从这里升起。

我在一个国家的整体狂热气氛中，尽情地实现自己的“自由行”。广州：不知是累了，还是被南国的花香熏得醉了，竟躺在中山大学的草坪上睡了多半天；杭州：西湖“平湖秋月”，1 毛 5 分钱一杯龙井，由于不断地添水，最后见不到一点绿色，想起孔老夫子带着弟子吃元宵也要不断加汤的笑话，心中还挺美；钱塘江：英雄蔡永祥塑像，茅以升设计的钢铁大桥，江中畅游，可爱的孩子帮我照看衣服；上海：花 3 毛 5 分钱（半斤米饭加一大碗咖喱牛肉粉丝汤），竟可以“吃吃国际饭店”……

一个人的心境与大时代的肃杀气氛如此不熨帖，说起来有点“没心没肺”。但殊不知，在某种意义上，这是自己创造的最后的自由。直到今天，以后的个人空间，再也不曾有那种率性而为的感觉。

两次下乡“炼红心”

“散淡的人”没当多久，接下来就是下乡。

2008年是“知识青年上山下乡”40周年，电视台也做了一些回顾活动，节目策划人也找过我。我说这个不太好谈，1700多万人啊，共同奔赴那个命运，大的体验相同，对那段经历的理解，也有很多说法，甚至有争论。我该从哪个角度来说呢？

我也说过，一百个知青有一百种生活方式。开始时，我真的是怀着“广阔天地炼红心”的虔诚心愿奔赴农村的。学校还没有开始动员，我就迫不及待追随着另外一个学校——长春四中的下乡队伍，带着两个铁哥们章建华、李晓光先下乡了。

那个地方最远，在中苏边境，延边朝鲜族自治州，吉林省汪清县罗子沟公社上河大队。“到最远的边疆去”，豪迈啊，像是上前线的那种感觉。坐火车，长春到图们，图们再倒火车到大兴沟车站，大兴沟再倒汽车，最后再来一部大马车才把我们接到那儿，整整折腾两天一宿，等于两个白天一个晚上才到。

当天晚上，大队召集我们这些知青开会。挺大一个房子，上面还有一个土台子，我坐在了第一排。仍然处于兴奋状态中的我，学着当地老乡卷了根烟叶子，哥几个纷纷在对火，吧唧吧唧，还挺高兴。

这时，台上一阵滚雷打得我们有点懵：“把烟掐了！”

定睛一看，台上那位披着老羊皮袄的大队干部恶狠狠地看着我：“把烟掐了！——知道你们是来干什么的吗？毛主席教导我们说：知识青年上山下乡，接受贫下中农再教育，很有必要……”

当时的感觉，绝对是热脸贴着了冷屁股。我们一腔热血翻山越岭而来，结果给我们来这一出，我们是劳改犯吗？犯了什么罪过了？跟原来想的完全不一样。猛地意识到：自己太幼稚了。这里就是“夹皮沟”啊，待下去有我们的好吗？

当天晚上一宿没睡，我跟我那俩哥们商量，我说：“这儿不能待了，得走。”

“……走？咱这户口都已经迁出来了，能上哪儿去啊？”

到第四天，终于把我带来的人动员上路了。弄来一辆牛车，我把自己的大柳条包装上去，俩哥们也把行李装上了车。我这俩哥们随我一起坐上了牛车。

送行的是一个长春四中的女生，大个儿大眼睛白皮肤，长得有点儿像“二毛子”（东北话：中苏混血），好看。这地方也是她帮着联系的，她没有随我们回去，留在这山沟了。牛车吱呀吱呀启动时，女孩子流泪了，眼睛巴巴地瞅着我，那份凄惶啊。我至今还能记得这女孩的泪眼，记得住她的名字——辛坚。

路途中，俩哥们还在闲扯：“王刚，你说，她哭的时候，眼光瞅你，不瞅我俩，为啥？她肯定对你有那个意思……”

老说这个，我就有点不耐烦：“你们这回活过来了，就开始琢磨这个了？”

那时候的我，真的是懵懵懂懂，这方面的感觉很迟钝，按《水浒》的说法，男女方面事“不甚打紧”。我陷入另外一种思考：我在思索我这个人，思索我为什么会对“把烟掐了”那一声呵斥有如此强烈的反应。

结论是：我这个人，可以负重，但不能忍辱。

1968 年 11 月 7 日，长春入冬的第一场大雪，早晨我回到家里。在门口，看到妹妹王静。她正拿着一个小铝盆去打早点，一出门看到我了，吓一跳：下乡还有给退回来的？

我看着妹妹，看着家，“家园”这个词在心底流淌，我欣慰地笑着。这时候，妹妹已经出落得很漂亮了，有我这么一个哥哥“罩着”，在学校，妹妹度过她自在自为的学生时代。那一刻，我意识到跟家的情缘的紧密，在动乱的时代，家像一张老唱片，安然有序地运转着。家是港湾，让一个游子，能在寒冷的夜做温暖的梦。

下乡插队不可避免，可我得找一个好地方。忽然意识到自己的回民身份，我们有自己的生活习惯，领导部门不能不考虑到这一点吧？党可是有民族政策的。

冷静想了想，我骑上自行车到各学校去串联，发动回族同学自己组织起来，搞一个知青点。最后共联系了 76 个人，到长春市郊区合心公社于家大队插队，分了七个集体户。其中王家楼生产队条件是最好的，10 个工分能挣 1 块 8。我事先都考察了，这里地很肥沃，旁边是新开河，灌溉方便，有十垧水稻田，有大米吃。

我领着 13 个人，“近水楼台”落户在王家楼。我是七个集体户的头儿，当时的正式“名衔”是于家大队知识青年领导小组副组长，组长是个老贫农，挂

1968年，被社会洪流裹挟着，我下乡成为一名知青，在农村度过了此生最艰苦的一段岁月。

个名而已。

临去前，好几个女同学的家长特别郑重其事地把他们的姑娘托付给我。在大伙心目中，我多多少少有点“精神领袖”的意思。

插队没俩月，大队会计他妹妹，通过别人带话，要嫁给我。我觉得这是不可思议的事情，一笑作罢。尽管人家普通农民比我们的日子过得都好，人家灶是暖的，炕是热的，但还是有一个鸿沟在无形地阻隔你动那念头，我们已经形成了最初的“社会学”意识，“隔路”啊。

慢慢地，我发现实际生活并不像开始预想的那样“崇高”。“崇高”？那是得有意志和体力上的准备的。

开春的时候，最累的一个活儿叫“刨茬子”，高粱玉米去年秋天割完以后，剩的根儿不到半尺长这么一段，在早春土刚化的时候，必须刨完这些茬子，才好耕地。一个人把六条垅，蹲在地上一点一点地刨，我至今还记得那个动作呢，特别憋屈。东北的垅特别长，蹲着干活不舒服。领头的老乡一边刨，一边用充满优越感的口气吆喝着这些城里来的孩子：“走，干！想挣一天的1块8？那不是你们，你能挣9毛1块就算不错了。”老乡干这活很快，跟跳舞似的，还时不时停下来抽烟，等我们也想停下来弄口烟抽抽，他们又在喊了：“别磨蹭了，走啊！没看老爷儿（太阳）偏西了吗？一会儿就天黑了，干哪！！”

我记得一个女同学满手的血泡，跪在地上哭喊：这什么时候是个头儿啊！

多少年来，想起那一幕，我的反思也落入了俗套——确实是“炼红心”，有那一年垫底，我啥苦都不怕了。

一年多的知青生活，有这些片段——

没打起来的架。

知青之间也有矛盾，我们的邻县怀德县的上海知青招惹了我们，有人告状说有个瘪三欺负我们这边的女同学。我就一句：“灭了他！”——集体户的男知青由我带领，浩浩荡荡朝上海知青点开拔。一队人马装束整齐，都扎着绑腿，还带着武器：大号的改锥，开了刃，插在腰间。即将迎来一场血战的架势。

一进他们集体户的院子，我们全傻了眼：要多“埋汰”就有多“埋汰”。猪养在堂屋里，两边厢房住着人，这边是男同学，那边是女同学。墙上全是霜，有几个生病的学生穿着棉衣，盖着棉被，在炕上哆嗦着，眼巴巴看着我们这群不速之客，只有等着挨揍的份儿啦。真是清锅冷灶。看得出来，他们生活能力也低。怎么也没人管哪？——估计着，是一帮出身不太好的孩子，姥姥不亲舅舅不爱的。

我别过脸去，看了看墙上的霜，闷声闷气说了声：“算了吧，走……”

还打什么劲儿啊？太凄惨了。

一群开始杀气腾腾的“武工队”就像自己败了一样，没精打采地往回走，想起刚才看到的那副惨象，再联想自己的处境，心里不是滋味：同病相怜啊。

也有真动手的。

六队的队长是只有一只眼睛的老转业兵，也是欺负我们女同学，性质还挺恶劣。有些人就是这种心理：你们是接受再教育的，到这来就得靠着我，所以无法无天。最后我们过去了，一顿狠揍，把他肋条打折了三根。这算轻的，那年代，农垦军人欺负女知青，连枪毙的都有。

但我在知青点干的最“惊世骇俗”的一件事，是私宰耕牛。

那时候肚子里油水少，汉族知青集体户都能高价买到肉，我们很难买到牛羊肉。有一天，我正在地里干活，轮流做饭的那同学跑来了——我们轮班留守一个人给大伙做饭，我是宁可下地干活也不愿意在家做饭。轮到我了，我让给别人，我替他上工。他一脸紧张地说：“户长，咱那院里来了一个半大牛。”

我：“是吗，是咱们屯子的吗？”

“没见过这头牛啊……”

“走！回去看看。”

几个小子已经用绳子把牛拴在大柳树那儿了。是半大牛，小黄牛。看到这牲畜，不由得心里一亮——阿城小说《棋王》里的主人公，看到河上的白鹅，会由衷赞美：“好饮食！”我认为他真是写出了那种惊人的“通感”。

我看着这头挺肥的小牛，心怦怦直跳。

我说：“你们等着，把这头牛看好，待我去看看。”

那是冬天，还有积雪，我顺着脚印探寻“牛迹”。牛蹄印从新开河那边过来的，那边是外县。很明显，这头不走运的小牛是从怀德县那边过来的。

我直接跑了10华里来到公社广播站，我对全公社进行有线广播。广播内容如下：于家大队王家楼生产队捡到一头小耕牛，有丢失者请与王家楼知青集体户联系，如果三天之内没人联系，我们将自行处理。

为什么要煞有介事地广播？我有预谋啊：知道那是外县的牛，而有线广播的传播范围只在我们公社范围之内。两地之间隔了一条新开河，河很窄，跟条水渠似的，但有线广播过不去。

这些逻辑分析，以及作案的“谋略”，都是小时候看《福尔摩斯探案集》的收获。然后憋着坏，期待着这三天快过去。我们知道是没有人来领的，那时候没有“冒领”这一说，无产阶级专政，群众专政，谁也没有这个胆子。敢来冒领？也甭“专政”了，我们集体户就把他收拾了！

终于第三天过去了，我也没言语，大家对下一步发生什么事心中有数，高度默契。那天我们全部放假，然后找两个男同学一块下手，我把前边两个蹄子一绑，一扶，温柔地将它放倒。这头小牛上西天前，享了不少的福——一直用精饲料喂它。一放倒，特别听话。

我还学着阿訇的样子假模假式地念了一通。其实也有种罪恶感，但只觉得这么一念心里就舒坦了。

女同学们看到屠宰场面，吓得面无人色。我：嘘，别害怕，一会儿你们就高兴了。

这当间，我又作了第二个决定：肉咱们分成 13 份，过两天带回家去，家里人也没有多的肉吃——“今天咱们就把头蹄下水做了。”

还是不踏实，我又作了第三个决定，把大队长、大队书记、生产队长、政治队长请来。

众人疑惑：“请他们？”

我口气坚决地说：“请来。”

大伙儿同意了，众人心想：王刚这小子读书不少，肚子里都是墨水，听他的没错。

列位“土地爷”都请来了，我们从供销社买来五味子酒（怪了，我们那儿的供销社只卖这种酒），酒肉齐备，我说开吃开吃。

半大的牛啊，即便是下水，也挺嫩挺香。大队干部边吃边问我：“王刚同学，你们这个牛下水是从家里带来的？”我一笑：“你忘了？前几天跑来一头小牛，我到公社广播了三天也没人应。一寻思，反正也不是咱们大队的，养在那儿白白耗费生产队的草料，我们也犯难啊，于是乎——今儿下午就给宰了。”

啊？！队干部们听我若无其事这么一说，个个脸色都变了。书记愣了愣神儿，半晌才说：“王刚同学……私宰这个好像是？”酒肉塞嘴，他“犯法”俩字没说出来。我：“嘿！都吃了这么半天了，您看这……”

队干部的神情要多难看就有多难看，噎了半天说：“下回可别这么干啊。”

我一乐，说：“没下回了。”

过了两天，集体户兄弟姐妹们欢天喜地地，一人带着一份肉回家了。

这也是我知青生涯中最胆大妄为的“盛宴”吧。

然而，更多的日子，就是荒芜，苦寂。

1969年的国庆节，我们正刨土豆呢。遥远处看市区在放焰火，“噼噼啵啵”声音虽然微弱，但却像一首召唤你的歌谣，像家园的炊烟，忽然不知道怎么的，悲从中来，我掉眼泪了。把锄头一扔，我闷声闷气地说“收工回家”。

大家就简单收拾一下，自己走回去了。

从知青点到长春的家，相距20多华里。我从合心公社走到西新公社，再过翟家窝棚机场（就是现在的长春机场），走过跑道，前边就到了绿园6路电车的终点站。这才上了电车，再倒3路电车，坐到西安大路，算是到我家了。

这条路，我多次走过，拎着啤酒瓶子醉醺醺地走过，唱着歌走过；走路，一个人孤寂地走，在星空下走。在个人无法主宰命运的时代，走，会让你感觉到一个清晰的自我。孤寂的心灵，走着走着就浑厚了，沧桑了……

Chapter 4
第四章

难忘军旅生涯

若你没有当过兵，那份对军装的依恋，你自然无从体会；倘若你当过兵，而且是一个有着长年军龄的军人，那份感情你真的能忘怀吗？

一段时间里，不知怎么了，和人谈起往事，总好说：“我当了 26 年兵啊。整整 26 年哪！”——简直成口头禅了。

一次与一位挚友聊军旅经历，这口头禅又脱口而出。他立即伸出一只手，食指中指无名指弯向掌心，大小拇指分向两边。那意思就是：我都听了六遍了。

我一脸尴尬。

然而，有些事虽已日渐久远，但却总不能忘怀。只要受到什么诱发，它就清晰地呈现在眼前。只要有相关的新闻事件，积雪的山川，蔚蓝的海疆，绵亘千里的边防线一下子就又栩栩如生地涌现在我眼前……

送妹妹当兵，把自己也送进去了

如果说，40年前的社会风俗也能叫做“时尚”的话，那么，可以说，那个时代顶时尚的是穿上“国防绿”的军装。绿色的外衣遮掩着“红色”实质：几千万经过“红卫兵”“破四旧”“大串联”“文攻武卫”的学子们，大约实在是折腾累了，革命激情日见冷淡。有心计的家长们渐渐开始考虑一个很现实的问题：我的孩子今后干什么呢？革命诚然“不是请客吃饭”，但革命更不能当饭吃。

狂热年代后，是亿万青年人陷入人生困惑的阶段。继续求学不成，只有找个工作。而那时是没有择业自由的，只有靠国家分配。就我们中学生而言，除极少数“根红苗正”者当了工人，迈入人人羡慕的“领导阶级”行列，更广大的人群，便只有上山下乡去“广阔天地炼红心”，“接受贫下中农再教育”了。

更有这“极少数”里的极少数，穿上了军装。例如，“68入伍兵”中大者20岁，小者14岁；这些“红小鬼”大多是军人子弟，近水楼台，子继父业，参加革命可谓早矣。

说是“革命”，其实从某种意义上说，也是得到了一份可心的工作。最起码三年复员之后，可以进工厂当上个“二级工”；若再手持一张“党票”，许多便可进入地方某单位的政工部门，焉知今后不会在仕途上平步青云？

那时节，谁家孩子当了兵，比戏文里的“金榜题名时”还要光彩，简直可以“光宗耀祖”了。在当时的历史社会条件下，“当兵”确实被看做摆脱实质上的失业状态的光辉出路，且是实现人生命运转折的理想“职业”。就大形势看，兵营，也是无休无止的“阶级斗争”的避风港，虽然并非世外桃源。

当然，也正是囿于时代的局限，当初我可不是（也许是不敢）这样看的。

1969年年底，整整下乡了一年，正在人生的十字路口苦闷徘徊的我，竟然喜从天降——我当兵了！

其实，本没我什么事儿，我是送我妹妹王静当兵，没想到把自己也“送”进去了。

记得那年的 12 月 28 日，我妈几经辗转把电话打到了我所在的生产队的队部。我妈说，她和爸爸要去“五七”干校了。他们老了，无所谓。只是妹妹太小，舍不得让她遭那份儿罪。前几天省军区招文艺兵，妹妹初试过关。现盼我回城，全家团聚一下，然后就各奔东西。

当晚，我步行 20 多华里，赶回家中。

次日，陪 14 岁的妹妹去参加复试。

妹妹进了考场，我在走廊里等着。

听妹妹在里边唱毛主席的《沁园春 · 雪》。那“万里雪飘”的“万”字拉得老长老长，声音又高又亮。后来听妹妹讲，那叫“High C”（高音 C）。

再往下，听里边好像是在问答，但听不大清。

门开了，一个年轻的干事将我唤了进去。

一个长得很文气的中年军官问我：“听你妹妹讲，她的文艺才能是受你的影响。你会朗诵，也会唱歌，能不能让我们听听？”

于是，我朗诵了一首陈然的“囚歌”，唱了一段“毛主席的战士最听党的话”。接下来则是几句简单得不能再简单的对话。

“想当兵吗？”军官是个痛快人，边拿出志愿表边问。

“跟我妹妹在一块吗？”我还有点“托大”。后来想想，我真是不懂事儿。要换了别人，早就开始响亮表态了。

“能啊。”

“好，我想当兵。”

命运在短短的时间里又一次被改写，短得连回一趟插队的地方都来不及。那天兄妹俩一起穿上军装坐电车回了家，父母亲也高兴坏了。

我当兵了。就这么简单，简单得让人难以置信，不是吗？

新兵连：白馒头与黑牛粪

虽然我当的是文艺兵，可也得和义务兵一样，先到新兵连参加训练。

妹妹去了 208 医院，我被发送到了长春市郊的坦克学校。

开始我很兴奋，以为要学开坦克呢。可到那儿一看，坦克学校里，愣见不着一辆坦克。原来，文革期间，一切都乱了套，军校也不例外。也是，万一“造反派”们开着坦克进城“文攻武卫”，那还得了？于是坦克都被锁在库里。

我们只发了一支苏式步骑枪，又叫“七斤半”。打一枪得拉一下大栓，性能比不得正式连队配备的国产的“半自动”。但这也足以让我们兴奋得不得了。

说来现在还觉得脸上发烧，刚进新兵连的头一天就挨了罚，原因是“抢饭吃”。

新兵连编制人数往往超出正规连队一倍还多。我们六七个长春兵，加上吉林怀德和山东某县的农村兵，共有260多兵员。

比“开坦克”更令我兴奋的是，新兵连的头一顿饭竟是大米饭！

当饭车还没推到我们这一桌时，我和几个长春兵，早已按捺不住，冲上前去，拨开众人，每人盛了一大海碗，干脆围着饭车不动地方，往嘴里划拉。顷刻之间，一粒儿不剩，又转头盛了一大碗。饭车空了。

许多山东兵拿着个空碗呆在那里，不敢闯过我们几个围着饭车的“人墙”。

新兵连长过来了，诧异地问：“干吗愣着？吃啊！”

一个山东兵撇着怪腔说：“饭，没（读mu）啦……”

兀自埋头大嚼的我，耳边响起连长炸雷一般的喊声：“立正——”

哐当！我手中的碗掉到地上碎了，撒了一地的大米饭。我心说：“好可惜呀！”

连长继续下达命令：“齐步走——”

我先迈左脚，很规范地向前走去。

连长没喊“立定”，我一直走到了门外。

“立——定！”

我站在了雪地上。

连长转头又进了饭堂，再不出来了。

好家伙，我这一站可就是一个小时，但我心中无悔。

我下乡苦干了一年，亲手种下的十垧稻子，没分给我们一粒；虽然分了12斤麦子（能磨出8斤白面），可没吃过一顿大米饭哪！为一顿大米饭，至于吗？想我在知青点当“头儿”那会儿，每到一个集体户搭伙，众人必然吆喝：“王刚来了，咱们烙饼！”最奢侈的一次，是把七八斤白面统统烙了饼。

而我从农村知青点里带来的自由主义和“游击作风”，在新兵连里，第一次遭到“整肃”。

不就是在冰天雪地里站个把钟头吗？哈哈冻僵的双手，摸摸滚圆的肚子，心说：“值！”

没想到，等分到正规连队——哲里木军分区警通连，我又由“抢饭吃”到怕吃饭了。因为这个刘连长“直肠子”,吃饭像往嘴里倒饭——《西游记》里的话：“这位老爷的嗓子磨砖砌的”。

连长身先士卒，十分钟吃完。他放下碗，我们也得撂筷。那叫战备观念强。

尽管如此，吃得快，总比没饭吃强。过些日子，也就习惯了。

别的不敢夸口，军事训练我可是顶呱呱。有一年的农活儿垫底儿，再苦再累的军事科目，我权当游戏了。

只一样别扭，不能戴眼镜。因为生怕战友对城市学生兵有成见，于是便整天“如坠五里雾中”，视力 0.2 的一对儿眼睛大而无神，逢人遇事大约总是一副懵懵懂懂的表情，显得傻乎乎的。

部队规定，下级见上级要主动敬礼，而我这半拉瞎子实难分清谁是谁，又深怕怠慢了任何人，反正全连全分区我是最新的兵，于是干脆来个“牛犊子拜四方”，见谁敬谁。

正所谓“礼多人不怪”，我估摸当时没谁对我心存芥蒂。现在也是这样，不管在部队还是地方，谁要是在人前总显得十分厚道或曰“傻乎乎”的，又那么自谦，人缘儿多半不错。

我儿时饱尝过被“群众”孤立的滋味，长大后更感受到一个人若脱离了“群众”——管你是主动还是被动——那后果该是何等地可怕！“群众”，多少罪恶假汝名而行！

我的近视眼，应了“塞翁失马”的古训，礼多人不怪，在军分区小半年，我的“群众关系”不错。

但我还是愿意独处。

在部队这样一个武装集团里，独处的机会恐怕唯有站岗了。

白天岗不行，军分区门口，总有首长出出进进，我必须不断地“立正”，精神不敢有丝毫懈怠。

我钟情于夜班岗，特别是“倒二班岗”，即天亮前的那一班。

凡当兵站过岗的都有体会：这是最难熬的一班岗，因为按正常人的生物钟，这本该是睡眠最香最沉的时候；若赶上冬天，这也正是我们东北人称作“鬼龇牙”的时候。“鬼”尚且冻得“龇牙”，何况有血有肉之人？

可我偏爱站这班岗，因为再不会有谁进出，再不用我频繁地“立正”，我可以凡人不理，我可有个机会“脱离群众”了。

这班岗，从接班到交班，一共是一个半小时的时间。这是难得属于我自己的时间。

我可以戴上我“久违”了一个白天的眼镜，恰如镜头对焦，转瞬之间，周围的一切由虚到实，由远及近，那感觉是成天看得清清楚楚的人永远不会有的。

抬头看：或满天星，或云遮月，任我纵情遐想。侧耳听：万籁俱寂，但时不时总有一种说不清道不明的声音传来。

直到近处家属院婴儿的夜啼，或远处粮仓里的几声狗吠，才把我的遐思由天上扯回地上。

于是，我把它当做“音乐会”的场间休息，脱掉皮手套，揉化胡子眉毛上的霜花儿，绕着岗楼子跑上几圈儿，再端枪四周寻摸寻摸，确定没什么“敌情”之后，便又进入虚无缥缈的另一个世界了……

这班岗对我真是一种莫大的享受。但也有遗憾，那便是时间太短。

也有长的一次。那是1970年早春的一天，我们班奉命去看守分区农场的冬小麦。

好大一片麦田啊，真的是一眼望不到边。

地多兵少，十垧地配一个流动哨。

班长谆谆叮嘱：除了提高警惕严防“阶级敌人”破坏、家畜野兽啃食麦苗之外，每个流动哨也要互相监督，千万不能将站岗变成坐岗。

我黄昏上岗，“流动”了不到一个钟头，天全然黑了下来。远处几个刚才还依稀可辨的战友，此刻已消失在夜幕之中。

“嘿——”我喊了一嗓子。

“嘿——”有人应声儿，足见战友平安无事。

在一个武装集团里，一个人再有个性，也终究是这个集团里的一员。你是拿着枪的，周围战友也都是拿着枪的。战士之间有一华里的距离，又冷，草原上还有狼，要是一个人，能不害怕吗？战士一会儿喊一声："哎，大李？"这面应着："哎，王刚。"这就放心踏实了，黑天了，战友还在。

所以我特别理解：当你的战友牺牲了，那种对敌人的仇恨，再懦弱的人到那节骨眼儿上也变得无畏了。作为生命个体，战友之间的互相依赖和那种高度默契，才是最权威的"集结号"。

这种感受刻骨铭心，穿透岁月。

我走近一棵独立树，将背包放到地上，小声而坚决地给自己下了一道命令："枪靠右肩——坐下！"

我完全按照动作要领，像每次集体看露天电影那样，坐在了背包上，后脊梁正好抵住树干。

啊，好舒服，好惬意呀！

又见星光，比平时更多更亮；又闻天籁，比平时更美更响。

又是我一个人了，爱想什么就想什么：

想爸爸，想妈妈，想妹妹，想过去，想未来，想今后会娶个什么样的媳妇，想我守着的这十垧麦田能磨出多少白面来……

如今，听说在职场里，提倡"减压"和发泄。如果真有这一门子功课，尽可以请王刚来教习——某种意义上，本人可是"减压疗法"的"先驱"啊。

"减压"手段就是尽情发表平时不敢表露的情绪，自说自话，没人打扰，没人反驳，想说什么就说什么：

"连长，你吃饭干吗吃那么快？你要吃出胃病来，对战备有什么好处？"

"班长，你领着我们学习，读报时愣把'革命运动如火如荼'念成'如火如茶'，你浑然不觉，没人纠正你。可我知道，你读错了，我只是不敢当面提出来罢了。"

"还有司令员，你平时倒没什么架子，挺联系群众的。可一讲话就满嘴脏话。官大就可以骂人吗？可再有比你还官儿大的一到场，你的脏话何以就销声匿迹了？一次开批判某干部犯生活错误的大会，台下有男有女，你竟指着那干部的脑袋说：我让你小头儿舒服，大头儿受苦！弄得台下哭笑不得，那干部回家差点儿寻了短见……你也太缺德了吧？"

想够了，也说够了，再来个自娱自乐：

哼一曲“满江红”，来一段“让徐州”，唱一首“莫斯科郊外的晚上”……一直到肚子也咕噜咕噜唱起来——饿了——才停。

虽是初春，气温仍在零下。何况已是半夜，真是饥寒交迫。猛想起周围老乡平时烧牛粪取暖，何不试试？于是站起身，可天黑看不清，便又趴下，满地爬着找起牛粪来。

风干了的牛粪都成了粪饼，一抄一个。横七竖八堆起来，底下留个空儿，将早就备好的一张报纸撕成几块儿，再团成团儿，放进去。最后用火柴一点，纸着了，黑黑的牛粪边儿上渐渐发红。等纸燃尽，那牛粪竟冒出丝丝蓝火儿，如煤气火一般,硬着呢。抽抽鼻子,无一点儿异味。牛粪原来是不可多得的“绿色”燃料哇。

然后，该吃我的“宵夜”喽——

从挎包中变戏法般掏出另一张报纸，铺在地上。接着，又“变”出四两一个的大白馒头，一小包酱牛肉——这是司务长照顾我是个回民，出发前偷偷塞给我的，还有两个茶鸡蛋。

最后把军用水壶的盖儿拧开，一股酒香顿时扑鼻而来。这酒可是我自己偷着灌的。虽是散酒，却是老乡“烧锅”里出的真正高粱酒，足有70度呢。

我心明镜儿似的：站岗饮酒，无异于酒后驾车，乃大忌也。

可是，此时此地，只有天知，地知，我知，连“你”都不知，顾不了那么许多了！

咬口馒头，又冷又硬，门牙差点儿镑下来，冻得！

放火上烤烤？断然使不得。那牛粪虽是“绿色”燃料，可总归是粪哪！

踌躇片刻，有办法了。这烧酒如酒精一般，满可以用来消“毒”嘛。我急不可耐地喝了一大口，含在嘴里，朝那堆燃得正旺的牛粪喷去。那火苗“噫”地蹿起老高，惊得我一屁股坐在地上。紧跟着又爬起来，使出吃奶的力气将馒头掰成几瓣儿,放在牛粪火上,再将也是硬邦邦的酱牛肉一块块搭在馒头上……

那可真是一顿美味佳肴啊,是我吃得最美的一顿“宵夜”。许多年后想起来，还直流口水呢！

酒足饭饱，倦意袭来，就地打开背包，盖上皮大衣，抱枪而卧，不知不觉，酣然睡去，天明方醒。

再看朝阳下，湛青碧绿的麦苗直挺挺地立着，一宿的工夫，似乎又长高了许多。有的头上还顶着残雪呢。

边防旧事

一望无际的森森树木，莽莽野草，蜿蜒起伏的山岭，东北林子，以它的深远和广袤著称。只有到了那儿，你才能体会到滴水成冰的寒冷，和经久不化皑皑积雪的壮观，真可谓是雪岭冰峰，绵亘千里。

20 世纪 70 年代，我们频繁下部队演出。在大小兴安岭的森林里，在茫茫白雪中，时时见到一个个手持步枪、裹着绿色的棉衣棉裤皮大衣皮帽子披着白色披风的战士，远远望去就像一棵棵挺立的白桦树……

26 年间，由于经常下连队慰问演出，东北几千公里的边防线我几乎都走遍了。更有趣的是，当时我们这些老兵几乎可以从中国和蒙古、苏联及朝鲜当时的边境状况，看出他们与我们之间的微妙关系。

我第一次下边防是中朝边界。那是 20 世纪 70 年代初。

中朝边境主要是由三段组成：图们江、鸭绿江，以及图们江和鸭绿江中间陆路交界的地带。

到了江边，感受到一种说不清道不明的情绪。边防线可谓戒备森严，在我们这边相对宽松，在他们那边，绝少见百姓在江边溜达，偶尔看到的却是一队队巡逻兵。

双方实际处于一种战备状态。这与当时中苏对峙，原“社会主义阵营”国家之间的“变数”也不无关系。

当然，随着国际形势不断变化，中朝之间的关系也会随之而变化。如 1970 年 4 月 5 日周总理访朝，与金日成首相握手言欢；当时，有一部朝鲜纪录片《中国人民的友好使者》在国内放映，就反映了那个美好的时刻。1971 年 10 月 25 日，联合国大会通过决议，恢复了中国在联合国的合法席位（朝鲜投了中国一票），这里便感受到了一种松动，在边境线也能见到朝鲜的老百姓了。

1970 年 5 月，我刚从基层调上来不久，在吉林省军区宣传队主演一部话剧《一秒也等不得》，在剧中我饰男主角，一个边防团真名实姓的模范人物——

王大彪。剧情大意是说王大彪为了加强战备，一秒也等不得，只争朝夕刻苦训练的故事。

我原以为这是取材自中苏边境的真人真事，后来才得知这王大彪乃驻守在中朝边境的边防团的一位班长。

该剧演了没几场便收摊儿了，原因自然是周总理访问了朝鲜。

当年出国的机会绝无仅有,尤其对军人而言。于是能到边境线上走走看看，便是难得的机会了。记得不知有多少次，我们曾在双方边防部队视线以外，扶着界碑摄影留念，顺便绕着界碑走上一两圈，权当过了一把“出国瘾”。

说实话，那个年月，苏联和朝鲜边境城市的建筑都比我们强得多。比如在图们江边，我方一侧是长白县，对面是朝鲜的惠山城。那一排排高耸的楼房，就像十几年后我们北京“前三门”的现代建筑（那是中国改革开放之初最高档的民居）一样。远远地还能看见城市街道上，有一队队穿着非常整齐的制服的队伍走过。开始我们以为是士兵，但拿望远镜仔细看，是朝鲜的学生，穿着统一的校服，手里拿的是那种学生用的塑料板。可一到晚上，他们那些漂亮的楼房许多却都不亮灯，再问一些到过彼岸的朝鲜族老乡，方知对方电力缺乏。

也有早年过去再也休想回来的。我记得在防川一线，图们江对岸的一大片菜地里就曾看见过两个人，从衣着看就知不是朝鲜人。

远远地，我朝他们喊：“哎，你们好吗？”

没想到，对方竟听懂了，还冲我招手回答：“你们好吗？”

说话还带着明显的山东口音。

细一问，那俩人果然来自山东。记得他们好像是日照县的，二战前由海路到了朝鲜半岛南部，又辗转去了北方。不料1948年夏天，朝鲜半岛一分为二，再加上随之而来的战争，山东老乡就随着冷战的形势沉浮。这两位山东同胞虽然是种菜的普通农民，却也算华侨，也许还是“朝籍华人”，从此也就定居在异国他乡，难返故里了。

按照以上说的同样的“出国”方式，我当年也算到过苏联。

中苏边境有7000多公里，东北占了大部分。这里同样见证了两国关系的变迁：从两国结盟友好，到1956年苏共二十大后开始出现分歧，再到20世纪60年代两国关系彻底破裂——至今,那“一评苏共中央公开信”,紧接着“二评”

珍宝岛是中苏边境冰封雪冻的乌苏里江上的一个小岛。1969 年的 3 月，这里曾爆发了震惊中外的“珍宝岛之战”。摄于 1973 年冬。

“三评”，直到“九评”仍犹响于耳。同时我也知道了两个响亮的名字：葛兰与夏青。在播送“九评”时，他们那铿锵有力的声音曾鼓舞了多少中国人，尽管当时我们缺衣少食。

到了我国“文革”开始，对外亮出反对“帝修反”的旗帜，连苏联驻华使馆所在的北京东城的扬威路也改成“反修路”时，中苏已将对方视若仇敌，边境线上剑拔弩张。终于在 1969 年 3 月，冰封雪冻的乌苏里江上的一个小岛上，爆发了一场震惊中外的战争，即珍宝岛之战。

我有幸两次登上这座明显处于主航道中心线我方一侧的岛屿——苏方是侵略者无疑。当然，那都是我方重新夺回“珍宝”之后的事了。更何况，70 年代初中苏关系又发生了微妙变化：

1969 年 9 月 11 日，周恩来总理与苏联总理柯西金在北京机场会面；10 月 20 日，中苏副外长就边界问题在北京开始谈判，这是自两国关系破裂后的第一次高层接触。

中苏关系又有缓和的趋势，否则，哪有我们登岛的份儿？

那些年，中苏边境线我去得最多。我们演出队一到黑龙江或乌苏里江边，就爱爬到大架子上。所谓大架子，就是为监视敌方沿边界搭起的高高的瞭望塔，顶上有个小木屋。那上面通常站着一个或两个哨兵，用40倍的望远镜眺望对方，而经常看到的是苏联哨兵也在用望远镜看着我们。

他们的武器装备要比我们好一些，冬天还有取暖设备。据说，我方也曾出于对战士的爱护，一度曾想在那高高的小木屋里生起炉子，可某处大架子不慎失了火，半夜烧将起来，远远望去，如点了天灯一般。为了维护国威军威，从此，战士宁可挨冻，也不再生火，甚至一根火柴也不能带上大架子。可谓苦煞。

我印象最深的还有：我们的巡逻艇及民用船比起苏联的要慢许多。那时候，走在江上的苏联快艇就有气垫船了，我们叫它水翼艇。这水翼艇真如长了翅膀一般，常常是“嗖嗖”地从江上飞驰而过，溅起的波浪打得我方船只东摇西晃。

大约在1974年，我随黑龙江省歌舞团和曲艺团到抚远慰问，由同江顺流而下。我们坐的是一艘民用客轮，船帮一边一个硕大无比的轮子，很像昆明湖边那个石舫，但却没它漂亮。好在我们这艘船能动，可走起来哗啦哗啦的，比老牛拉车快不了多少。

最令人难以理解的是这船竟叫做“东方红”号。

说来也怪，尽管两国关系时松时紧，但在边境线上，两军的士兵始终还算友好。

哨兵站岗是一种寂寞难耐的事情，尽管对方可能是潜在的敌人，但是总比和周围经常出没的野兽好交往。因此有时候双方也打着手势，或用一些相通的只言片语来聊聊天，解解闷儿。

在中苏双方战士之间常问的一句话是：“你是哪儿的兵？”——一般是打着手势，指着遥远的地方，同时做出一脸疑问的表情。

通常来讲，苏联士兵好像都能如实地回答。他们有的来自基辅，即乌克兰加盟共和国的首都；有的是远东哈巴罗夫斯克人；个别也有从莫斯科入伍的；海参崴、赤塔人也不少。因为音译大体听得懂。

而我方战士呢？不知处于什么心态，是自豪？还是上级的指示？反正通通回答“我来自北京”，弄得“老毛子”莫名其妙。

不知这些“老毛子”是太实在还是“太不把自己当外人”，他们经常伸手向我方战士索要东西。用手比划着要烟啦，或一仰脖“咕隆咕隆”表示要酒呀。我方战士一般都很大方，就把自己抽剩下的烟、喝剩下的酒，送给他们。特别是酒，如果能甩过去一瓶没开封的高度酒，对方恨不得把手中的枪丢过来。

礼尚往来，他们有时也还给我们一些烟、酒，但是特别地难抽、难喝。那些烟大多臭烘烘的，那酒全是劣质伏特加，那味儿，如酒精掺了水，喝了还上头。

虽然算不上什么好东西，战士们多半还舍不得自己享用，往往把这些“礼品”珍藏起来，带回家去可以跟家里的人吹吹牛：“你看，我这里还有苏联人

在科尔沁草原蒙古包前，能看得出我一身戎装吗？摄于 1970 年。

给的东西呢。”因为这毕竟是进口货，上面印着洋文，当年是极稀罕的。

这种情况上边大约没有想到，人作为个体相互交往实在是难以控制的。

当然了，一旦遇到紧急情况（比方说像那年珍宝岛战争爆发），彼此都必须收起温情脉脉的一套，真枪真刀地干，那就必须超越人性，各为其主。祖国至上，才是军人本色。

在边境上有一种感觉很奇妙，就是通过表象上的所观所感，你总能些许体会到当时中国与这些国家之间不同的政治、外交、军事方面的关系。例如，不知为何，我在中朝边境总有一种如履薄冰的感觉，但在中苏边境上却很少有。尽管是在中苏两国那么敌对的时候，可我经常想到的却是托尔斯泰、车尔尼雪夫斯基、果戈里、契诃夫、高尔基、柴柯夫斯基、肖斯塔科维奇……

而中蒙边境又不一样了。

中蒙边境，比如阿尔山、伊尔施一线，从呼伦贝尔大草原或科尔沁草原边上向西北望去，从来没有见过一个蒙古兵甚或一个老百姓。偶尔只是在很远的地平线上看到疾驰而过的骑兵巡逻队，颇有几分不想跟我们“亲密接触”的意思。

在这里感受到的，可以说是与这三国之间最“轻松的”一种关系。

昔日无衣，与子同袍

在东北边哨层层叠叠的印象中，有两个人，一个是姓金的司机，一个是俄文翻译，姓王，至今想起，都会让我百感交集。

我至今还记得小金的模样。

这是一个憨厚、活泼的朝鲜族小青年，皮肤黑红，四方的脸膛，头顶上扣着一顶显得略挤的皮帽子，一笑，雪白的牙齿全露了出来。看他那股子精神劲儿，我想他也就是个两年的兵。

那次我们是奔赴呼玛一带演出。小金是某边防连的志愿兵，负责给我们开车。

我还记得，当时的天气异常寒冷，满天的大雪，就像天要塌下来似的。没经历过东北尤其是黑龙江北部的冬天的人，没法想象这几近恐怖的境界。

我们都裹得严严实实的，一早就从黑河出发了。小金驾驶的吉普车在前边，车上有范队长和六位队员。我刚刚被提升为副教导员，负责带第二辆车押后。

小金开的是苏制的“嘎斯六九”，我们叫“大屁股吉普车”的。一般的吉普车后边只能坐三人，这种车是脸对脸的双排座，可以坐六人。范队长坐在副驾驶的位置上，后边坐了六位女演员。

范队长是出奇地胖，有230多斤，再加上棉袄棉裤皮大衣，把个司机小金挤得够戗。

前面突然有一个急拐弯，小金一个轮儿没打过来，车一下子滑到沟里去，打了几个滚，最后四脚朝天，戳那儿了。

我们的车幸亏与他们有段距离，但也吓出一身冷汗。我拉开车门就往下跑，心说：千万别出事！

我急匆匆地赶过去一看，就见车头已扎进雪堆里，四个轮子还在那儿空转着。车里几个人又喊又叫，正试图打开车门。这时，我们车上的其他几位队员也已赶到，大家手忙脚乱地，总算把车门捣鼓开，将他们一一拉出。我记得，拉那个老范时，着实费了半天劲，两个人都拉不动，最后好歹把他拽了出来。

所幸，车里人倒还完好无恙。因为他们个个穿得球一般，与车子已是浑然一体，翻几个个儿也没遭磕碰，只是虚惊一场。

然而，等我们把车翻过来，就发现麻烦大了：车的前挡风玻璃碎了。

我们想找点东西把它给挡住，但这样，司机的视线也会挡住。

这时，一脸愧疚的小金挤到我跟前说：“教导员，没事的。不要再找什么东西了。我保证安全把你们送到目的地。”

我开始还不同意。因为当时气温至少有零下20多度，在这样的天气里步行一段路也是无法忍受的，更何况迎着风开车呢？在东北冻掉耳朵、鼻子不是没有的事。我当然不能答应。

小金一个劲地磨我。我也知道翻了车他心里不是滋味。后来实在也没别的办法，如果继续站在这冰天雪地里，前不着村，后不着店，轻者冻伤，重者……冻死人的事不是没有过。

我只好同意了。

就这样，小金又开了将近一个小时的车，在天黑前赶到了驻地。

一下车，我就赶到小金的面前，只见他原本红通通的脸变得乌青，嘴大约已经冻麻，已然说不出一句整话了。

我拿出一瓶一直掖在大衣口袋里的“北大荒”塞给他，小金哆哆嗦嗦地从嘴里挤出几个字：

“教……导员，对不起……让你们……受惊了。”

我握着他的手，眼睛一阵发热，鼻子发酸。

任何时候遇到类似的这种情况，我总是禁不住想起小金被冻得乌青的模样。这么多年过去，仍留恋军营的生活，也就是因为这里有着许多这样的战友，他们总是让我的灵魂纯净明朗。每当我意识到自己变得琐屑、狭隘和怨气连连时，我总是愿意到连队去，去接触这样的战士，去冲刷自己的胸怀。

只能说：我，深爱着他们。“爱”，在这个年代显得那么泛泛，那么公式化。而我想不出，还有别的什么词，能够承载我的感怀，我的惆怅，我的忧伤，只能说：我爱……

边防战士的艰苦，是老百姓甚至很多内地兵所无法理解的。也许，许多人从各种媒介的大量报道，尤其是电影电视中，能对边防战士的生活有些感性了解。可问题是，很多人是用“驴友”的眼光来看待他们的环境，主观臆想出一些“浪漫”和“雄奇”。不身临其地，你无论如何也体验不到他们真正担当了什么。我这么一个文艺兵更不例外。

一个雨雪霏霏的日子，我们几个演出队的演员爬上了一座不是很高的山头，准备去给一个常年驻守在山上的年轻干部演出。这对我们是常有的事情，到一个偏僻的哨所，为一名士兵开“专场”。

该连连长介绍：这位姓王的同志是某部的一位翻译，是专门培养部队外语人才的一家外语学院毕业的高才生。他独守在这个山头已经有三年了，他的工作就是每天监听敌台的广播，并及时写出报告来。

我还记得他戴了一副眼镜，那军装脏得不成样子，油渍麻花的，一眼望去，绝不会和“翻译”之类的知识分子应有的外形和气质联系在一起，倒像个炊事员，充其量也就是个司务长。

一钻进那间半地下的房子（东北叫地窨子），他就像是见到久别的亲人一般，高兴得不知所措。

他在地上转悠了半天，忽然趴下来。这个动作把我吓了一跳。只见他从床底下抽出一个一个破纸箱子，又从里边翻出几个沾满灰尘的罐头，和一瓶没有标签的白酒，拿了一块抹布擦拭着。我想，这些东西他一定存了很久。

我注视着他清癯文弱的面孔，心有所动，问道：

“您家乡是哪儿？”

“苏州。”他一张嘴，依然是一口吴侬软语。

“习惯这北方的气候吗？”

“嘿嘿……”他只笑笑，没正面回答我。

环顾这间低矮的小屋，显然，这即是他的住房也是他的工作间。屋里一张单人床，一张很破的书桌，上面有一部在当时来讲还算比较高档的收录机，他解释说：

“这就是我每天用来听广播的。效果还好，因为是在山头上。”

我想象着他每天俯在桌子上，边侧耳倾听边翻译记录的样子。

这间房只有一扇窗户，因而房间里的光线显得异常暗淡。窗户是两扇玻璃窗，玻璃已是乌蒙发黑，外面又蒙了一层塑料薄膜，光线自然难以射透。窗棂锈迹斑斑。为了防冻防潮，估计这窗户很少打开过。但是，在窗台上，我意外地看见了一盆绿色的植物。窗外的阳光，稀稀落落射在它长长的叶子上。它的枝叶向室内蔓延生长，懒懒地宣泄着一种生命的潇洒。。

我不记得我俩是怎样拉开的话匣子。就记得他拉着我没完没了地聊，聊他读书时如何刻苦发奋的事，聊他的许多同学眼下如何如何地春风得意，还有他有病的父亲已卧床两年，以及他上大二时就交上的女朋友在他蹲山头儿的第二年就吹了……

我俩边喝边聊，真有点“酒逢知己千杯少”的劲儿。

讲高兴的事，他手舞足蹈；说到工作，他是慷慨激昂；讲起业务，特别是谈到俄语，他更像遇到了知音一般，还不断纠正着我的发音；而说到父亲和女友，则满脸愁云，唏嘘感叹。

在交谈中，他莫名其妙不合逻辑地不断插入“谢谢”二字。“谢”得我挺别扭，心想：这人没事吧？老“谢”什么呢？

但我渐渐地理解了：只要我在听着，他就高兴，就痛快，就满足，就心存感激。

我们要给他演几个节目，他忙摆手，红着脸说：

“不，不，不……能有人和我说说话，我就……”

他一时语塞，忽地转过脸去。

很快，天要黑了，屋子里已经黑了。

该下山了，我拔不动脚，我实在不好意思说出道别的话。

王翻译已有几分醉意，他说话真有点像讲俄语，或干脆夹杂着俄语，打起了“嘟噜”：

“好了！达哇利什王（俄语：王同志），好久了，没这么痛快地聊天了。斯巴细巴（谢谢），达斯维达尼呀（再见）！”

我忽然觉得，他那一口的吴依软语此刻竟变得干脆硬朗多了。一束烛光将他那原本十分瘦削的身影投射到墙上，模模糊糊，却又很大很大。

一瓶老白干，让我们俩喝了个精光。下山的路上，我的腿直打晃儿。纷纷扬扬的雪落在脸上，一点都不觉得冷，只感到分外地清爽。

后来听团长对我说，王翻译非常热爱他的工作，也忒能吃苦。一个南方人，对于这里本来就有着诸多的不适，可他从未因此讲条件打退堂鼓。在山上一蹲就是三年。而他的许多同学，当初功课都不如他的，现在却在大机关或总部工作……

我问：为什么不让别人替换他？

团长一脸的无奈：哪有人呢？我这个团倒是有几个搞俄文的，可谁的业务也不及他。没法子，只苦了他一个人。

我太息世事之不公平：难道就因为他业务好，就该着吃苦受罪吗？可再一想，如果我是这位团长，也只能如此。

只等上级再分配给我们一个业务好的啦，团长最后这样感慨道。

下山的路上，我一言不发。队员解娟忍不住问：“头儿，发什么愣？”

我板着面孔，解娟不再说话了。路上少了我这个话匣子，大家都觉得有点郁闷。

但我就是不想说话。我，这样一个挺有表现欲的人，突然被一种孤独情怀所笼罩，无语，木然……在以后多少次的演出或采访中，很少再目睹到那种苦行僧式的坚守。

多少年后，再看到电视剧《暗算》，看到里面701单位独特的氛围，不禁浮想联翩：孤独的战士是不需要任何人去怜悯的；孤独的战士，只能被一种敌人打败，那就是自己。

这位坚守在一个人的“701单位”的王翻译，不知后来怎样？有时候，我在翻看一份报纸或是听到广播里的一条国际新闻时，我就想，这其中就有他翻译提供的吧。

多少年了，我走南闯北去过无数地方，而今已然脱去了军装，可在我的记忆里，东北几千公里边防线上永远有小金，永远有王翻译，永远有那么多我已不记得名字的战友。他们或老或小，或胖或瘦，或高或矮，或这样或那样。

但他们有一点相同，他们都穿着绿色的军装。

一条绿色的边防线，一道有着浓烈生命色彩的精神风景，静静地在我心里流淌。

一级战备

东北林子，以它的深远和广袤著称。尤其到了冬天，只有到了那儿，你才能体会到滴水成冰的寒冷，和经久不化的皑皑积雪的壮观。它每每令我想起北京人民大会堂挂着的那幅“江山如此多娇”。

然而这“诗情画意”有时也会给人带来诸多不便。

记得是1975年的隆冬，在离黑龙江东部一个叫“东方红”的小镇不远的林子里，乘车去珍宝岛的我们下车做短暂的休息。

来到公路旁，阳光映着白雪，刺得我半天睁不开眼。

终于适应了，想四周遛遛，找个僻静处方便一下，刚迈出路面一步，便深陷在雪里，没膝深的雪简直使你寸步难移了。

俗话说得好：“冷尿热屁”。天儿越冷，越容易“内急”。

几个大概和我一样感觉的战友此刻也像楔子般被“钉”在雪地里，任你抡胳膊，扭身子，使出浑身解数，却休想拔出脚来。

说实话，如果没有异性在场，我们也便就地解决了，可文工团下部队偏偏有那么多女演员。虽然部队在拉练行军需要“方便”时有个不成文的约定俗成：

男左女右，分别在道路两旁，找隐蔽处自行方便，可光天化日之下，白晃晃的雪地上面，实在是不方便了。

正在我们着急无奈又尴尬之际，一直蹲在路旁抽烟的、负责领路的边防部队的干部朝我喊了一嗓子：

“王刚同志，别着急，你试试这个法子。”

说罢，他把烟头儿一甩，就势坐在地上，再往后一仰，双腿蹬直，使整个身子与地面平行。总之，他仰面朝天躺那儿了。

正在我们对他这一异乎寻常的举动大惑不解时，他双手一捂脸，猛地朝路旁的雪地滚去。

我恍然大悟：这道理再简单不过了，不就是在同等压力下，尽量扩大着力面积，以减少压强吗？这在中学物理课上学过的。

咱也来个“理论与实践相结合”呗！我如法炮制，仰面轻轻倒下，大腿稍一用力——嘿，小腿真的拔出来了！再抱脸一滚，真就没再陷下去。

我哪敢停啊，就势玩儿命滚将起来，直到被一棵大树挡住才停下。

好大一棵树啊，足有两抱粗！

我又以这棵树为轴，滚了90度，终于藏到了它的后面，再挣扎着站起来……

啊，那感觉，真叫痛快淋漓呀！

过后，我们都对那位干部感激不尽。如果没有他出的这个妙法，真不知道会是怎样一个结局。

1月往往是东北最冷的一个月，而1976年的1月更是冷得邪乎，更何况当时我一直在黑龙江边上转悠。

那年新年前夕，刚从北边儿回到家没三天的我，与另一位老同志又领受创作任务，从沈阳出发，一路北上，乘火车，倒汽车，折腾了两天两夜总算到了此行的第一站——黑河。

现在黑河通火车也通飞机了。其实五十几年前就曾有火车直达那里，可东北“光复”后，这很长很长的一段铁路生是让“老大哥”给扒了，据说连铁轨带枕木全被运到苏联去了。这也许是对“老大哥”出兵东北的“回报”？

当我们坐着“嘎斯六九”，在冰面一样溜滑的公路上向黑河慢吞吞行进时，于是也就更惦记那段记忆中的铁路。尤其看到它的遗迹——隆起的路基，高耸的桥墩，破败的小站——时，那感觉愈加强烈了，最后简直就“愤愤然”了。

这种情绪倒符合我们要创作的作品主题，那就是“反对霸权主义”“反对修正主义”！

黑河待了一天，接下来，去爱辉，再逆江而上，呼玛，欧浦，依西肯，开库康……几乎一天换一个地方，8号中午到了被叫做“中国北极村”的漠河。

漠河倒真对得起“北极村”这个称号，我虽没能有幸看到极光，却着实领略了她的寒冷。

像这世界上的任何事物一样，冷热也是相比较而存在的。

那地方冷得可怕，而人却极热情。由这热情带来的，首先便是把我们住的房间的火墙火炕烧得烫手烫屁股。屋里热得穿不住衬衫。再看山墙上的温度计——零上33摄氏度！

室外多少度不得而知，只听说有温度计也得冻炸喽。我实在难以设想那些边防战士在户外站岗巡逻该怎样抵御这超常的寒冷。

搞创作讲究“体验生活”，于是我便向连长提出站一次夜班岗。

我倒要亲身体验一下这地方能冷到哪儿去！

连长几番婉拒，我几番请求，最后他说：“等天黑再说吧。”

也搭着午饭开得晚点儿，吃完还没“一袋烟”的工夫，窗外光线就有些模糊了。这月份儿，漠河的白天顶多能挺四五个钟头，而到了夏至前后又会出现“白夜”现象。

趁天没大黑，想着先去趟厕所。

黑龙江一线连队驻地的厕所几乎全盖在了院子的一角，而且不知出于何种考虑，由“蹲坑儿”到底部的距离出奇地长，估摸着能有丈把深。

我住的房子正好与这连队的厕所处于院子对角线的两端。

我从露天进来不过几个小时，自然知道外边有多冷。于是套上绒衣，穿上棉袄棉裤，蹬上大头鞋，扣上皮帽子。本当再穿上皮大衣的，但考虑一会儿蹲下不方便，也就罢了。

“包装”停当，便拔步往外跑，因为在这暖窖一般的屋里，穿着这些待上片刻简直能捂成“汗包”。

推开房门，穿过走廊，站到直通外面的最后一道门前。

我运足了劲，屏住呼吸，绷紧周身肌肉，猛地推开那扇门……

我实在难以形容那一瞬间的感觉，只记得好像开门又撞着了一道无形的屏障。那大约是冷冻了的空气吧。

我被这似乎凝成固体的空气“撞”得往后仰了一下。我不敢停留。我撒腿朝“对角线”的另一端跑去，一路紧捂着脸，只露出两只眼睛看路——后来我相信了：人体所有的部位，只有眼睛是最经冻的。

终于到了。

我站在合适的位置上，哈了半天冻僵的双手，好歹算解开了裤子。

我咬牙蹲了下去……

当我再回到我住的房间时，无异于从北极转瞬之间又来到了赤道。这热——冷——热，温差达六七十度的大反差，一下子把我撂倒了。到了开晚饭的时间，躺在热被窝儿里的我，浑身打着哆嗦。司务长端来了卧了四个大鸡蛋的热汤面，我呼噜呼噜全吃了下去。老于给我捂床被子，说：“发发汗、睡个觉，就好了。”

迷迷糊糊不知过了多长时间，一阵刺耳的哨音将我惊醒。紧接着，走廊里响起一阵杂沓的脚步声。我立刻意识到：紧急集合！

当年部队曾流行过这样的两句话：“老兵怕号，新兵怕哨。”这里所谓的“哨”指的是一种特制的绿色塑胶小喇叭，专门用来吹“紧急集合”哨的。那声音短促，尖锐，独特，睡成“死猪”，也能很快被吵醒。新兵初来乍到，自然不适应；至于那老兵何以“怕号”，便不得而知了。

我强睁眼睛看了看表，不到8点，心里嘀咕：是例行演习？还是真有什么情况？我犹豫着，不知该不该起来。正这时，老于从外面闯进来，神色紧张严峻。我刚要问，他断断续续从口中蹦出四个字：“一级战备。”

一级战备，仅仅预示着一段非凡历史的开始。

这是1976年初，龙年，共和国的非常之年。我虽一个小小的连职，也照样被融入这段激荡的历史。

Chapter 5
第五章

1976，与历史同行

从广义层面说，一个上了年龄人的岁月往事，都可以冠以“与历史同行”这个题目。

20 世纪 70 年代下半期，中国人又进入了一段激荡的历史。“反击右倾翻案风”，周总理去世，唐山大地震，“四五运动”，毛主席去世，总之都是一些大脉络大事件。

这些非凡的大事，我，作为亲历者，是有资格说出“第一现场感”的。然而，我首先想到的，却是历史“主脉”外的一个貌似闲笔的细节。至少对我个人来说，这个非“主脉”的小插曲确有可堪玩味的一面。

周总理离开了我们

1976 年的年初格外地冷。沈阳，都已是冰雪封门。

新年刚过，我和文工团的相声名家于连仲老师一块儿到黑龙江一线采访，准备写一篇参加全军文艺汇演的作品。

1月8日那天，我们正好来到漠河的一个边防连队。白天，我们找了连队的几个战士聊了聊，晚上，连队准备了一桌不算丰盛但已是尽了最大努力做的饭菜，当然，桌子上有着必不可少的白酒。在东北，不喝酒的汉子也有，但不多。在这里，酒既能御寒，又能排解“猫冬”的寂寞。

正当我们一桌八人端着酒碗准备一饮而尽时，屋里的广播响了。哀乐从墙上的喇叭里一倾而下——广播里传出中央人民广播电台播音员沉痛而肃穆的声音：周恩来总理逝世了。

大家全都愣了，端着酒碗一时间竟不知所措。

这噩耗来得实在突然，事前连点小道消息也没有。凡是经过那一段时光的中国人，回想起来，都觉得很突然。尽管，那阵的新闻纪录片出现总理形象时，都会有个“在医院”的特别说明：“×月×日，周恩来总理在医院会见……”但对于一个政治人物来说，总理的年龄不算老耄，就是在医院，他也保持着必要的风度和雍容的气质。每一个人都觉得，总理不久就能出院，回到为“四个现代化”而操劳的工作岗位上。然而这噩耗传来，又不能不信，这是中央人民广播电台的新闻。我只觉得心中堵得慌。

听了一会儿，我木然地把碗里的酒洒在地上，其他人也如此做了。

哀乐声中，大家彼此无言。

忘了是谁，下意识地舔了一口碗边儿。连长一巴掌扫过去，当啷！那碗掉在了地上，摔个稀碎。

军人习惯于服从命令，可下一步我们能做什么？上级没任何指示，只有先回房间待命了。

悲怆感、如丧考妣的孤独感充满了我的内心，仿佛是跟我关系很亲的一个人突然离开了我。难受，无力，世上最深沉的痛苦，是那种难以用言辞描述的痛苦。

但我的眼睛是涩的，始终没有泪水。呆坐片刻，我披上军大衣，戴上皮帽子，穿上大头鞋，独自一人走了出去。

我踩着积雪，向江边走去。

空中没有一丝风，似乎觉不出怎么冷，然而我记得在我的采访本上曾记着：那晚当地的气温是零下32度。

白白的积雪，肃穆寂静，远处浓密的森林漆黑地印在了暗蓝的夜幕上，脚下我的大头鞋发出“嘎吱嘎吱”的声响。

江边一个人也没有。

我站着不动，脑子里似乎一片空白，又间或涌出许多杂乱无绪的经历。

我见过周总理，就是我在前面提到的毛主席检阅红卫兵那次，而更多地是从新闻纪录片上看到他。

印象最深的是1972年2月，那个寒冷的冬日，尼克松来了，总理在机场迎接。他的微笑，他的握手，他那始终挺拔的身姿都充溢着泱泱大国之风，却又不失谦谦君子之礼。我曾为我们中国有这样的总理而觉得脸上有光。

在那个时代，国人心目里的周总理，是理性的象征，是鞠躬尽瘁的光辉典范。

我从心里敬仰他。

站在江边，不知过了多久，等到感觉鼻子发痒，才醒悟过来。我知道要坏事了，刚才急急地从暖和的屋里出来，在气温这么低的空气中又待了这么久，是会把裸露在外的脸、鼻子冻伤的。而这在寒冷的东北是常有的事。我想起了边防战士教我的急救办法：抓起一把雪拼命地擦拭自己的鼻子和脸，直到觉得脸热了，皮肤红了。与此同时，我跑回宿舍。

回到屋里，老于已经躺下。见我走进来，问：“到江边去了？”

和老于共事已有多年，他了解我的脾性。

我点点头，把眼镜摘下放在了桌上。眼镜上已布满了雾气。

我匆匆擦了一把脸，脱掉衣服，迅速钻进了被窝。老于把灯关了。屋里一片漆黑。

“唉——”老于叹气的声音。

我没说话。两只手放在脑后，枕着头，望着黑洞洞的屋顶。

“王刚，没睡着吧？”

老于见我没出声，知我拧劲儿又上来了，再不言语了。

借着黑暗，温暖的气息一点点袭过来。

泪水一点点渗出。

好久了，不曾这么痛快地流泪。

谁也别想污蔑我

3月末，沈阳军区文工团代表团到兰州参加一年一度的全军文艺汇演分片演出，我和老于的相声《反修哨兵》被选上了。这是一个取材于中苏边界“反修斗争”的相声作品，不乏边疆情调和对北方邻国的嘲谑挖苦。今天看来，当然时过境迁，但在当时，题材还算新鲜，演出的效果还算不错，可以说“载誉而归”。4月4日的早晨，我们代表团一行人坐火车到了北京。

下了火车，总政已派了一辆大客车在站口接我们了。不知是我们的人嘱咐了司机，还是司机师傅有意让我们看看这将载入史册的一幕，车没有按照正常路线走，而是特意经过了天安门广场。

东单、北京饭店、南河沿，再过去就是广场了。

司机很理解我们，有意地把车开得很慢很慢。

广场已是一片海洋，一片白色的海洋，花圈挽联、标语旗子，还有就是密密麻麻的人群。

有很多人在演讲。我看见了一个穿绿色上衣的青年在挥臂喊着什么，周围是一圈人。

车子开过了广场。

一路上，不断有许多以单位为组织的队伍，抬着花圈或大幅标语，向天安门方向走去。他们有的戴着白花，有的戴着黑箍，打着各式各样的标语，脸上全是罕见的肃穆表情。

到了西直门马相胡同的总政招待所，刚安顿好住处，我们就接到上级指示：一律不许去天安门广场。我隐约感到事情真的有些不妙了。

但越是禁止，越禁止不住，住下后，文工团的团员彼此心照不宣，嘴上说“出去走走”“看朋友”，其实都去了天安门，到了那儿照了面，都装着互不认识。我是先去总政文工团找到王静，兄妹两人一起去了天安门广场。

那真是时代风暴的旋涡地带啊。

32年后的2008年，北京华辰拍卖公司拍卖一件独特的作品，一位摄影家在1976年4月5日那一天拍摄的人民群众在天安门自发悼念周总理的360度全景照片。我在照片前凝神看了小半天，看什么呢？想从密密匝匝的人头中找到我和王静的影子。我说，如果能找到，不管多大代价我都要把这件纪念品拍下来。

找到最后，眼都看花了，还是“众里寻他”，莫衷一是。我不甘心，缠着主办人，要了全景图的小样。我说，回家用放大镜照着看。

这是一次多么难得的“亲历”，至今想起，还激动难平。

4 月 5 日那天，我和妹妹在广场整整待了一天；印象最深的诗词：“欲悲闻鬼叫，我哭豺狼笑。”“若有妖魔兴风浪，人民奋起灭豺狼。”

晚上 9 点的车票回沈阳，7 点前我回了招待所。一问，方知大部分人都去了天安门。

人终于到齐了，再乘总政派来的车去北京火车站，已经有指示不让车辆再经天安门，而走地安门西大街。车窗外，气氛已经大变，一路只见一辆辆卡车载着系毛巾穿工人服拿着棒子的工人民兵，朝着广场方向呼啸而去；从朝阳门南小街到北京站时，我依稀听见西边传来广播声——后得知那是当时的北京市委第一书记吴德劝导“不明真相”的群众离开广场……

进站时，气氛突然无比紧张起来，混乱，惶急，我们一行人，就像逃难一样奔向列车。

火车 21 点 10 分准时开出北京站。

车厢里就像开了锅似的热闹。

卧铺车厢里，大家一放好行李，就在一起聊起来，认识的，或不认识的，因为天安门抗争这一共同话题而一下子近乎起来了。乘客们都七嘴八舌大谈特谈广场见闻和“政治秘闻”，直到夜里熄灯了还在那里聊。

人们都预感着，围绕着中国前途，将发生更大的争斗。

我是一夜没睡，憋闷了一天的话全释放了出来，精神抖擞地一路聊到了天亮。

沈阳到了。

当日，便有一些同事、亲戚朋友向我询问天安门的事情。我是口无遮拦，有什么就讲什么。整个沈阳都是处于这么一种乱哄哄的状态中。

然而到了 7 日早晨，人们全傻眼了。广播、报纸里全都明明白白地说：天安门广场的悼念活动是“反革命政治事件”。

没过几天，根据上级有关精神，各单位搞起了“查谣言”活动。这次清查，虽然不像以往运动那么大张旗鼓，但也弄得人心惶惶。

终于有一天，单位的政工干部找我谈话了。

那天，我正在办公室闲坐，接到电话：“你马上到政办来一趟。”

放下电话，我去了。

一进屋，就见这位干部正襟危坐在他的办公桌前，桌上铺着一叠纸。

他没有理睬我的热情招呼，只是用那只拿钢笔的手指了指前面一把椅子：“你坐下吧。”

这不是要审人吗？我心里“咯噔”一下，看了看椅子，往外拉了拉，坐下了。

我仰脸看着他，原本的笑容也换成了一脸肃敬，等他发问。

“今天找你来，是想问你一个问题。”他打量着我。我抄着两手，眨巴着眼，毫无表示。

“这儿从地方上转过来一份材料，你的一个亲戚揭发你散布了不少谣言，这些话是你说的吗？”他用滑稽的腔调把那些话转述了一遍，然后全神贯注地看着我的反应，又补了一句：“希望你本着对组织忠诚老实的态度，说了什么？从哪听来的？为什么要散布？原原本本汇报清楚。”

“我没说这话，这份揭发不是事实。”我干脆抵赖。

心里话说：何谓谣言？亲眼所见的事怎么变成了“谣言”？——当然，我也没有傻到去痛痛快快承认这件事。

他冷笑一声，开始喋喋不休地说上了，还一口一个“王刚同志”，无非是要让我认清形势，放下包袱，对“右倾翻案风”反戈一击，诸如此类。

时钟在一分一秒过去，我有点心烦，但没有发作。

心想：今儿个，不说点啥，我是出不去这门了。我挠着耳根，假装思索，搜肠刮肚半天，突然想起什么似的，“嘿！我约莫记起来了，那天是顺嘴说了那么一句……”

我强调：这句话是在火车上听旅客说的。

他进而追问这个旅客长什么样子穿什么衣服。

“……长什么样？嘿，黑灯瞎火的，光顾听声了，至于什么样儿？我记不清了。”

“你再想一想。”

突然间，我心中一股无名火在升腾，觉得这一切也未免太荒唐了。

“我到哪儿给你找这人去？”终于，我态度生硬地说，“你跟上边这么交代不就可以了吗？”

政工干部支棱个脖子瞪着我：“王刚同志！事关阶级斗争动向的大事，你怎么可以这样不严肃呢？你今天的态度，很不老实！避重就轻，还为反动言行开脱，找借口……”

我差点脱口而出：“你在这儿跟我装什么大头蒜……”可忍了，压了，我理解这是他的职责，或许出于无奈。可平时大家都是抬头不见低头见，说好听点儿，还算“同一战壕的战友”，出了问题可以摊开谈，又何必板起面孔来？

在这关节点，我的“坏劲儿”又上来了。我悠悠地开了口：“其实刚才说的，与其说是给我自己找借口，还不如说是给你找借口。”

他一愣：“你这话是什么意思？”

“什么意思？你忘了吗？6日回来，我一进办公楼不就碰到了你吗？那条‘谣言’，不是听你亲口对我说的吗？”我一脸的无辜，扶了扶眼镜，透着很凝重很为他着想的样子。

他顿时急了，声音都变调了：“王刚同志，你不能这样啊，你不能这样开玩笑的啊……”

“这么严肃的事情，我怎么会开玩笑呢？你现在就把这个情况如实地记录下来，我可以签字。”

我一脸的真诚，坦然——甚至还有点“友好”地看着他。

他像打量一个不认识的人那样看着我，那神情，说不上是痛心疾首，还是愤怒到极点，或许，还透着几分恐惧。总之，我从来没见过一个人在刹那间脸上会掠过这么丰富的表情。

我也似笑非笑看着他，心里话说：别怨我，这可是您自找的。

终于，他坐不住了，蹭地站了起来，在屋里走来走去。

最后，他坐回在椅子上，脸色要多难看就有多难看，他摇着头：“我没想到你竟当着我的面造这个谣言。”

我也一字一顿地回答他：“我也没有想到，你忽然板起面孔来调查所谓谣言。”

最后，他让我走了。我也不知道他是如何向上面作的汇报。反正以后再没人找我谈过关于这个所谓“谣言”的问题。

粉碎“四人帮”后，一次开会，我俩又碰到一起了。我拍了一下他的肩膀，故意板起脸问他：“还记得那次的谈话吗？”

“王刚，王刚，你可真行啊。”他哈哈笑了起来。

这一年的夏季，天儿特别地闷热。大家都说，一定有什么事要发生。果真，这一年从夏初到秋末，接二连三发生了一系列的事，当然全是大事。人们的心都是慌慌的。

7月6日，朱德委员长逝世了。作为一位老兵，我在心里悼念总司令。

那个月，我正好又来京参加全国调演，打听到朱老总的吊唁活动在劳动人民文化宫举行。

那天一大早，我就赶到那里。我是坐1路公共汽车去的。车上都是上班的人，大都一副昏昏欲睡的神态。车里弥漫着汽油味儿夹杂着被窝味儿，连售票员报站也是无精打采。我想，这就是现实生活。经历了周总理逝世，体验了“四五”事件，北京人似乎累了，麻木了。

到了文化宫，才7点多钟，太庙大殿前却已经来了不少人，大部分都列着队，显然是单位组织来的。只见一些戴黑袖章的人脸上毫无表情地东跑西奔忙乎着。

一切都是井然有序。人越来越多。

吊唁堂设在二殿，我从大门外搁置的几个装满白花的大篓子里拿出了一朵，小心翼翼将小小的白纸花儿别在了胸前。

等了一会儿，终于开始了。我随着长长的吊唁队伍，慢慢地往前走着。

我站在了朱老总的遗像前，深深地鞠了三个躬。面前的朱老总，就如同在电影新闻片里一样的慈祥敦厚。

一切都那么平平淡淡，没有悲痛欲绝，更没有慷慨激昂，那感觉，只像邻居过世了一位老人，一位平素很受尊敬的长者。他的去世很像某个流程中的一瞬，既不是开始，也不是结束。直觉告诉我，还有更大的事情将要发生。

普遍的怨愤，已经从周围的信号中清晰地感觉出来了。忘了是哪一个政治家说的，大致意思是：人民，其实是可以忍耐某种程度的压制的，然而，如果最温柔敦厚的民众都觉得日子没法得过且过下去，那么，火花必然会引发燎原烈火。1976 年夏季的形势，到处显示着极左派越来越不得人心的迹象。那次，我们坐着大客车去参加汇报演出，演出的地点在民族文化宫。载着我们的大客车经过长安街的时候，车速突然减慢，要为“首长”的车队让路；这时候，司机师傅摇下了车窗，朝着外面驶来的小卧车破口大骂：“牛 × 什么呀孙子？擎等着吧，有你拉清单的那一天！”

我们听得一激灵，好大的胆子！居然公然辱骂“首长”？

我挨着师傅最近，小心翼翼地问：“跟谁呀这是？”

“刘庆棠！这孙子，也不看是什么时候？还在这儿臭摆谱！”司机半个身子探出去接着骂，“你丫不就是个跳舞的吗？还能蹦跶几天……”

原来，所谓“首长”就是政治新贵刘庆棠之类，司机肆无忌惮地骂着这个靠着跳“洪常青”而跃身为“文化部领导”的得意小人，嘲笑着他逢迎“红都女皇”调戏女演员的各种劣行。听着这些，我们又兴奋又新鲜：首都人民的政治觉悟就是高啊，硬是什么都敢说啊！而且透着痛快，透着解气！看来，“安定团结”的“大好形势”只是一些人的一厢情愿，“四人帮”和极左势力确实“失道寡助”，离末日不远了。

演出的时候，铃响灯暗，鱼贯而入的于会咏、刘庆棠、浩亮等方悄悄入座，又引起一片议论声；普遍的反感和浓厚的敌意，笼罩在剧场中。我和于连仲在相声里讽刺“苏修”统治下民不聊生、天怒人怨的笑料，也好像达到了“移情”效果。

还记得那笑话里，小朋友回答外宾的问题，一糊涂把顺序搞乱了。于是出现了这样的对答：

——每天吃饭，汤盆里盛的是什么？

——星星月亮。

——晚上仰望天空能看到什么？

——牛奶面包。

……

我在唐山说相声

7 月 28 日凌晨，我在北京西苑旅社（现在的西苑饭店的前身）3 号楼三楼一个房间里睡得正香。

突然，一阵猛烈的摇晃把我弄醒。我一下惊坐起来。我的床在晃动，旁边的桌子在晃动，整个房间在嘎嘎作响。

我顺手打开了床边台灯，嘴里喊着，“地震了！地震了！”房间里的另外两个战友也马上坐了起来。

对于地震的敏感缘于两年前，辽宁海城发生过一次大地震。当时，不远处的沈阳震感很强。后来，我还随部队到海城进行过抗震救灾，连那小小余震的感觉都非常清楚。

所以，我的第一判断便是：这次震级小不了。

我刚说了“地震了”，就听到走廊里已是人声鼎沸，狂叫的声音、跑动的声音，乒乒乓乓，乱成一片。

我们三个人没有往外面跑。因为根据经验，这时候往外跑已经来不及了，如果急着出去很容易受伤，或碰伤，或挤伤或砸伤。

也就是几分钟的时间，楼内渐渐没了声音，一切都归于平静。

我说：“咱们下去吧。”

三人穿好军装，稳稳地下到了一楼，来到外边。

天还没亮，灰蒙蒙的。但是在前面空地上却是白花花的一片——绝大部分人都是穿着背心、裤衩跑下来的，更有不少人身上裹着旅馆里白色的床单，那多半是女同志。她们凑在一起，脸朝里围成一个圈。

大家看到我们三人，全都愣住了。面对着他们诧异的眼光，我们也摆出了矜持的样子，心里大概都有几分骄傲。只有我们沈阳军区代表队的三个人，是这样整整齐齐穿着军装，仍不失军人风度地走了出来。

其实也没什么值得骄傲的，不过就是以前经历过一次罢了。如果头回碰上，难保我们也得跟那些慌乱的女兵一样“银装素裹”。

临时成立的抗震小组郑重宣布：晚上不许进楼里睡觉，一律在车里休息。

这时，还没搭地震棚。白天，哥儿几个神侃还可以，到了晚上可就难受了。头天晚上就没睡好，现在就让在大车里睡，那是什么滋味？于是，我和同屋的那俩哥们儿商定，晚上仍回房睡去。暗地里我们还相互打趣，把“一不怕苦二不怕死”改成了“一不怕死……只是怕苦”云云。

到了晚上，我们哥仨就溜进楼里。但汇演大会的负责人对安全问题一丝不苟，我们几个不知死活的家伙到底让他们查出来，从房里轰出去，还为此挨了通报批评。

关于这场地震，我们这楼里笑话还不少。有一位南京军区说扬州评话的姓陆的演员，一位很精干的小伙子，于慌乱中从窗户跳下去，把双脚跟腱给摔断了。后来，我们在北京站送他们时，见他还拄着双拐走路。

还有一位来自新疆军区的仁兄更逗，地震晃动的那一刻，他反应敏捷，拉开门就往外跑。不想，出去以后，一下子撞了墙再也走不动了。后来才明白，敢情他是钻到大衣柜里去了。等他鼻青脸肿地出来时，地震也已平息了。

这样的笑话很多，大家坐在外面，互相打趣着，或者传递着什么信息：不远处的北京展览馆上边的大五角星震掉了，某某地方砸死了人，谁的亲戚在唐山。尽管这样，仍觉得时间过得太慢。

那几天格外难熬，天儿热，衣裳汗渍斑斑，连续几天不洗澡，人人身上泛着一股子酸臭味儿。汇演中断，上边让原地待命，不能随便外出，又没别的正事儿可干，和沈阳也联系不上，我还真有点想家了。

又过了四五天，长得高高胖胖、当了文化部副部长的浩亮（他曾在《红灯记》中饰演李玉和），穿着一个大裤衩子，摇着一把大扇子来到西苑旅社“看望同志们”。

他走后，汇演办公室马上就宣布，汇演停止，各代表队立即返回。

真叫因祸得福，为了尽早赶回去，军区居然同意让我们乘飞机返回沈阳。

坐飞机在那个年月可是新鲜事，绝非一般人能享受的待遇。

我们坐的是苏制图 –154 飞机。

上了飞机，大家心情很好，觉得里边的一切都很新鲜。

跟我挨着坐的同事黄战生，看见头上有几个按钮，就随手碰了一个。

一个小红灯亮了，前边还发出“叮咚”一声。

空姐应声而至，见没事，用训诫的口气说："没什么事，不要瞎摁。"

我也不吃她这一套，"不能忍辱"的脾性又上来了，管她女的不女的，我抬高嗓门说："同志，谁都有第一次。何必呢？"

空姐什么也没说，走了。

坐飞机，挺高兴的事，让这么件小事弄得好一阵子不愉快。

回到团里，没多久，就接到命令，奔赴唐山慰问演出。

到了唐山，已是8月中旬。那里早就驻扎了许多抗震救灾部队，解放军在当时起了不可替代的作用。这确实是一支英雄的军队，32年之后，我们又在汶川看到他们英勇的身姿。如果说在北京时,那猛烈的一震对我仅是虚惊一场，甚至还可以带着玩赏的口吻谈论他人的失态狼狈的话，那么亲临唐山则完全换了一种心境。

至今想起，心还在发抖。

这是黑白之界！这是生死之界啊！

我曾经参加过各种各样的慰问演出,在前线,在灾区,在医院,在孤儿院……也去过地震灾区，但像这样直面触目惊心的死亡，却是第一次。

有关唐山震后的惨状在我们那里早已传得沸沸扬扬，但百闻不如一见啊！

城中空地堆起许多小坟包，没有墓碑，更无花圈，有的竟然露出死者的断臂残肢，大约是被野狗扒开咬过。显然是来不及挖坑掩埋，只有暂时在平地堆起个土包了事。

城中几乎见不到一座完整的建筑物，半截的水塔、电线杆东倒西歪，楼房像断了脊背一样悬而不倒，钢筋、水泥柱任意裸落，悬而未落的楼板、龇牙咧嘴的围墙，对救援人员形成新的生命威胁。

街上的人行色匆匆，表情木然。

从地震的第一天开始，与死亡相伴的各种疾病也在袭来。常话说："大灾之后必有大疫"。那些天，唐山的天气格外干燥憋闷，空气里总是飘浮着一股难闻的味道。苍蝇蚊子成团地轰轰乱飞，还有从废墟的缝隙里钻出来的老鼠，也是成群结队蠕动爬行，仿佛世界末日的图景。空气中弥漫着垃圾粪便和尸体的腐臭。而城市的水电供应明显不足，一到夜晚，许多地方漆黑一片，偶见点点灯光也如鬼火一般。

为了防止瘟疫，只有借助飞机从空中喷洒药物。从早到晚，飞机不停地在市区上空盘旋。每次飞机过后，不知什么药粉，如雨般飘落。我们住的大帐篷的篷顶上，就随之落下一层死苍蝇，黑乎乎的一片。在那之后，我从未见过这么多苍蝇，即使在最不洁净的山沟小寨，也不曾遭受过如此恐怖的蚊蝇侵扰。

作为带有特殊使命的演出队，我们曾接到一个“份外”任务，去一个被震塌了的冷冻仓库抢险。那是一座四层的水泥建筑，如今成了一层。里面原存有大量鱼肉和成袋的蛋粉。

这是什么“任务”啊！随着电锯冒着火花将连着断裂的水泥板的钢筋锯断，我们冲上前去，用木棍铁锹撬开水泥板，再往外拉扯那早已不成块儿的烂肉。虽然人人戴着三四层口罩，还在上边撒了不少酒精，但也无法挡住那浓烈的臭味，眼睛给熏得难受，不时抖落掉爬到手上蠕动的蛆。

许多天过后，见了碗里的肉都恶心……

当然，我们此行主要的任务还是演出。

来唐山前，我曾经想，在那里，几乎家家都死了亲人的情况下，他们还能有兴趣看节目吗？能热烈鼓掌吗？能开怀大笑吗？

但是我错了。

每场演出都获得极大成功，甚至观众的反响比任何时候任何地方都热烈。这虽然令当演员的欣慰，但我仍觉得有点不对味儿，唐山人就如此无情如此麻木吗？

一场演出结束，我终于耐不住，拦住一位中年汉子问：“您是本地人吗？”

他点点头。

“我们的演出，你喜欢吗？”

“当然喜欢。”他带着淳朴的表情回答。

“您家里没有遇难的吧？”话一出口，便觉唐突。

可对方却不介意，他只微皱了一下眉头，很快地答道：“我们唐山人几乎家家都死了人。可你们大老远来了，我们能哭着看你们的演出吗？”

我一时无言。

那一年夏天，我在唐山说相声。

我们慰问了唐山人，唐山老百姓一句实实在在的话，却给我上了一课，一堂关于生与死这个大主题的课。我从唐山人的身上解读出了一种以前从没有体悟到的东西，在那个节骨眼上，谁都不要奢谈“拯救”，拯救，首先要拯救的是自己。

当这段的伤痛过去以后，重要的是我们站起来了，继续前行了。

那个时候，“文革”后期的独特产物——“歌颂型相声”业已被小规模推广开来。经毛主席特批，侯宝林的名字已经出现在国庆晚会嘉宾名单里。广播里终于出现了零星的相声作品，这一古老的艺术，终于有了“还魂”的空间，中国人终于发现，在“阶级斗争”和“生产斗争”之余，他们开怀大笑的能力并没有被摧毁。

我得感谢相声，我有幸两次亲聆侯宝林老先生教诲，就得益于我的相声“从业”经历。1973年和1975年，于连仲老师和我两次去他家拜望。

没说的，敬慕侯老，我喜欢他说话的风格，有条不紊，声声入耳，用我们行里的话叫“口儿甜”。侯老“口儿”非常正，“口儿”非常甜，知识面极为丰富，在说的时候既不乏风趣又富有逻辑性。在侯先生身上，绝对看不出一点点过去那种旧艺人的习气。这两次拜望，是我艺术道路上值得铭记的事情。

永远记得，刚刚开始被“落实政策”的侯老骑着车到厂桥公共汽车站来接我们，七拐八折到麻花电台胡同他家里。吃饭的时候，侯老打开一瓶“味美思”，态度恬然、安详，仿佛几年前那场可怕的浩劫根本没有发生过……

在一般人心目中，我的艺术道路是从说书人到主持人，然后再到演员。但我正经当过几年相声演员呢，并创作发表过几段相声作品：如《语言漫谈》《相亲》等。1973年我参加全军音乐曲艺调演，说的是《雪地露营》，当时全军参演就四段相声。常贵田、李鸿基的《线路畅通》就是其中的著名段子。

相声，尽管其表现内容和手法都受到很大局限，可还是当年最受欢迎的节目，那是文革末期文艺界很少还能调动起人情人性淳朴反应的节目种类之一。虽然随着时间的推移，那些作品几乎湮没无存，但对我来说，却是艺术实践道路上不可或缺的经历。

演任何形式内容的节目，需观众参与“三度创作”，给他们带去欢笑，感动，思索……我从说相声开始，播小说、当主持、演人物都得益于此。当然这种“三度创作”得有个“度”，正所谓“雅俗共欣赏，感人捷且深”。在拍影视作品的时候，我会有这样一个自觉性：有意地在关注着第一现场，周围人的直接反映怎么样？这点是说过几年相声形成的好习惯。

因为对于相声演员来讲，观众的反响真的是他的命。当时用我们的话讲，开门儿包袱不响，当时就“顶瓜”了。“顶瓜”就是紧张了，您想啊，脑袋上顶个瓜，老怕掉下来，能不紧张吗？还有一句话叫“大瓜头子就算勒上了”，于是乎越来越“泥”（没人乐），甚至一泥到底，说句毫不夸张的，下来死的心都有。我唱一首歌，唱完了，顶多一鞠躬，你鼓鼓掌我就下来了。相声整个的过程是跟观众有着特别密切的交流互动的，观众“不给耳朵”，窃窃私语了，甚至有人噼里啪啦弄得凳子山响，出去抽烟了，不爱听了，你说你怎么办？

这种体验给我打的烙印很深，以至于后来我主持节目也好，当众发言授课也好，尽量勾连现场，要跟观众去交流。我会非常敏感地感觉到不行了，观众开始“不给耳朵了”，甚至有人打了哈欠，马上就该警觉了，这时候就采取一些手段，或者这种叙述太长了，受众没兴趣，赶快改。以至于后来做什么都是如此，几乎成了一种本能。

西沙群岛记事

20 世纪 70 年代的收尾，对一个国家来说，是吉祥的，纷乱的人心得到归拢，实际后果是令人振奋的。

1977 年 1 月，沈阳万人体育馆举办“纪念周总理逝世一周年朗诵音乐会”，我将我写的原为“韵白故事”的《怀念周总理》改成“叙事诗朗诵”，登台朗诵其片段。我声情并茂，观众掌声不断，这空前成功的效果，实在与每个人都真心怀念周总理有关。不料又无意开辟了一条艺术新路，我从此与电台文学节目演播结下了不解之缘。

20 世纪 70 年代末，中国走上了和平与发展的健康轨道。然而，国际环境如何变化，并不以我们善良美好的主观愿望为转移。

在70年代的篇章行将结束之际，我——一个退伍老兵，想以我终身难忘的西沙之行，寄托我的情怀，我的守望，表达我对70年代那次意义深远的海防之战的敬意。

早就耳闻西沙群岛，那片美丽的海岛。

1974年的西沙保卫战，是唤醒中国人海权意识的光荣一战。

部队经常需要派文工团到各地去慰问演出。相比较其他地方，对于我们这些久住陆地，尤其是见惯了北方的雪岭与寒冷的东北兵来说，到亚热带充满神奇色彩的西沙群岛，是很吸引人的。我记得当时大家是争先恐后要求执行这个任务，而我有幸被选中。

那一次，我们乘坐的是苏制军用飞机“安-26”。这种飞机与一般民航飞机大不一样。它像登陆艇似的，从屁股那儿开口，可以把吉普车开上去。其座位是两排相向的，中间有个宽宽的过道。舱内呈拱形，低低的，甚至坐着还有点抬不起头来。也许正由于飞机的简陋而造成了一种战地的气氛，所以大家很兴奋。

我顺便提一件有趣的事，那就是老式飞机上的厕所。它不同于时下民航飞机的卫生间。就用那么一个粗帆布一隔，耷拉着个一米见方的帘子。众目睽睽之下，掀开帘子进去，再往下一看能吓你一跳，就像在火车上一样，底下是一个明晃晃的长方形口子；在火车上见到的是轨道，在这儿见的是白云或者说是蓝天了。

从沈阳上飞机时，我们个个都是棉袄皮大衣，飞机越向南飞，我们身上的衣服便越脱越少，到了海南岛三亚机场时，我们已是短袖衫了。几个小时的空中飞行，我们经历了春夏秋冬四个季节，这种感受也是很奇妙的。

从机场我们直接被送到驻军某地。

翌日清晨6点，天还是蒙蒙亮，我们在榆林港——南海最大的军港，登上了1500吨的护卫舰。榆林港离西沙最大的永兴岛约有108海里，12小时的航程。因此，我们一大早就动身了。

船出了榆林港，徐徐地驶向了南中国海。

我们慰问团的队员们没人到过西沙群岛，从沈阳起飞时，大家的情绪就一直憋着，现在可是得以释放了。

从榆林港出发时，大家都簇拥在甲板上，照相的聊天的，唱歌的念诗的，一派浪漫情调。

记得我站在甲板上，情不自禁地引吭高歌："迎着朝阳放声歌唱，我驾驶着巨轮出海去远航……"赢得一片掌声。

船出港不到一个小时，我发现甲板上的人渐渐少了，没有了启航时的兴奋。

我抚着船栏站着，但见海天茫茫，除了头顶上苍穹无垠的天空，时远时近的海鸟，偶尔也有几条舰只相错而过。四周除了海还是海，看不到其他景色。舰下的海水滚动着白色的泡沫，掀起的浪花裹着一股咸味，使人渐渐地头晕了。

风大了，卷起的浪头将船身撞得咣咣作响，船晃得厉害，随之而来的是感到身体的各种不适。

我觉得有点恶心。这时我想起上船时，舰长嘱咐我们的话：到西沙群岛要过的第一道难关是战胜晕船。当时我不以为然，这些年，什么苦都受过，晕船算什么?

然而等我扶着旋梯下到舱里去时，见已有许多人在床上躺着了。

黄宏也躺在我的隔床，也是呻吟着，辗转着。

我坐在床上，发现在每张床边都有一个红色的塑料桶，脑子里的第一个反应便是：这不是招我们吐吗?

我就不信我会呕吐，大不了就睡觉吧。我躺下了。

然而，不知怎么搞的，脑子里老惦记这塑料桶。心里一直在念叨：我不会吐的，不会吐的……

但是终于，胃里一阵痉挛，酸水直往嗓子眼里冒。

一歪身子，就觉得五脏六腑开始翻江倒海。一阵恶心，"哇"的一声，浊物从嘴里喷出，我赶紧把床头的红桶拿过来……我无法控制地吐得一塌糊涂了。

舱里已是此起彼伏的呕吐声，最后我吐出绿色的东西，后来听说，那可能是胆汁。

晕晕乎乎的我躺在床上。我没有想到白酒八两尚且不倒，一条船就把我折腾成这样。

大约是在中午时分，舰长到舱里看大家了。我记得他站在我的床前，说："王刚同志，晕船是正常的。如胃里有东西吐还好受些，想吃点什么吗？吃点面条？”

我当时已然没有了平时的风度，很不客气地摔出一句：“你走开……”

舰长大量地笑着说：“要不要吃点香蕉？”递过来一串。我还是吐。想想舰长的话可能也在理，肚子里有东西吐可能好受些。于是我咬了一口香蕉，可全无平素的香甜。

如此这般吃了又吐，吐了又吃，果然是比空肚时好受些。

本来这次我们可以坐“米-8”直升机去的，但大家都特别想坐船，以便亲身体验那一百多海里航行的滋味。然而现在想起来，我却有点后悔。

后来的时间不知是怎样捱过来的。昏昏然中，总算是听到了一句“快到永兴岛了”……

离码头越来越近，岸上已聚集了一大群人，大部分是战士，就几个老百姓，在那里欢迎我们。这时，我撑着虚弱的身子，带领大家喊着口号：“向西沙军民学习！向西沙军民致敬！”

后来一打听，这一路上有俩人没晕船，一个是朝鲜族的小崔，唱歌的；还有一个诗人胡世宗。我还记得，在我特难受的时候，老胡竟硬拉扯着我听他新创作的诗歌。我恨不得把他扔到海里去。

吃过晚饭，我们几个人又闲不住了。白天海上的狼狈劲儿经一通青岛啤酒灌过，就过去了。

我们听说，在永兴岛与东岛之间有一条路很有意思。这条路在涨潮时就被淹没了，只能开船过去；而落潮时这条路就出来，可以开车过去或者趟过去。

而据说当晚要涨潮。

我们好奇得要命，决心去探个究竟。

我们一共八人（七位男兵，一位女兵），带着一个手电筒，去了。

海水已经漫上了那条路，伸脚试试，已没过脚脖子。我们想，抓紧点时间能赶在潮涨大时回来。

夜色朦胧，对岸东岛已成模糊的剪影，庄严肃穆很美的感觉。我们把鞋留在岸上，裤腿挽起来，一个个上了路，其实是下了海。

说来也巧，七男一女，真像传说中的“八仙过海”，我们走在由白色浪花组成的路上，顿觉自己真如神仙一般。

那感觉，飘飘忽忽的。风从耳边吹过，波浪层层叠叠地从脚下淌过，给肌肤的感觉，温温润润的，心里再没了白天对大海的龇牙咧嘴的恨。我体会到了大海的另一面。

当年的凌乱笔记记录了这次大海疆巡游的片段鳞爪，特录于此。

> 绿树上落满白色鲣鸟，人鸟与海天共存，感慨万端：如此和平景象，全仰当年“国军”与解放军浴血奋战和艰苦守卫。一女演员报怨：“有战士老盯我们看……”我：“来这儿不就是让人看的吗？”云当年广州军区司令丁盛来此视察，扣了茶缸子粗声大气曰：“房子就这么盖！”故西沙多圆形屋。过新年，青岛啤酒管够，生猛海鲜，中看不中吃。与一北京指导员共饮竹叶青，其大醉痛哭吐真言：苦……离永兴岛登“琼沙号”（周总理当年特批配置），战士与我们恋恋不舍，那女演员更泪如雨下……想当年英人送罪犯赴澳洲服刑，中途不知“晕死”多少，能抵达者必是身强力壮之辈（优生），况不用看管，逃离无异于自杀。新战士乘船来西沙需将舱门锁上，怕有人宁可跳海也不愿受这份儿“洋罪”。解放初期，仅巡逻过一回南沙，竟有十二名战士被甩入海中。当时海军实力纵向比较，竟不如清末北洋水师；而今，南沙岛礁上已有部队日夜守卫……

记得一首歌唱军旅生活的歌，第一句是：“骑马挎枪走天下”。我只在哲里木军分区当兵锻炼时挎过枪，再往后我的武器似乎只剩了一张嘴，靠它说、靠它唱竟也走遍了天涯：漠河（北极村）——抚远（祖国版图之“鸡头”）——乌苏镇（东方第一哨）——小王岛；呼伦池、贝尔湖、乌梁素海（原始生命之水）——松花湖、葛洲坝、刘家峡（人造天湖）；松花江、嫩江、黑龙江、图们江、鸭绿江；科尔沁、呼伦贝尔；三亚——西沙——老山、者阴山。

舒婷写过：“世界也许很大很大，心的领域却很小很小；……世界也许很小很小，心的领域却很大很大。”这几句诗应和我在一个大时代的巡游历史，也是熨帖得可以。

Chapter 6
第六章

由《夜幕下的哈尔滨》开启的“书缘”

我跟“书”的缘分，更是有一番特别的意味。

说书人王刚，曾经在形形色色的书里寄托着自己，张扬着自己。

一切似乎都得从“书缘”讲起，一切似乎都从“夜幕”下发端。

是谓：

粉墨乾坤梦，嬉笑麦克风；电视“往事”亦“今事”，“收藏”张扬皆人生。人生逢遇枝蔓多，且从“夜幕”下开锣？

电台往事

借《夜幕下的哈尔滨》“触电”前，有一段“电台往事”。

大概从20世纪70年代中起，我已经是一个“老电台”了，这倒不是单指我从小爱捣鼓矿石和半导体收音机，研究电台，琢磨播音员的音色，甚至敢冒大不韪用短波波段听境外广播……

六七十年代的时候，能听到许多的境外信息，可以说我把自己预先“改革开放”了。美国的，苏联的，还有澳大利亚电台，NHK……至今记得青春时代的印象：全世界的英语广播里面，NHK的英文最难听。开头是个男的用英文说："This is Radio Japan..."最后是“NHK from Tokyo”，意思是“这里是日本广播电台……发自东京”，发音那叫一个“侉”；而后面紧跟着的女声日语问候又特别地“嗲”，这一鲜明的对比，往往令我哑然失笑。

我的英文听力就是从那个时候打的基础，我能听出来各国英文的不同发音，尽管我已经丢弃掉了外交官的梦想，也没有再学英语的机会。但就凭着自己的一点敏感劲儿，琢磨，迷恋，沉溺其中。

甚至莫斯科电台的广播我也不时收听，分辨，想象那后面的异国色彩，那些人的模样，那些地缘特点。

在那个凝重的全球冷战年代，一个中国青年，有这样的“虚拟时空”经历，也许真是独特的赐福。

特别重要的是，“电台”这玩意儿具有一种强烈的形式感和象征性。一段时间我非常迷恋这个，跟我在20世纪70年代中期那个沉闷的年代里的自我排遣的生活选择有关系。

那个时代，凡是觉得自己有点与众不同的知识青年，多多少少都有点“电台情结”。

“电台情结”导致我花费了一笔昂贵的个人奢侈品支出——花50块钱买了一个录音机，还借了另外一台录音机和话筒，放广东音乐，自己搞配乐诗朗诵。在自己的宿舍里玩录音，感觉美滋滋的。

如果我没记错的话，我尝试的第一首作品是贺敬之创作于60年代初的组诗《桂林山水歌》。

现在还能吟诵出关键的段落——

云中的神呵，雾中的仙，神姿仙态桂林的山！情一样深呵，梦一样美，如情似梦漓江的水！水几重呵，山几重？水绕山环桂林城……是山城呵，是水城？都在青山绿水中……呵！此山此水入胸怀，此时此身何处来？……黄河的浪涛塞外的风。此来关山千万重。马鞍上梦见沙盘上画：

“桂林山水甲天下”……

现在的讲新潮玩“后现代”的年轻新锐，没准儿会掩嘴乐：让您当年如痴如醉的就这个？“老帽”了点儿吧？

要知道，这可还在“文革”时期呀，很难看到这样抒情的语言，没有战鼓式的动员，没有任何政治口号说教。要知道那个时代充满着粗暴的文风“就是好啊就是好”，任何吟风弄月的情趣，任何一种发乎人情人性的抒怀，都会无情地被“时代主流”排斥。在这样一种肃杀的空气里，突然间接触到如此充满柔情的诗章，任何一个人——只要你还没有丧失对美好事物的感知能力，甚至是，你还没有彻底丧失人性，怎能不被感染？

在一个精神物质极其匮乏的时代，能欣赏到这样的讴歌山水风景的琅琅上口的诗句，无异于仙音纶语。

就在一个自我的小空间里自录自导自娱，正在陶醉时，我一个名叫陆学杰

与《夜幕下的哈尔滨》作者陈玙先生在一起。他曾跟我说：“我这书顶多也就出到十万册，可现在知道它的，少说也有几千万人。”后来我知道，确切的数字是三亿听众。

的表哥（他在沈阳电台工作）来找我玩儿，一看我鬼鬼祟祟地捣鼓，周边机器一大堆，开玩笑问：干吗呢？发报呢？

我以一副神秘的表情告诉他：我在听一段录音。

表哥不相信那里面是我，直摇头：不能，不能！不能是你！从心理经验上他不能接受这样一个事实：那个在录音机里抑扬顿挫人五人六的声音，居然出自王刚——这个满脸坏笑私底下无法无天的“顽主”表弟！

终于相信是真的了。表哥倒吸了一口冷气：哎哟喂！真看不出来你还有这两下子？快，倒回去我再听听……

那个时代的人，对广播艺术和播音员有一种崇仰感。听着“戏匣子”里的人声，简直就觉得那不是“人声”——那种高端的声音岂能是有血有肉的凡人能驾驭的！一个现实的人和一个“广播上的人”给一般人造成的心理反差，可想而知。连我在电台工作见多识广的表哥都感到敬服，何况一般人等？

经我表哥陆学杰的推荐，我开始陆陆续续在电台的文学类节目中“小荷露角”——这些经历，都属于我后来专攻长书连播的“前声”。

在我回溯小学经历的章节里，讲到了一次当时看来是惊世骇俗的“少年吁天”——给毛主席写信的童年往事。

那时，我在广播站里第一次面对话筒，这是我生平第一次面对“公众”这个概念。

毫无疑问地，那时的我是带着最大的热忱对着话筒发出自己的声音的。

我在倾诉什么呢？我的话语，从有线喇叭传递出去，在某个空间，实现了某种效应。在我幼小的心灵里，这一切，难道不是一种正在发生的神迹？

很多年后，接近年过半百的时候，我读到米兰·昆德拉的《生命中不能承受之轻》，其中关于演员的一段论述让我一激灵。这话的大意是：支配一个人职业选择的最大因素“莫过于那种把人们一生光阴导向这种或那种活动的深层欲望”。作家写道：每一个法国人都是不一样的，但世界上所有的演员都彼此相似——无论他们在巴黎、布拉格，甚至天涯海角。当演员的人，从小就愿意把自己展示给一个隐名的公众以至终身。这种愿望与天资无关，却比天资要深刻。没有这种基本的愿望，任何人也成不了演员。

读经典也好，看闲书也罢，还从来没有一段话，与我内心中朦胧的想法如此相合。

从来没有一个词像“隐名的公众”这样触动我。

米兰 · 昆德拉的这段话，促使我对演员角色的自我意识、演艺与生活的边界意识、演员的职业伦理，产生许多的思考。

《夜幕下的哈尔滨》刚刚火的那一年，在沈阳的一个万人体育馆，我在中间的台上说书。一人，一话筒，两束光而已，仿若又回到了哈尔滨林业局招待所的格子间，透着那么冷清，透着那份自甘寂寞。

然而，其实完全不一样了，黑压压的周遭，充满着你看不见的能量，涌动着你体验不到的热度。

多少年来，我都难忘那种感觉，那被遮蔽的脸庞，压抑着的热情，似乎只能通过第三维去感知，冥冥当中，一股力量在牵引着你，给你神秘的昭示。“隐名的公众”？难道这就是了？

这是一个综合性晚会，演员多来自北京，只有我一个属于沈阳军区的。当我上去的时候，萧索的舞台上，只有我一个人站在中间，两束追光打下来，打在我孤零零的身影上。我在那里悠悠地说，慢条斯理地说。

说的正是《夜幕下的哈尔滨》那个段子，就是那种平实的腔调，舒缓的节奏，没有为了故意造势而出现的语速变调，没有为博得掌声而突然大叫大嚷的鼓动性表演。

我沉浸在那个世界里：茫茫夜，铁蹄下，老满洲风云，亡国奴的呻吟，淡漠的血痕，宪兵，毒刑，不屈，战斗……

后来他们跟我说，突然降临的巨大的安静，把体育馆的负责人吓坏了，他在外面的走廊不安地自语：唔？怎么没动静了？瞧里面黑的！莫非——停电了？

不放心，到进口处一看：无恙，王刚在那说呢，一个人。

那个现场静得，连掉一根针的声音都会听得见。

那天，我真的是自我陶醉了。

有人问：你总是以淡然的口吻讲“曾经”，那，难道你在从艺路途上，心目里没有偶像吗？没有师承过哪个人吗？

偶像，在儿童时代有过，谁都有过。

师承？当我步入这个行业以后，可以这样讲，我没有具体的宗师。我可以虚心向每一位前辈、每一位因其独特性令我印象深刻的明星来学习，学习无所不在，“拿来主义”也时而为之。

这种学习多半是潜移默化式的。

袁阔成老先生，就是我在“电台往事”中邂逅的老师。

我搞传统长书时，心中的“范儿”不是别人，就是袁先生。记得当年有几次他在沈阳演出，我专程去看，那时候他在营口（尽管他是北京人），后来才调到北京的。

我去现场听，琢磨。学的就是他的“口儿”，按照行话说，他的“口儿正”。

1979 年夏，我在中央人民广播电台录《牛虻》，住招待所。当时广电总局的招待所在儿童医院月坛那儿，当时最高的住宿标准是两个人一个房间。袁先生在中央电台录评书，我录小说，真是巧得很，我们俩被安排在一个房间。

在那个年代里，这已经是很好的待遇了。听人们说，那时，连人大政协开会，党的全国代表大会，除了老同志之外，也是两三个代表一个房间。

袁阔成是这样一个人，从气质和相貌看，也就北京任何一个老胡同你都能见到的一个普通长者。国字脸，浓眉毛，大眼睛，透着精气神儿，透着随和，恬淡。

对于袁先生，我是通过观察来学习的。之所以对他有深切的印象，不仅是因为曾经凑巧同居一个房间，而是袁老先生那种透到骨髓里的平淡的品质，让我有所得，有所感，并铭记“有所为有所不为”之可贵。

我的生活节奏和袁先生截然不同，再加上我那时年轻疏于自理，有点“没心没肺”，可把袁先生折腾得不轻。

每天我睡得晚，他老人家睡得早，早上我起不来，整个一个节奏“错位”。

我懵懂醒来：咦，谁在床边点了一盘蚊香？

再一看，袁先生在那安详地熟睡，再低头看看蚊香，明白了。内心那份感动……

第二天面对袁老师，我说不出别的来，只是说：“袁老师，谢谢。”

袁老师淡然一笑：“没什么，你年轻，肉嫩，蚊子肯定先奔你去，熏晕了，就不咬我啦。”

那几天我都怎么起来的？至今说起来还有些难为情——大概有八九点钟了，就听袁先生轻声唤：“大刚，起来吃早点了。”

回回如此，那段时间，回回都是年长的伺候年轻的，桌上摆着他给我买的烧饼、油饼、豆浆。

袁先生默默地做着这一切，他身边的年轻后生“大刚子”就是一个熟悉相知了很多年的同伴。他是那样地不经意，弄得我，说个“谢”字都觉得不自然，别扭。

白天我们各自工作：我在那儿动笔做删节和上下文字串连；袁先生呢？就弄一张纸写两句话，互不干扰。

他上午录，我下午录，因为他上午能起得来，我从来都是下午或者晚上干活。

袁先生的工作方法很特别，大部分时间都静坐在那儿，有时候唰唰两笔，走之前又看了一眼那张纸。

我不禁好奇：“袁老师您……就照这个来？”

“啊，有几处提示一下，转折的。”他半阖着眼皮淡然答道。

我呢？得认认真真地把书中文字整理了，从头到尾整理，干的活一多半都是文学编辑干的。而袁阔成先生则是“心中有书”。

行里人概括先生的表演，四个字：“漂俏帅脆”！他把一门“说”的艺术变成讲究气音字节手眼身法的“全身艺术”。正因如此，他的每一个吐字都含着激情，极一般的话到他嘴里，就透着有滋味儿，有情趣。

其后几年，录传统评书《武松演义》的时候，我并没有直接求教袁先生，而是听他以往的录音，以期潜移默化地吸取袁先生说书艺术的厚养。

为什么这样呢？为什么碰上如此得天独厚的条件，我不去坠着，去热热乎乎地笼络着，反而在“若即若离”状态间揣摩袁先生呢？我有我的考虑，因为我自信我这人主意还挺正，我有我的“散打”说书的一套，跟传统的博大精深的正途有距离，游离于外，反而是一种自由状态。如果他告诉我某个关节处应该怎么处理而我没有听从的话，反而有可能在心理上变成一种桎梏：路数，规矩，禁忌……什么都跟着来了，掌控不好的话，反而不美。

在京和袁阔成先生“同寓”的那段时间，是我从艺生涯中的温馨回忆。

从袁先生身上，我见识了一种境界，一种纯粹的平常心。这是我们这个时代稀缺的品质。

“偷艺”，于我由来已久，我的“师承”也不缘于一人，比如《牛虻》。这是“文革”以后中央电台播出的第一部外国长篇小说，更是我在中央台演播的第一部长篇，我焉敢懈怠？于是，“偷艺”开始！从电台找来《牛虻》的电影录音剪辑录音带，反复地听。还嫌不够，又大量地听其他经典作品，一定是上海电影译制厂译制的影片。

于是，毕克、尚华、邱岳峰、李梓、刘广宁、乔榛、童自荣……一个个走进我的世界。

播《牛虻》的时候，亚瑟——年轻时候的牛虻，我借鉴的声音是童自荣的，“献身于意大利，帮着把她从奴役和苦难中解救出来，并且驱逐奥地利人，使她成为一个共和国，没有国王，只有基督。”那种阳光明媚的、潇洒的、飘逸的音色。当牛虻从南美洲回来，变成一个成熟的革命者，改名叫做列瓦雷士的时候，声音都变了，这时候的音色我多半模仿乔榛的，浑厚一些、沧桑一些，有一种看破一切假象的超脱和辛辣味道——“上校，你带来了一支蹩脚的行刑队！我来看看能否把他们调理好些。好了，伙计们！把你的工具举高一些，你往左一点。打起精神来，伙计，你拿的是马枪，不是煎锅！你们全都准备好啦？那么来吧！预备——举枪——”

这是我艺术人生中的一次痛快淋漓的“全方位模仿”。

《牛虻》这部小说，不但寄托了父亲的梦想，也是我跟妹妹的共同记忆——小时候我就给王静朗诵过。“牛虻”原典源出希腊神话，天后赫拉嫉妒丈夫宙斯爱上了少女安娥，放出牛虻来日夜追逐已化为牛的安娥，使得她几乎发疯。后来希腊哲学家苏格拉底把自己比喻为牛虻，说自己甘冒天下之大不韪，对当时社会的弊端实行针砭，即使自己为此而死也在所不惜。

伏尼契以“牛虻”作为新生亚瑟的名字，意味着他将是一个坚定的反教会统治的革命者。果然，当“牛虻”出现在读者面前时，人们看到的是一个饱经忧患、意志坚强、机智勇敢的革命者的形象。作品结尾对牛虻慷慨就义的描写，则是特别精彩的一笔。那只一直飞舞着的牛虻为了革命事业，不仅仅牺牲了自己的爱情，最后更献出了自己宝贵的生命。

这是一部在20世纪50年代，后来又在80年代初，被中国青年热烈传颂的作品。

在《夜幕下的哈尔滨》之前，曾经有过这样一段漫长的“电台往事”，给了我坚实的积累和铺垫。

我一向视广播为我的根。我主持节目、演电视剧，在形象、表演等方面没有高超之处，语言才是我的强项。真的可以说只靠语言了。

在剧组很多老演员都奇怪：王刚这人，也没看本子，就拿笔划拉了一下就背下来了？演古装戏经常有大段独白，有的演员，特别是港台演员特别吃力。他们也很奇怪，我怎么看了一遍就能背下来？这些都是我在电台打下的基础。

拍电视剧好比“坐月子”

时隔多年，还记得自己在电视剧里说的第一句台词。

镜头里的我从书架上把《夜幕下的哈尔滨》这本书拿下来，坐定，然后把书翻开，开口说道：“哈尔滨的春天，好像是被日本侵略者卡住了一样，竟来得这样迟缓……”

现在我看着这个镜头就想笑：当时……怎么那样啊？有些刻意的图解化，煞有介事，透着假。

如果现在拍，绝不会是这种语气，就会更从容一些，悠然平实一些。

可那个时候对文艺风格的要求就是这样啊。

那个时候，总体的审美情趣，也决定了电视的形态。

之所以叫说书人，听着很民间、很本土化，其实它是借鉴东欧和苏联的，据说改编自车尔尼雪夫斯基名著的《怎么办》就采用过这种形式。在排演这部话剧的时候，就安排了这么一个人物，翻译过来叫“主导人”。每一幕之间，他坐在舞台边上的一把椅子上，也是在一束追光下娓娓道来。时空的转换、心理状态的描写、评价都由他来叙说，又叫主导演员。

其实这个剧的编导者是借用这种形式，然后换了一个中国人更熟悉的“说

1984 年在电视连续剧《夜幕下的哈尔滨》中出演“说书人”角色。这个房间看着十分雅致，实际上闷热难当。当时每次都是在全身湿透后，被电扇风干，然后又继续拍摄的。

书人”。

王刚就是以“说书人”的形象第一次出现在屏幕上的。

后来的很多年间，走在街上，偶尔还有人冲我指指点点：哎，这不是那个《夜幕下的哈尔滨》的王刚吗？

这个冠词让我感到几分尴尬，也有几分欣慰。尴尬的是，都过去那么多年了，人们怎么还念叨那一出？好像这些年我除了絮叨王一民、玉旨一郎没有干过别的；欣慰的是，时光冲刷着记忆，这种影迹还没有在老百姓心目中消失，你必须珍视这种感受。因为这段往事，对于演员王刚来说，几乎等同于一次诞生。

1982 年初接这部书的时候，我完全是在被一部大部头作品催逼着向前赶。

原著是鞍山老作家陈玙倾注十几年心血的一部长篇，描述了过去很少有作家涉及过的题材，反映哈尔滨地下党斗争的一段可歌可泣的故事。

1982 年的春天，辽宁人民广播电台的文学编辑刘宝祥找到我，拿出一大摞子八开纸的书稿大样，告知我：四天后就请我录这部书。短短四天的时间，

75万字的作品，不吃不喝不睡觉，全看下来，还要把这无声的铅字，变成有声有色的语言，实在是勉为其难了。

但老刘是个热情又执著的人，一向如此，只要他请你办的事，你总是不好拒绝。尤其当他请好喝两口儿的我喝了一顿酒之后，我便稀里糊涂地答应了。

前面说过，此之前我也录过一些长篇，在做案头工作时，删删改改，都是我自己动手，等于是半个编辑。这次依然如故。

可是，时间紧迫，我只有选出前面的五万字，到演播时分出十讲左右来动笔了。四天之后，开始录音了，以后，就这样边改边录，而后面故事发展的脉络我尚不得而知。这倒也好，连说书人都不知道后面发生什么，悬念感不是更浓厚更真实吗？蛮符合听众的欣赏规律。按照行话，我还得“攒扣子”，吊着你，把你折磨得欲罢不能最好。

悬念在中国传统评书中，就是“扣子”，它是吸引人们一段一段地饶有兴味听下去的主要艺术手段。类似于章回小说，在每章结束时，往往会出现这样一句话：“欲知后事如何，且听下回分解。”

《夜幕下的哈尔滨》是一部现代小说，故事性可读性很强，于是，我在充分保留原书文学性的前提下，在分段时，“推前错后”，将故事重新编辑。而在每段结尾时，或多或少留下一些悬念。

后来有关评论家评述我的演播风格时如是说：王刚借鉴了传统评书的播讲方法，来表现现代小说，改变了以往传统评书听众多、现代小说听众少的局面，开创了现代小说吸引听众的新局面。

这部书据统计全国有108家电台复制播出。以至于老作家陈玙在去外地开笔会回来之后，对我讲，这一路火车上、轮船上，他听到广播里都在播讲着他的《夜幕下的哈尔滨》。

他叹道：我这书顶多也就出到10万册，可现在知道它的，少说也有几千万人。

后来我知道，确切的数字是三亿听众。

那年的夏天，吃完晚饭，我总好蹬着一辆破自行车，在大街上，在胡同里闲遛。

那时候没几家有空调的，连电扇都算奢侈品，人们为了降暑，只好打开窗

《东芝动物乐园》中学动物

1

2

1. 在电台录制长篇小说（1988）

2.《王刚讲故事》一炮打响

一只乾隆粉彩碗，说道可不少

1

2

1. 香港大收藏家张宗宪先生与我窃窃私语

2. 拍卖预展上认真鉴赏明成化斗彩杯

我的父亲母亲（1944）

1．人到中年的妈妈（1962）

2．耄耋之年的老母亲（2003）

3．戊子年（2008 年）除夕夜和妈妈合影。两小时后妈妈第三次住院

1 | 2

3

1．女儿婷婷赴英留学前（1994）

2．英吉利海峡根西岛，在女儿的婚礼上（2004）

1

2

2009 年，婷婷而立之年生日全家合影

户。我清晰地听见我在每家讲故事，家家户户的收音机里在同一时刻传出的几乎都是我的声音。

总之，这部书的播出，获得了超乎寻常的成功。

作家陈玙给我提供了这样一部好书，编辑刘宝祥先生给了我这样一个机会。没有这样一个沉甸甸的文本，我王刚再有本事，也弄不出这样盛大的广播奇观，也不会紧接着出现“亿兆同看哈尔滨”的“电视往事”。

那是一个广播兴盛的年代，也是中国电视复兴的早春时节，黄金时代的开端。

现在仍提到《夜幕下的哈尔滨》，有些是指的这部小说的演播，而更多的人是指同名电视剧。

1982 年的冬天，焦乃积到沈阳去找我。

我和他都是部队系统的，我知道他是铁道兵文工团的团长，在全军汇演的时候，他的很多作品还都获了奖。一个在部队文艺系统里很有名的老同志上门找我，我有点不知所措。

说起来真是寒碜，那个年代不像今天，车接车送方便。因为这是我自己的事，不好管单位要车，我就来了一个“高规格接站”。

所谓“高规格”，就是两部车——我到沈阳南站接他的时候，找了一个战友，我们俩各骑了一辆自行车。等接着焦先生出了站，打发那位战友走回去，留下那辆自行车，老焦和我一同骑回家去。

这就是改革开放初期的“高规格接站”。

军人的风格就是直来直去，老焦当即说明来意：他和另一位作者兼导演的任豪打算把这本小说改成电视连续剧。而且这部戏将设置一个“说书人”，增添新意，也为了更快捷地承上启下——总之，是电视剧艺术的新尝试。

因为原著是我在电台播讲的，那么，这“说书人”就非我莫属了。

老焦早班车到的，我得请人吃个早点。有牛奶，刚打来的还热乎，还有好东西呢：我拉开冰箱，拿出高级点心——蛋糕：“老焦，吃蛋糕吃蛋糕。”

我边吃边聊，谈得很兴奋。而老焦却显得挺客气，光说不吃。

我不解：这人，啧，还跟我来“拒腐蚀永不沾”这一套？

“您在车上吃了早点了吗？”

老焦：“……”

“那干吗不吃？”我还在热情地张罗。

他苦笑着挡住我递上来的盘子，指着蛋糕：“这点心……你放了多久了？”

我茫然，因为这类事，只有我妻子知道，而她已下部队半个多月了……

“你呀……啧啧……你也别吃了……”见我还不明白，老焦干脆拨拉开我的手。

我猛醒，将一双近视眼凑近，这才发现，蛋糕上面有着一粒粒霉点。再掰开一看：哎哟喂！——东北人讲话，都“拉弦儿”了。

一块蛋糕引发的尴尬，贯穿多年，每见到老焦，谈及那次“请客”，我都要朝他拱拱手。

1984年的盛夏，我被招到了哈尔滨，住在道里林业局招待所。我们六个人一个房间，大家居然挺满意，因为还发给我们每人3块钱的床板费，按照当时的物价水平，这3块钱足可以到松花江边喝两瓶啤酒了。晚上没有空调，也没有风扇，所有窗子都只好开着。窗外就是有轨电车道，整天丁零咣当，人喊车鸣。夜班的电车驶过的时候，就像在你脑袋顶上压过一样。白天休想睡着觉，而许多戏却要在后半夜拍，大家苦不堪言。

但后来也就习惯了。

开始去的几天，天气甚好，剧组照例安排外景地的拍摄。而一旦刮风下雨，除了我之外，演员便暗自庆幸：他们知道该拍我了。其余的人就可以清闲一阵了。

“说书人”说书，自然不会在室外，而选在招待所一个耳房里，并把它布置成一个十分优雅的“书斋”。我的背后是一大排书架，面前是一张硕大的书案。淡绿色的台灯，当然也少不了文房四宝。

人们从屏幕看到这个环境，大概会觉得十分恬静舒适。然而冷暖自知，那是一个我不愿意多待上一分钟的地方。

8月初，尽管身处北方冰城哈尔滨，也是酷热难当。为了防止自然光进来，两个大窗子全用厚厚的毛毯遮得严严实实，一丝光不透。而室内的所有光线来自四个大灯，估摸有4000度吧。而我却要穿衬衫，着西装，扎领带，正襟危坐，手持书卷，娓娓道来。脑袋上还捂了一个假发，上海来的女化妆师觉得还不够，帮你整一大背头，假发还带点中分。每拍上一段，便汗如雨下。大汗淋漓，又不能擦，否则妆就破坏了，然后，关大灯，开电扇，将我吹干，再拍下一段。

后来剧组的同仁们有见到“笼中王”的，便逗乐：这屋子捂得这么严实，你坐月子呢？

13 集的戏居然拍了一年多，那时候一部剧拍摄的周期就这么长。

《夜幕下的哈尔滨》是国产电视剧当中篇幅最长的，在它之前《敌营十八年》大概是 8 集。那时候的电视剧艺委会有固定的稿酬标准，一等稿酬每集 60 块钱。我尽管在那儿实际工作不到一个礼拜，但是我每集都拿一等的稿酬。因为说书人每一集都出现，一头一尾，有时候中间还要出现两三次。

累加起来，当时觉得那是很大的一笔钱了。

“倒焦运动”的破产

一天早晨，我被人推醒，睡眼惺忪中，见我们组的一位老演员冯老师站在我床前。这位老艺术家平时和我很谈得来，他年轻时英文不错，所以每每有什么防止他人听懂的体己话，就用英语对我嘀咕。

此时他拿着一张纸，又用英语对我说：“你能在这上面签个字吗？我们都签了。”

我拿过这张纸看了看，至今我还记得那上面前几句话。台头是：中国电视剧艺委会领导同志。正文开宗明义，大义凛然写道：国不可一日无君，剧组不可一日无主任，鉴于焦乃积同志已生病住院多日，我们恳请领导另派一位主任来哈……最后落款是“群众”，冒号。接着有十几位演员的签名，为首的就是冯老师。

在剧组里，老焦兼做制片主任，也许是因为他过去当过部队文工团团长，对下属要求一向很严，剧组的钱，抓得也颇紧，引起了部分人的不满；这种不满也许还有什么其他我不知道的原因。

看完了，我沉吟片刻，一方面我刚从睡梦中醒来，脑子里还有点懵懵懂懂，另一方面我在认真琢磨，这个字我到底签不签。

签吧？我压根就没明白这到底是怎么回事，而且本能地感到这样做对不住老焦——人家生病住院了，有意见可以当面和他交换，何须从背后捅他一刀？而且动辄以“群众”的名义。换言之，似乎剧组正悄然掀起一个“倒焦”运动。

不知为何，脑子里一闪出“群众”，我心中便陡生几分惊惧甚或反感。虽然我从来都自视为“群众”一分子，在剧组人缘儿也不错。可我就是不喜欢这个概念。因为它往往勾起我许多痛苦的回忆：我童年的被孤立；我开始意识到自己已是一个“社会人”之后，耳闻目睹一些长辈亲友或八竿子打不着的人，在历次运动中遭整治。而这一切似乎都是由“群众”参与或以群众的名义。

不签吧？已经有十几个人签了，我的这位前辈也算我的老朋友，又如此地热心，拿我不见外，便觉有几分难以启齿。

我勉强笑着说：“冯老师，这是您的意思吗？”

他说：“也不全是。大家对老焦有些意见，而我是咱们剧组年龄最大的，推举我来召集这个事，特来征询你的意见。”

我也不知怎么了，嗓子一下子变得很枯涩：“我记得您跟我说过，‘文革’时您也挨过整……”

收住了，没再往下说，只是盯着他看。

他也愣怔了一下，从我手中又拿回了那张纸。

接着他叹了口气：“你接着睡吧。”……

后来我听说，他抹掉自己的签名。其他人也都先后抹掉了。

“倒焦运动”就此告吹。

不久老焦出院了，我也完成了我的拍摄任务，该告别剧组了。我原想悄悄离开剧组，可没想到，去车站送行的竟有二十多人。

这个剧播出之后，当时在很多报纸的文娱版和副刊上，同时并列登两种观点的文章，一篇文章赞赏用说书人这种形式贯穿始终；还有一种看法，认为多此一举。

中央电视台把这个戏播完之后，请有关的专家讨论评价这部戏，节目由刘璐主持。其核心问题就是该不该设这个说书人，两派意见针锋相对。有个北京的作家叫赵大年，发表的意见特形象生动：“我平时挺喜欢王刚播的小说，我也挺喜欢看电影电视剧，但是把这两个东西弄到一块儿，就好比我喜欢喝茶，也喜欢喝啤酒，但是把茶和啤酒兑到一块儿喝，那就不是滋味了。”

这个我印象特深，有的朋友可能觉得我会为此感到懊恼，其实他们在那儿争执的时候，我看着电视在下边鼓掌。

当时还没有“炒作”的观念，那个时代“争鸣”是能撩起大家伙儿高度兴奋的，而那个时候的众生心态，对于批评——尤其是激烈的批评，仍然是极其不适应的，会怒气冲冲，会带着强烈的敌意审视批评者的动机。

这个时期人们还不会意识到，电影电视剧和相关角色承受某种“讨伐”，可能会培养一种好的社会心态，甚至催成一种新观念的普及和成熟。

那个年代有个流行词儿叫“观念更新”。

我就是抱着这样一种心态来看待争鸣的。

录制《夜幕下的哈尔滨》，使我与这座美丽的城市结下了不解之缘。

十几年后的1995年夏天，正值哈尔滨解放50周年。那天下午，中央电视台节目主持人敬一丹带着摄像的、录音的一大帮团队来到北京电视台。我当时正在主持“东芝动物乐园”。两场中间休息时，她要采访我。

她开口便叫我“老乡”，大大咧咧地对我说：“老乡，哈尔滨解放50周年了，跟家乡人民说几句话吧！”

我知道敬一丹原是哈尔滨人，可我是在长春长大的，谈何老乡？我忙向她更正：“我不是哈尔滨人。要说东北人，咱倒真是老乡。”

她露出诧异的表情：“哈尔滨电视台的人委托我采访你，他们都认定你是哈尔滨人呀！”

我想了想，笑了：“那大概是因为《夜幕下的哈尔滨》的缘故吧！”

敬一丹真有些为难了。

此时，摄像机早已架好，新闻灯也亮了。敬一丹抿了抿嘴，下决心现场解决这个“籍贯问题”：

都十多年了，哈尔滨人都说你是哈尔滨人，那你就是哈尔滨人！

不知为什么，这句近乎强词夺理的话，倒把我给逗乐了。我欣然点头：“那就开机吧。”

于是，我开说了：“哈尔滨的父老乡亲们，你们好……”

“木秀于林”的处世哲学

中国人都知道“夹着尾巴做人”这一说，这里面的道理很丰富，拽文点说，是“木秀于林风必摧之”，俗一点的说法是“出头的椽子先烂”。

这些道理，小时候父辈就教育过我，父母亲在历次运动中——按《水浒传》的说法——都是吃过一些惊恐的人，我永远记得父母亲的“位置观”——单位开大会小会，他们都是远远地坐在最后一排。记忆犹新的一次，是在“反击右倾翻案风”时，父亲会上一言不发，回到家中，竟写出表现他真实观点的藏头诗。父母二老明白在这样一个年代，他们的抒发，也只能到此为止。几代中国人，都曾经有过这样的记忆，这样的酸楚，这样的“传承基因”。

因此，我很早就留意这一点，很早就懂得人生是有些微妙界限的。

《夜幕下的哈尔滨》播出不久，我自然获得了某种名声。作为部队的文工团员，在全国范围内声名鹊起的并不多。那么，与此相应的，某种微妙的感觉也就出来了。

我，虽不能说是一夜成名，到80年代的时候，我有一定量的积累。可是，我不能因此而心安理得啊。我在部队里，毕竟很“冒尖”啊。记得80年代初的某一年，我多挣了1960元“外快”。1960元在当时是个什么概念？那阵我的月工资也就“一千大毛”，所以对我来说，这是一笔额外的巨款啊。

那时正在反对“精神污染”，反对“向钱看”，而我似乎也没有因为这些“外财”受到盘查、责难。细细想来，之所以没有感到有什么纷扰，和军区文化部以及朱部长的照应有关。不是说没有人“反映”，不是说没有压力，而是这一切都给压下来了，这是我离开部队后战友告诉我的。尤其可贵的是，关于这一切家长里短，朱部长也从来没跟我提过或者暗示过。

人生的江湖就在你身边，就在你脚下，而你不感到“风雨飘摇”，只能说，你的运道不错，有贵人相助。沈阳军区文化部的朱部长就是我出道时的贵人。

那一回，沈阳军区文工团下部队慰问，来到东北某野战军的某师。演出顺利结束了，照例安排一个晚宴，大家联欢联欢。

晚宴上，部队首长即席讲话。他喝了点酒，说话特别放得开，一下把话题引到我这里："我们大家特别喜欢王刚同志表演的节目，大家知道，王刚同志为我们部队争了光，现在全国都知道他呀——我们大家欢迎王刚同志给我们讲几句话！"

部队那头就热烈鼓掌，我当时第一个反应，看了一眼我们的带队领导，看他的表情。

果然，领导脸色黯然。

领导当然是有涵养的，但我看得出来：分明已把"不以为然"几个字写在了脸上。

我心里暗暗叫苦：我的好首长啊，您这不是坑我吗？人家带队的就坐在那里，你不请领导讲，这么一鼓动，把我显得这么突出，这一来，把人家头儿搁哪儿啊？

但我又不能不近人情地断然拒绝。当时的场面，确实是盛情难却，非我能控制得了的，鼓掌吆喝的声音此起彼伏——"王刚同志讲两句！""王刚同志来一段儿！"……

我记得清清楚楚，当时的我，拿着一大杯白酒站起来，说了这样一番话："谢谢首长，别看我台上、在广播里挺能说的，可下来呢我是个不会说话的人。这样吧，我不能说，但是我挺能喝，我敬咱们部队指战员一杯酒，我的心里话全在这杯酒里——干了！"

一仰脖，一大杯酒全进去了。

接着我提议："我们还是欢迎我们带队领导代表文工团给大家说几句吧。"

你看，在这节骨眼上，本人不糊涂。

但这并不意味着我可以为了不惹是非而丧失原则。

最典型的一件事，就是我作为分队的副教导员（全称就是副政治教导员），跟上级派来的正职教导员的谈话。

那次谈话，我开门见山，直来直去，直率得连那个教导员都吓了一跳。

那次下部队演出，地点在外长山群岛海洋岛，沿着海湾，我们一边散步一边谈心。那场面可以说是诗情画意，70年代不少反映部队生活的电影——如《第二个春天》《蓝色的港湾》——都有不少正副职散步谈心，表现“胸怀祖国”“畅想明天”“与单纯军事观点作思想斗争”等革命主题的戏文。

但是我们之间的谈话内容，绝没有那份诗情画意，相反，内容之生猛，恐怕任何一个剧作家都想不出来。

我们在海滩上谈了些什么呢？我跟他讲，咱们俩不是一样的人，但没什么，不妨碍我们友好合作。我说：“你现在是教导员，我是你的副手，你抓党组织生活，我抓青年工作，我工作上一定会配合你。你放心：我绝不想当你这个正职教导员，我的主要精力肯定还是业务上，因为我首先是个演员，所以你不要对我有戒心。”

教导员一愣，脸都有点涨红了，他真的想不到我开口会跟他说这个！

我不管这些，径直把我的话说下去：“咱们都是部队的干部，当今时下，别的事都没有什么，我最讨厌的是在政治上整人。如果我感觉到有这个苗头，我会毫不客气的。”

说完，我把烟头扔在沙滩上，狠狠地踩了几脚。

教导员一时竟不知如何回答我的话，表情挺尴尬的，半晌，说了一句：“我真的没想到，你会跟我这样直来直去……”

这次谈话效果不错，事实上证明教导员也是一个好同志，我们之间相安无事。我一直待在副教导员位置上，但是过了几年评职称的时候，我是国家一级演员，高级职称；他是三级，中级职称。他仍然是我的领导，各安其位。

对政治，我不是不懂，但是我知道我的主要兴趣在哪里。

对江湖，我不吝，有时候“江湖”确实是个没有底线的所在。然而咂摸“江湖”经历，凶险的感受反而淡漠，剩下的唯有有趣而已。

“走穴”历险记

20 世纪 80 年代中期，歌星演员“走穴”之风成为媒体关注焦点。虽然道德家们讨伐，社会学家皱眉，但其中诱惑之大，不是媒体“不高兴”就能禁阻得了的。在商品经济大潮下，我也自然不能“热馒头——端着”，毕竟是有妻有小的人了。虽然也知道放下身段你就面对一个莫测的江湖，虽然也听说诸多明星被蒙被涮的尴尬事，但我不得不随波逐流。走一趟，如果正常的话，那收入可是单位一年薪水的几十倍啊。我乃俗人，焉能不心向往之？

前景是美好的,道路是曲折的,既然是“江湖”,就没那么正常,没那么舒坦。甚至隐伏着风险。

偶尔看到刘晓庆口述，她被涮得最厉害的一回：临上车，穴头匆匆忙忙递给她一个大信封。打开信封，里面除了一沓厚厚的感谢信外，只有一张 10 块的钞票！

看到这段，苦笑不已。穴头们往往给你描画的是美丽的愿景，而你实地亲临的，是琐碎，苍白，走过一程后，通身都是无力感。

江湖走穴，窝心事不少，但给我最深印象的，是其中的离奇曲折。

最曲折的一次，是到广西演出。走了南宁、桂林、贵县……路途上几乎搭乘了能想象到的所有交通工具，飞机火车自然不用说了，改装的“面包车”，只能走乡镇马路的“蹦蹦车”，那个遭罪和无奈，就甭提了。我们还在港汊间乘坐过渔民的小破船，马达声声，浪花翻腾，却无心看水光山色风景。何谓无利不起早？何谓闷声发大财？这就是了。

居于边远省份的观众，也能看到那些平时只能在电视上人五人六的明星，看到他们放低了身段献技，也算一段好玩的阅历。这个因素，也就是“走穴”盛行的市场发动机。那些淳朴的观众，大概也在想：舞台上的这些人，不知道搂了多少在自己荷包里。没准儿还挺不平：同样是人，怎么他们挣钱就这么容易呢？殊不知：对演出团体的所有人来说，这真是一场悲惨的旅程。我还算好的，21 场拿到了 8 场的报酬。非一线演员拿得更少。最惨的，就是乐队的五个乐手，眼看着一场的钱都拿不到手，于是令人最担心的事情发生了，在柳州爆发了一次“火拼”——

五个乐手愤起维权，先把组织广西巡回演出的“穴头”控制住，胁迫他在票房清点票款，尽入囊中。

内部火拼，可是走穴之大忌。柳州是最后一场，按规矩，最后一场前，必须两清。这是一个不容易掌握好火候的临界点，对于双方来说，都是“麻秆打狼——两头害怕”的事儿。血气方刚的乐队小伙子们突然来了这么一下子，满拧，本来还对能够分点儿钱抱渺茫希望的演员们明白：坏了，彻底歇菜了。

消息一传开，团里整个乱了：钱都给半路劫走了，还演个啥劲儿啊？

我强忍住心中的愁苦，跟大伙做工作：事已至此，不能激化矛盾，观众都进场了，假如我们撂了挑子，那会出大事。我像个部队政委一样安抚着大家激动的情绪，分析利弊，温婉劝说。大家勉强接受我的意见：还是顾全大局吧。

殊不知开场第二个节目就出事了！两个相声演员怀着怨气走上台来，逗哏的那位心想：这他妈的什么事儿啊？合着白演了，还得“顾全大局”？不成，我得说点什么，出出我这口恶气。

捧哏先说：今儿由我们给大伙说段相声，相声是语言的艺术……

逗哏的那位发难了：您这话不对，相声啊，就是我逗，您乐，可我心里想哭大家伙知道吗？——观众朋友们，你们今儿都上当了！这是一个黑剧团啊，黑呀，真的黑……

观众也不知道怎么回事，还以为他说的是段子呢，都在那里傻乐。捧哏的心想：坏了！我得拧回来呀，就拼命往回找补。谁承想逗哏这位不理他那茬儿，还在那里继续“揭发控诉”。

观众中有明白人，发现不对了，叫倒好，起哄。

我见势不妙，赶快走上台去，我是整台节目的主持啊。我笑眯眯地把着话筒，说：著名相声演员某某先生来到美丽的柳州，心情过于激动，加上咱们柳州人特别热情豪爽，盛情难却啊，刚才晚饭时多喝了两杯，临场状态出了这么一点小问题。没关系！咱们请某先生先下去醒醒酒，接下来有请著名歌唱家某某为大家演唱……

柳州观众真好，哈哈大笑，哗哗一片掌声。

我擦了擦额角的汗：谢天谢地，总算糊弄过去了。

赶快到休息室找那俩相声演员，人不见了！一打听，两人被当地公安带走了，“破坏演出秩序”，还能轻饶你？

我又忙着赶快“捞人”……谢天谢地，天一亮，俩演员放出来了。

江湖沉浮，尔虞我诈，账房风波，平地惊雷，大闹堂会，经官动司，这不是《秋海棠》《啼笑姻缘》的现代翻版吗？

整个一个“乱”，可以说是触目惊心。

在利禄面前，所有人都是俗人；在名利场上，一切众生相都是最好的戏文，皆为天然浑成的剧本。

我也经历过逃难似的"奔向自由"的惊险。那是80年代中期某年国庆前后，在中原某省的一个地级市，我留了个心眼亲临剧场暗访，发现穴头信誓旦旦拍胸脯保证的"形势大好"完全是谎言——演出公司为了牟利，竟然请了四五家首都文艺团体在此地"煲火锅粥"。我敏感地意识到，如果待下去，面临稀稀拉拉的观众，局面将极其难看，自己也会沦落为穴头行骗的道具。

摆脱这一"黑局"的过程，紧张程度一点不亚于《夜幕下的哈尔滨》里表现的地下斗争。穴头坠着我不放我走，晚饭时有人敬"辣酒"——"嘿，王先生，你走不了，俗话说强龙不压地头蛇。在俺这个地方，你得听俺的……"

果然回到宾馆，走廊上绰绰人影，有人盯着我的房门。我呢，收拾好行李，喝着茶抽着烟，硬捱到夜里12点，我就不信那个邪，看着你能挺还是我能挺?拉开房门见走廊没人了，溜出门去，招了一辆破出租，直奔火车站……

次日到北京之后，得到消息，其他演员在开演前也都走了。

一分钱没拿着，买个教训。

有读者要问了：既然有这么多的机关算尽，蝇营狗苟，处处设伏，缺乏诚信，那您为什么还要趋之若鹜呢？——那阵《围城》还没有火起来，"城里的人想出去，城外的人想进来"的名言还没流行开，但是那种集体性的焦虑——急于自我实现的心理，在商品大潮冲击下摇摆惶惑的心理，可以说非常普遍。我自信已经有了"城里城外"穿梭自如的经验准备。我是谁？少年就独走江湖，后来当过知青种过地，部队摔打这么些年，要是我怵这个，我也不是王刚了。

80年代的普遍心理，流行歌曲的一个唱词"外面的世界很精彩"，囊括得很准确，很传神。

1986年，全国掀起"走穴"的高潮，我也继续奔赴"淘金"战场。一行八个演员，沿着武汉—黄石—九江—南昌一线演出，可以说赚得"盆满钵满"。那真是拼了老命地挣钱啊，完全把自己变成了发动机——刚在南昌体育馆演完，得知临省省会第二天上午10点还有一场，八个人坐着面包车连夜奔赴那里。演出完毕，一切结清，下午准备回北京，心想这一趟挺顺利，顺利得……都有点不习惯了，嘿。

正胡思乱想间，当地和我们同台演出的一位演员来拜访我，进门就热情寒暄：“大哥，演出很成功啊，祝贺祝贺！”

我也连忙客套几句，沏茶递烟。

这位同行坐下来，打量着我的屋子，目光扫过我的密码箱，笑不叽地点着头：“大哥别张罗，我坐坐就走——哎呀……这回您可是大丰收啊。”

我忙不迭谦让：“嘿……一般般，一般般……”

他晃着脑袋：“大哥，您这回倒是大丰收了，也不带挈带挈小弟我？”

我一愣，仍旧朝着他微笑，心里想：这话何解？

他收敛了笑容说：“大哥，我觉得这事有点不公平。您看，我跟你一样出力，可您一场300，我才50……”

我：“唔？竟是这样？不公平确实不公平，我真不知道竟是这样，我也觉得这对您不公平。”

他说：“这事不能这么就算了，我觉得：您一场拿300，我也应该拿这个数！”

说完，目光炯炯看着我，那表情分明是：你小子少跟我弯弯绕。我的亏空，今儿就从你这找补了。

我困惑：“可这话跟我说不着啊？我又不是主办方，一切标准都是他们定的……”

他话锋一转：“大哥你们这回缴税了吗？”

我两手一摊：“这又从何说起呢？这回来这边演出，都有约在先，税由主办方代扣代缴。”

他冷笑着拖长声调：“江西那边我管不了，这边我还是说得上话的，信不信？只要我跟这边税务捎个话，那怕是对大哥你们有所不便……”

我正不知如何回答是好呢，他忽地站了起来：“你要觉得为难，我找别人说说去……”

这样谈下去，非僵不可，我忙堆下笑容：“老弟，何必如此呢？您的委屈我非常理解，我是真心真意觉得对您不公平。——什么都甭说了，您稍等，我这就去跟大家伙儿合计合计。”

同行的演员虽然也挺不得劲儿：临走了，闹这么一出！这跟我们说得着吗？！可大家还是认可了我的判断：得，小不忍则乱大谋，强龙不压地头蛇。给他吧。

我们一行，按照收入比例缴纳“份子”，给他凑齐了250——你不是要300一场吗？得，250加他前面拿到的50，不正好300整？

那老弟得了钱，笑逐颜开，又张罗送行又要张罗其他什么的，我抱拳一笑，婉拒了。

如期启航，望着这片卧虎藏蛇的美丽大地在视线中渐行渐远，我长吁了一口气。

回得家来，打开密码箱，一万八千多现金，而且还是10元一张的，透着那么富足，那么实在——平生第一次挣这么多钱，人已经疲惫得不行。看着妻女，喃喃了一句：我这回挣了，你们想买什么，尽管去买……

20世纪80年代就是这么奇妙：中国人精神上的“围城时代”已经降临，一方面是活生生的庸碌的现实，一方面是灵魂的搏斗和所谓“坚守”。人们渐渐在撕掉温情脉脉言不由衷的装饰，虽然还有些愤世嫉俗的声音，但没有人再笑话你“有辱斯文”。

这是商品经济社会来临时必须面对的选择，孔子也说“待价而沽”，作为一个已经拥有“场能”——也就是知名度的演员，更得借这个东西上位。借已有的条件实现自己，虽然这想法有些“灰色”，但我并不因坦言这些而不自在；相反我认为：对于一个不断变化的时代来说，这种“江湖历练”是必须的。

在80年代开始崭露头角的演员，最大的特点就是逐渐形成了某种主体意识。这种意识（如个人设计、自我经营、财富观、权益观等）在今天看来都是极其正常的，说白了，就是敢于以人的姿态而不是“模范”“标兵”的圣洁形象面对外界。而这种意识在当时一冒头，却会招致人们的不舒服。

记得刘晓庆当年出了一本书《我的路》，无非就是张扬了一些个性，正面谈了对财富的认识，也讲了女性的情感历程，竟然引起了那么多的“排异”反应。时过境迁，往事堪怀，80年代的记忆鳞爪，涌入我脑海里的，就是“争鸣”“演员逃税”“走穴”等，就是“走自己的路”。

提到“走自己的路”，不能不说一句，虽然有不少的啼笑皆非，但我想，每一个从那个年代走过来的人，都会带着感激的心情回望那段岁月风景。因为那个时代毕竟给了很多人前所未有的机遇，可以通过奋斗改变自己的环境。

父亲的葬礼

既然是“世事如书”，总要面对“书归正传”的问题。

爱书人，读书人，说书人，“演书”人，这是我的“书缘”。细细琢磨，世人其实都是“书中人”，这“书”的内涵外延，着实丰富。

妈妈在世时，被媒体追着要她谈儿子。那一回，她就说了一句话：我儿子爱学习。

我从小就算是个字迷，见到带字的东西，心里就好像添了“定力”。平时休息的时候，沙发旁边，洗手间，阳台上坐的椅子旁边，永远堆着书，随处看书，坐在马桶上一定是在那看着，睡觉之前最后一个动作把书合上，往旁边一扔，关灯。

没有什么目的，学习也好，为消闲看书也好，成为一种日常的状态。出差也一定带一本自己比较喜欢的、不太厚的、台灯下翻着不太费劲的书。

不记得是哪位作家说过：读书，是一种奢侈的生活。

和周围的功成名就的朋友风格不太一样，我这人喜静不喜热闹，休憩时间爱在家与亲人相伴。当然，家对我有吸引力之处——还在于有那些古董，老家具，以及我的藏书。

还记得80年代一个记者采访我跟我谈的第一印象。那时候我正好到中央电台去录书，打了10块钱10公里的黄面的，拉开车门，记者瞧见我也挺意外：哟，王刚在底下怎么这模样？

那阵写通讯，老爱用一个词“生活中的某某”——这个有意思的套话现在好像还在沿用，这“生活中的王刚”，不修边幅的模样，头发挺长，衣服皱巴巴的，扶了扶眼镜，夹着包就下来了。那副形象，就像记者私底下跟我说的：整个一破落的知识分子，像某所大学的教师，不像演员。跟电视上的机灵和光鲜相去甚远。

不知为什么，他这一席评说，我听了居然还有几分受用。

有人问我：退休前，假如能够选择，您希望演的最后一个角色是什么？我说：如果有这样的机会，我真的想演一个没有什么“传奇色彩”的知识分子。

酒中乾坤，书中乾坤，日月短长，人间兴亡。一个小小的“书场”，能延伸出多少历史？

从《夜幕下的哈尔滨》到吾家吾族经历过的“满洲国”时代，历史记忆的重叠部分，到底有哪些？在熟悉、诵读《夜幕下的哈尔滨》的时候，在字里行间的淡淡血痕后面，究竟勾起了怎样沉重的联想？

我曾经根据老辈的讲述，记录过这样的国耻——

“你们家户主呢？”孙甲长问毕，立刻换成一副毕恭毕敬的神情，转身弯腰撤步闪在了门边儿。

屋里的人这才发现门外还有一个人。

竟是个日本兵！

姥姥一把捂住闺女的嘴，顺手将她搂到桌前，娘儿两个用身子挡住那张桌子。桌子底下的三丫头筛糠一般抖着。

那日本兵对这一切好像视而不见，双手捧着一摞子黄布，纹丝儿不动地立在那里。

孙甲长把弯成90度的腰刷地一下又直起来，脚后跟儿还一磕：“大太君，今天挨门挨户敬送大满洲国国旗和执政也就是大清宣统皇帝的相片。还不赶快接旨……啊，不，还不赶快接旗……啊，对，还有相片儿。”

平时能说会道的“大白话”此刻也结巴起来。

那娘仨不知是没听懂，还是没听见，也是纹丝儿没动。

孙大白话干咳了两声儿，调匀了呼吸，稳住了情绪，又换上一脸笑容，回身朝那日本兵说道：“他们都是大大的良民，见到太君大大的害怕……”

那日本兵兴许根本不明白孙大白话“白话”了些什么，始终木然的瘦条脸却明显变得不耐烦了。他往上举了举手中的东西，孙大白话麻溜儿伸出双手，从那摞儿黄布最上边的一道缝儿插进去，轻轻端起来，像捧着他家祖宗牌位似的战战兢兢地转身走进屋里，把它放在了姥姥身后的桌子上。

“别忘了挂上，往后咱就是满洲国国民了，不许再说咱是中国人，新京是国都……大日本帝国……大东亚共荣……”孙大白话又开始“白话”了，那日本兵不知吼了一句什么，孙甲长立刻住了嘴，屁颠儿屁颠儿地跟着走了，身后还留下一句：“三油拿蜡”（日本话：再见）。

……

桌子上的那块布，还有夹在当中的一张纸，娘儿仨一直没敢碰，一直到姥爷出诊回到家才抖落开。

这块角上有红蓝白黑四个道道，其余一片屎黄的布大概就是“满洲国”的“国旗”了；被抖落掉地上的那张纸，上边印着一个人的半身像。此人哭丧着一张瘦长的脸，细长眼睛上挂着一副黑边儿眼镜，再看身上的衣裳，跟西洋乐队的吹鼓手差不到哪儿去。他便是刚刚“建国”的“大满洲国”执政，前清逊帝爱新觉罗·溥仪。

姥爷拣起这张昔日宣统皇上的“御照”，吹了吹上面的灰尘，端详了好一会儿，突然“啪”地一口唾沫啐上去，娘儿仨一哆嗦。

姥姥用几乎听不见的声音说：“孙甲长让挂上呢，你别……”

她转身刚要寻摸一块抹布擦掉那口唾沫，姥爷已动手擦了，用的是那面“国旗”。

打那天起，这面“国旗”和“御照”被姥爷丢在杂货箱子底儿，一躺就是14年，好在孙甲长、日本人再也没来查过。

此后，不管你怎么想，不管你情愿不情愿，一切都在不知不觉中变了：年号由民国改为“大同”；又过两三年，“大同”又变成“康德”，“执政”摇身一变，粉墨登场，做了“满洲帝国”的“大皇帝”；四丫头的国文书的第一课课文赫然印着七个大字：“皇帝陛下万万岁”；每日早操，学生们先要列队朝东京方向，用日本话喊一嗓子：“东京遥拜”，再朝着“新京”（长春）来一句“新京遥拜”。

不用大人告诉，连最小的四丫头也越来越明白：啥叫“亡国奴”啦。

那真是一个伪国家，真是一个傀儡国家。亡国奴的滋味儿，那个年代的东北人是最清楚的，日本人搞物资“统制”，中国老百姓连大米都不敢吃，吃的就是掺了橡子面和谷糠的混合面。父母跟我讲过不少的亡国奴的生活记忆。记得大伙儿对于那些从邻国过来的“二鬼子”特别反感，同样是亡国奴，却经常带着炫耀的神色对中国人说：我们的“Nikei”——大米的吃，你们的，高粱米的吃……种种“掌故”，化为音节，印刻在心中，带着殖民地人民的辛酸。

我经常说一句话：声音的音乐性，能传达出内容的信息，甚至是历史深层的信息。

在说书时，我有时也在揣摩父辈给我转述的那种古怪的音调。甚至，为录好《夜幕下的哈尔滨》，我还请了一位日语教师，教我说一些关键的日文台词。虽然这些音调包含的历史信息是令人不快的。

于是，有了后来我在日本的那次大胆的表演。

我的父亲，母亲，按照某种说法，都是留在关外的“畸零人”。郑孝胥填词的伪满“国歌”云：“人民三千万，人民三千万，纵加十倍也得自由……”听到这样的“国歌”，别光顾着鄙夷、耻笑。我是有另外一番“解读”的，也就是说，有三千万以上的亡国奴，在沦陷的国土上，承受着因国家积弱而降临的命运。他们在无助地“保全”，他们在铁蹄下喘息，他们在“苟活”的同时，艰难地维持着做中国人的底线。

这是一片暗无天日的人生风景，甚至可以说，这是一片灰色的人生风景。而这一片风景，则是我在演播《夜幕下的哈尔滨》时勾起的联想。

在书的篇首，我讲到“轮转”。

“轮转”“轮回”一类词，对于我的家族，我的亲人的命运沉浮，实在是非常奇妙。

很奇怪的是，当我在演播室里讲这段“伪满往事”的时候，竟然会时时想起父亲在伪满时期的“开讲”。

这个时候，父亲已经作古。我不能想象，假如老人家有灵，看到儿子朗朗讲书，而且讲的是他青春时代的沉郁的东北。他会是怎样的心情？该有怎样的嗟叹？

听我姑姑讲述父亲年轻时的表现，竟和我眼里的那个不苟言笑的形象大相径庭。

姑姑给我讲过这样一段“伪满往事”——那天，我们家几个亲眷在长春的大安电影院，电影要开演了，铃一响，台上还是老样子。大伙儿奇怪：怎么灯光不灭啊？结果，走上来一个人，被灯光照着，朝众人行个礼，开口讲话。

我姑父一看：“是三哥（我父亲）！——三哥上这干吗来了？”

据姑姑回忆，父亲的样子很漂亮，西服革履，风度翩翩。

父亲讲的内容是“禁烟（鸦片）”。

父亲在台上劝勉着“老少爷们儿”“小姐太太”们别沾烟毒，讲得丝丝入扣，入情入理。电影院里的人被他的口才、风度迷住了，末了，报以热烈的掌声。

我姑姑跟我说，你这声音，包括你会说、爱说，特像你爸爸。

我有点愕然：不能吧？我爸爸一天也没几句话，“闷葫芦”一个啊。

姑姑轻轻摇头：这是现在，当年你爸爸可不是这样。

我心里似有电流穿过，难怪小时候，父亲带我去长春的桃源市场，由旧货摊上的烟枪给我讲历史，讲鸦片之害，讲国耻，讲得是那样生动。

后来听亲戚说，父亲年轻的才艺、风度，在人群里是拔尖儿的。要不是那个倒霉的“满洲国”，要不是那个险恶的时代，凭着他的资质，完全可以大大活跃一把，走上另一种人生道路。

为什么变成后来这个样子，我也从父亲断断续续的口述中得到一些线索。

父亲网球打得非常好，日本人为了标榜“日满亲善”，组织底层的中国籍公教人员和日本官吏搞网球比赛，结果，父亲在比赛中连连获胜。这时候，日本人绷不住劲儿了，给父亲捎话：下一场对日本的选手，你的，只准输，不许赢。

年轻气盛的父亲没有听招呼，生龙活虎地打下去。

后来，日伪汉奸们找了个别的事由，把父亲抓进监狱，蹲了好几个月……

父亲讲到这些的时候，神情是激愤沉郁的。

记得父亲还老提到在伪满“新京”（长春）市公署禁烟课一个名叫“春日”的日本副课长，父亲印象最深的是，日寇后来的结局，竟是从他的脸色和牢骚话中“解读”出来的。

那个春日老爱喝酒，每逢喝醉，重复着的就是“日本必败”之类的话。

也许正是父亲老提起的这个日本人，他体现出的稀缺的人性，时不时流露出的微弱的正义感，他身上散发出的那种浓厚的悲凉，成为我后来塑造作品里反战日本人的灵感来源。

若干年后，我到了日本，脑子里萦回的是历史和现实，“传奇”与人生。

在日的侨胞，特别是来自东北的老乡，跟我提起《夜幕下的哈尔滨》，那个亲切，那个豪迈，都让我深深触动。

终于，在一个聚会场合，大家要我“来一段儿”。我来哪一段儿呢？我清了清嗓子，即席说了一段“玉旨一郎之死”——

……这一枪正打在玉旨一郎的胸口上，他一手捂着胸口，一手推着伏身在窗台上回身看他的王一民，圆睁着像要瞪裂一样的眼睛，用尽全身力气，一边推一边说了句：“朋友，永别了！”

王一民见玉旨一郎被枪打中，悲愤中几乎忘记了要往窗外跳，现被玉旨一郎用力一推，手一滑，竟平着身子朝窗外跌落下去……

楼窗里的玉旨一郎又用一只手抓住窗框，拼力支撑着要摔倒的身体，他面孔扭歪，呼吸急促，鲜血从他捂住前胸的手指缝里流下来……

玉旨雄一在刹那间完全惊呆了，他张着嘴，直愣愣地望着被他打中的侄子，直到玉旨一郎胸口的血流出来，他才大叫一声，扔掉手枪，像发疯一般奔向他的侄子。他绊倒在楼梯上，他手脚并用地往上爬。何占鳌忙跑过来，架着他扑到玉旨一郎的身前。他抱住他的侄子，泪随声下地喊着一郎的名字，顿足疾首地责骂自己……

玉旨一郎紧张地喘息着，他极度吃力地，断断续续地说出了一句话：“我死后……把我埋葬在中国人的墓地里。”

玉旨一郎的身子倒下去了。

玉旨雄一哭倒在他的身上。

真没想到，头几排的几个日本人听得快掉眼泪了。因为中文的听不懂，他们只能从语调中揣测情节和情感迸发。当然，他们听懂了我那个日语的结尾——

“私は死んでから、中国人の墓に埋めてください。”“一郎、一郎！私の甥！”（“我死后……把我埋葬在中国人的墓地里。”“一郎，一郎！我的侄儿啊！”）

末一段，我真是喊出来的，情不自禁。

下来以后，一个老乡微笑着说："王老师，真佩服你，在这儿说《夜幕下的哈尔滨》……"

最后我想说的"往事"，是一段绕不过去的痛。我的"书缘"，在父亲那里，变成一种永久的遗憾。

我对父亲，从没有"高山仰止"的那种感觉，崇拜谈不上，更多的是畏惧，还有种疏离感。但是从小学五年级开始我"变好"以后，我跟父亲越来越近。随着长大，感觉到父亲可以跟我说一些话了，父子俩有一些严肃的沟通。

我流露出的想法很激进时，老成持重的父亲还老按着我，生怕儿子犯"愣头青"吃亏。但是这不意味着他心里没有观点，在"以阶级斗争为纲"的时代，在"反击右倾翻案风"的节骨眼儿上，他写的那首"藏头诗"（嵌着"邓小平应该当总理"八个字），就是明证。

至今我还能记得父亲的这首诗：

邓门英烈名世昌，
小试牛刀露锋芒；
平阳落虎遭犬吠，
应声长啸向东洋。
该是国运久积弱，
当灭海魂悲苍茫。
总是百姓怀大义，
理当千秋颂忠良。

儿子慢慢长大了，进入部队大熔炉了，好像还有点小名声了。这个时候的父亲，话好像就更少了。

我在中央电台录的第一部长篇小说是《牛虻》，1979 年夏天录的，而我父亲在同年 4 月份检查出肺癌。大约父亲身体平素太好了，等有感觉的时候到医院检查，已经是晚期了，医生查出右肺中下叶拳头大的两个癌变。

我和妹妹装着若无其事地安排父亲住院，父亲也没有显露出异样。

有一回朋友给我送来几只活螃蟹，我把它蒸好了以后送到病房。父亲说了这么一句话：我这个病不能吃这种发性的东西。

我什么话都没有了。

老爷子知道他的病，他不是不知道……

他身边一直放着一台半导体收音机。

住院的时候，父亲总是问我：小刚，你那个《牛虻》什么时候播啊？不是早就录完了吗？他特想听，成天调台。似乎认为，他每天虔心调着台，儿子的声音就能从里面迸出来。

想起这一幕我就心悸：父亲同病魔苦斗的那些日夜，只要有点精神头，他就在病房里徒劳地拨弄那台半导体收音机。可怜的老人！在他生命倒计时的夜晚里，他就这么一点希冀……

我爸爸这辈子，堪称坚强，就是习惯于有什么苦楚自己隐忍。

那是他生命里最后的一个春天，医生告诉我们说，他已经没有多少时间了。我跟王静本来想守着，孰料父亲很坚决地说："你们都回去，你们忙，不要耽误你们的工作，你们在这儿跟不在这儿没有什么两样。"

见我们兄妹俩犹犹豫豫的样子，老爷子脾气上来了："你们一定要回去！不听是吧？好……你们要不回去，我现在就出院！"

说着就哆哆嗦嗦地从病床上起身下地。

王静强作笑容："爸您别急……"

我也安抚着父亲："爸，您别上火，一上火病就好得慢。我们明天就走。"

兄妹两个只好第二天回去，王静泪流满面告别我回了北京，我也凄凄惶惶回到沈阳。过了六天，1980 年 4 月 10 日早上快 5 点的时候，沈阳军区文工团大院的收发室来人砸我门。我这人从来没有失眠的毛病，那天晚上不知道怎么回事，睡不着了。是我妈发来的电报，说爸爸凌晨已经无常了（我们回民管去世叫"无常"，或者叫"归真"）。

我给妹妹打电话，总政那边说她下部队了，我马上奔往火车站，下午赶到了医院。

想起父亲曾经说过的话："小刚你没事打听打听，寺里的那套东西还在吗？

还有吗？”

我当时特难受，知道他想到了“无常”。

父亲曾经关照过，不管是男的女的，尤其是汉族同志，如果有那一天，他们都可以来，“让汉族同志看看我们的葬礼是怎么回事”。

我早就听说有人对回民的葬礼习俗有不少误传，就遵循了我父亲这个遗嘱，不管是单位的同事、亲属、邻居，大家想来，都请来。

当时宗教礼仪刚刚恢复，一切器物、仪式、程序等，尽量遵循老礼，简单又肃穆。没有亡人亲属的号啕，只有低声啜泣伴着阿訇悠扬的诵经……

我作为长子，给父亲的墓穴填下第一抔土。想起少年时代的自己曾经是那样倔，那样不可理喻，闯了那么多祸，父亲凶狠地揍我的时候，我都抗拒着没有掉眼泪。可是此时此地，我终于憋不住了，泪如泉涌……

若干年后，终于有机会把我说书的录音带奉在老人家的墓前。

我的脑子里回荡着《牛虻》里那个老人的话——

> 有一次我告诉过你，在这个世上除了你之外我没有一个人。我并不认为你完全理解这话的意思。人在年轻的时候很难理解这话的意思。如果我像你这么大，我也理解不了。
>
> 亚瑟，你就像我的——就像我的——我自己的儿子。你懂吗？你是我眼里的光明，你是我心中的希望。……我不要求你对我作出什么承诺。我只要求你记住这一点，并且事事小心。在你毅然决然地走出这一步时好好想一想，如果不为了你在天上的母亲，那也为了我想一想。

世事如书，一切伤感，一切解脱，都能从书中找到印证。

Chapter 7
第七章

“非主流”主持人

有一则童话，说这世界上有一种动物，来到走兽群中，走兽们不把它视为同类，认定它是一只鸟，因为它长着翅膀；它又来到飞鸟群中，鸟们也不屑与之为伍，因为它不下蛋，还吃奶，显然，不是它们同类。这种动物叫蝙蝠。有时候我觉得自己就像只蝙蝠。

回想迄今为止我所从事的专业，委实不少：话剧、京剧、声乐、相声、朗诵、电台演播，还跳过舞蹈，甚至学过二胡和小提琴。后者连自己都几乎忘了。所幸近几年“专业”相对集中了一些，因此，就有记者常问：“你在影视表演和主持人之间更钟情于哪个？或自认更擅长哪个？”我真不知作何回答，心里总想着：我仍是一只蝙蝠。蝙蝠真的不好当，有时难免疲于奔命。

明星难为

从20世纪80年代初演播《夜幕下的哈尔滨》，一直到后来的当主持人、做演员，我对人生的体味就是：人要不断维持一种平和、平衡的心态。

我这个人从来没有什么周密的“自我实现”计划，要是您打算从这儿汲取所谓“成功学的精髓”，那我王刚得在这里给您作个揖：对不住您了。

总之，我这人从来都是“等事做”，从来都是挺游戏的一种态度。先看看，嗯，这个有意思，这是我的首要态度；其次，凡事应承下来之前，我有这样的自信：觉得自己还能胜任，我就试试看。

我经常跟好友说这样一句话：凡是拿捏不稳的事，你连尝试都不要去尝试。

有时候我发现，小时候形成的心态，对我以后的处世风格很有指导意义——一句话，玩儿呗！真的，这样一切就放松了。

要放松，你就必须肯定自己，必须从容面对种种稀奇古怪的“非常”状况。

1995年底我正式调入中央电视台的时候，遇到了一件观众严厉讨伐王刚的事。

我每周都收到两大抽屉信，信太多，光看信就是一件高负荷劳动。为了调剂，有的时候跟别人互相拆开看，你拆我的，我拆你的。

一次某个女主持看着看着，扑哧一下乐了，说：“这有告你状的，控告你谋害性命呢。”

我说：啊？那得瞧瞧。

这是一位先生替他夫人写的信，反映了这么一个严重问题：他夫人有心脏病，而王刚的声音特质会加剧这种破坏性的共振——共振嘛玩意？我们在当兵的时候，在路上唱着队列歌曲，一定要整齐，但过桥的时候就一定不要齐步走，要随便走，为什么？物理学有共振现象，如果振动频率跟桥固有频率相吻合，桥可能瞬间就塌了。来信认为王刚的声音就有这种破坏性和邪恶本质，这位可怜的女士特别怕听到我的声音，一听到我这种所谓抑扬顿挫，心脏就抽抽。为了对妻子的健康生命负责，这位先生要求中央电视台领导不要再让王刚主持节目了。

这种指控，简直是从肉体上把我给否定了。

所以干我们这一行，各种各样的议论批评，甚至很难听的话都能听得到。如果说得有道理，我会认真地听取，如果说得没有道理，或者似乎有道理但没有实际意义，那我就这样了。这是我的大致态度。

电视剧《夜幕下的哈尔滨》出来以后，我第一次有了自己是一个公众人物的感觉。因为走在街上许多人都认识我了。原来播小说的时候，大家只知道王刚这个人，但是脸对不上，我相对自由一点；而电视剧出来以后，我发现变得不自由了。我顿时陷入很矛盾的一种心理。

这方面我见过最极端的例子，莫过于20世纪80年代下半叶的费翔了。那个时候，成方圆、我和费翔几次聊天，一起小范围坐坐。我们就深知那种密密层层的防范是多么令人窒息。他出来演出的时候，几乎就是“软禁”状态，到了宾馆，茶室餐厅都不去，所有的吃喝拉撒全在房间。饭菜，必要的生活用品，送到房间里来。除此之外，门不管谁叫都不开。

还记得费翔无奈地说：“没关系的，回到美国就好了。到那里就没几个人认识我了。”

我倒没有那样的“极端体验”，可是在现实生活中，因为“脸熟”，时常走着走着，惊呼声劈面而来：“啊，是王刚！”“王刚！”我依旧大步流星，手一扬：“你好！”

但是这种你好我好、相安无事的机会也并不多。

有时候在商场，人家热情地跟你搭讪，问东问西，我这还买东西呢，次数多了也就是唯唯点头而已，买好了直接走人。

这种冷淡，确实也不招人待见。常常背后会追过来一句：“啧，这人怎么满脑门子官司？”

可是，早些年，我比这还不招人待见呢。刚出道那会儿，那阵大家都不讲究，到了吃饭时，有人就莫名其妙地：“——王刚，给我们来一段。”

我这样回他一句：“你买票了吗？”

可以想象，对方一定是180度的翻脸——先是表现出多么喜欢你欣赏你，当你并不配合他的“来一段”，他马上嘟嘟囔囔，脸色要多难看就有多难看。

说我执拗，说我“各”，那就说去吧。

实际上真的是“各”吗？并非如此。在部队的时候，文工团有这么一个传统，给连队演完了，但是连队值班的没看着，食堂给你做饭的没看着。你这儿演完了，去那吃上宵夜了，这时候我们就得主动点，给炊事班专门演一下。大家高高兴兴乐乐呵呵的，多好啊，多温馨啊。我觉得人家不容易，战士吆喝一句“王刚来一段”，我听着，心里那个舒坦；这一声“王刚来一段”，听上去透着那个亲，人家是瞧得起你啊。这种淳朴劲儿，跟暴发户或者某个领导的“来一段”完全两码事。

有时候，去偏远的一个哨所，哪怕只有一两个兵，我们演出队也要专程上去；有时候，真是含着泪告别的。

作为一个从事演艺事业的人，要遵循特定的职业伦理。这种伦理观，我也有我的“别解”。我的行伍生涯，我的性格，我的情感记忆，都决定了我必须以我的方式来面对所有的课题。

初涉演艺圈，糗事一箩筐

在20世纪80年代,我从一名纯粹的部队文艺工作者,开始了“明星”生涯。一开始的“步入”，也是凌乱的，位置感模糊，什么都想试一试，对任何种类都充满好奇心。从当年我记录的“流水”可见其情形：

1985年盛夏,借北京人民广播电台录音间为四川电台录制武侠小说《七剑下天山》。那说不完道不尽的打斗场面虽然仅靠我一张嘴在那描述，而我的身体自然也就随之舞动起来。录音间里虽然有空调，但只要一开机，就嗡嗡山响。演播小说显然是不需要它伴奏的。于是，每录完一段，我脚下就湿了一大片,那是我的汗水。那次录音只能听不能看,因为我只穿着一件短裤。不过,话又说回来了,这总比一年前坐在哈尔滨林业局的那间小耳房里扮“说书人”要强。那时是要出图像的，绝不能露出一丝狼狈，况且弄湿了再把你吹干了，然后再弄湿，再吹干……周而复始，那滋味，才叫难受呢！

《七剑下天山》几乎每次录完，机房里总有一个憨态可掬的胖小伙子等着我。看我一出录音间，他一准儿满面堆笑地迎上来，一边擦着我身上的汗，帮我套上裤子和衬衫，甚至帮我规整袜子和鞋，一边满含歉意地轻声说：“王老师，辛苦了，您还得跟我走，那边还等着您哪！”我无话可说，只有拖着还没有完全干透的身子跟他上了车。这个胖小伙是电视连续剧《九马疑踪》的剧务。

半小时后，我又西服革履，变成了这出戏里一个倒卖字画的港商。这一天，胖剧务照例又来接我，将我带到建国门立交桥下，这是我的最后一场戏。我和一位一直在追捕我的日本刑警展开了一场殊死搏斗。到了夜半时分，我仰面朝天倒在柏油路上，后脑勺磕了一个大包，但我心里很高兴，唉！我总算死了！明天从“天山”下来，我就不至于这样奔命了，可以睡个安生觉了。

现在看当年的“流水”记录，“充实”倒是“充实”，但确实是混沌得可以，无序，被动，杂乱无章。我都不知道，自己到底是“鼯鼠”还是“蝙蝠”。

一度，没了“我正在城楼观山景，耳听得城外乱纷纷”的从容和悠然，在演艺界“探水”的时候，我也有“露怯”的开始。想起当年的“怯”甚至狼狈情形，至今仍忍不住抖着身子默然低笑……

我主持央视的中国第一个教师节晚会，现场居然说了几十个“谢谢”。特奇怪：心里能意识到“谢谢”说多了，到了嘴边，愣是收不住。于是，一叠声的“谢谢”，紧张得不行。后来看了现场录像，不禁面红耳赤，抓耳挠腮，恨不得地上有个缝钻进去：“哎哟喂！怎么这样啊？”

还是教师节晚会，到平谷县采访乡村教师。乡村教师的工作环境，确实很苦，

1985 年教师节前采访王力教授。王力先生是中国现代语言学奠基人之一。

可以说天天要攀山越岭。趟水过河时，脚心一阵剧痛，被河底的锐石扎了，眼看一股血水顺流而下，我还是硬挺着爬上岸。剧组和陪同人员都慌了，忙不迭地为我上药缠绷带。我表面上强装镇定："没事儿，导演，拍得怎么样"？我期待着导演对我带伤坚持作战的夸赞。谁知她苦笑一声道："还得再麻烦你趟一遍，摄像忘挂带子啦！"合着根本没拍上！

后来，在山乡的录制现场，我只能坐着或尽量原地不动。等录制完毕我站起来走动的时候，看热闹的乡亲们发出了善良的叹息："怪不得他老坐着说书，原来是个瘸子啊！"

告别偏僻的小山村，我从乡亲们的目光中解读到了敬佩的含义：成功的道路确实不止一条，看人家残疾人王刚同志，身残志不残，多了不起啊。

满拧！

刘晓庆冲我嚷：你这人这么小心眼！

马不停蹄，又来事了。我得去主持电视剧"飞天奖"颁奖文艺晚会。晚会现场设在西苑饭店。说是主持，其实与报幕员无异，无非是告诉观众下一个节目是什么。如果这也算主持人的话，那我走进这个队伍的第一步也太轻而易举了。

尽管如此，我还是仔细又仔细，认真又认真地做着，生怕报错一个字。节目间隙，我坐在一个角落里，手里拿着节目单，在那儿念念有词。余光瞥见一个穿着皱巴巴西装身材瘦削的中年人向我走来，轻声问我："你是王刚同志吧？"

我头也没抬地答应："是。"

我的目光始终没离开手中的节目单。

这时，坐在我另一边的妹妹王静明显不安了，她忽地站起，同时也将我拉了起来："哥，这是中央电视台春节晚会的总导演黄一鹤，黄导。"

我这才抬起头来，随口搭音地说了一句："嗬，黄导你好。"

黄导并不计较我的态度，直奔主题说："我想请你主持春节晚会，怎么样？"

还没等我转过弯儿来，妹妹抢先回答："行啊，没问题——是不是，哥？"

我愣怔了一下，点了点头。黄导也点点头，掏出笔，在王静递过来的白纸上写下了他宾馆的房间号，并嘱咐我近期去找他。

黄导要走，王静又拉我去送，这时舞台监督喊了起来："王刚，该你上场了。"我歉意地和黄导拉拉手，抹头上了台。

我没等"近期"，第二天一大早，就去了春节剧组的驻地。

又过了几个月，我清楚地记得，那是春节晚会现场直播前的两个半月。我来到了春节晚会剧组，正式报到。六个主持人当中，我是第一个来的。其他五人是：赵忠祥、姜昆、刘晓庆、方舒、顾永菲。

当年这几位就已是功成名就、星光灿烂了。尤其是后来被一些人称做"中国影后"的刘晓庆，初次见面就让我领略了"影后"的大家风范。我来剧组没两个星期，刘晓庆到了。剧组在工程兵招待所预备了丰盛的午宴，给刘晓庆接风，黄导让我作陪。

宴前，宾主照例要作一番介绍。黄导指着我对刘晓庆说："这位是王刚，曾演过电视连续剧《夜幕下的哈尔滨》。"

刘晓庆看了我一眼，淡淡地说："对不起，我从来不看电视剧。"

黄导一时哑然，接着又一指刘晓庆对我说："这位是……"

我立刻接上："不用介绍了，我倒是常看电影。"

我的声音依然低沉平静。

宴罢，走出餐厅，同席的一位制片悄声对我说："不像活！连起码的礼貌都没有。"说着又看了一眼已经走远了的刘晓庆，撇了撇嘴，蹦出两个字："德行！"

我淡然一笑："那不是德行，那叫个性。没准人家真就不看电视剧。实话实说，无可厚非。"

我尽量平淡地说这话的时候，心底可没那么心平气和。

又过了快两个月，春节晚会第一次彩排，我第一个进了化妆间。摘下眼镜，坐在椅子上，准备让化妆师在我脸上涂涂抹抹。门忽地一下开了，闯进一个人来。她好像朝谁挥了一下手，还说了句什么，听声音是个女的，说什么没听清，是谁也看不清。

没办法，我的裸眼视力只有 0.2。

从我眼前的镜子中，依稀看到，那女士也坐在了凳子上。好像又挥了挥手。我没反应，仍全神贯注地准备粉墨登场，甚至最后干脆合上眼睛默念起主持词来。猛的一下，我的右肩被重重地拍了一下。我睁眼一看，背后站着的是刘晓庆。

她近乎愤怒地冲我大声说："怎么回事？我对你打了两次招呼，你都不理！"

我一时懵了，忙道："噢，对不起，我是近视眼，根本就没看清。"

"那你耳朵也聋了吗？"

"……我也没听清。"

"不对，我知道你对我有成见。两个月前，一块吃饭，我那话是不大合适，可天地良心，我真的不看电视剧呀！"

我无话可说。她瞧我那茫然无措的样儿，可能觉得是又可气又可乐，又饶上了一句："还男子汉哪，这么小心眼儿！"

没法解释，我笑了，心想：这位影后有时直率得令人尴尬，可细琢磨，也满招人喜欢的。

因为同是主持人，在以后的日子里，和刘晓庆难免常常见面，当然也没什么深交。

忽然有一日，在排练场，我发现她坐在我身边正一声不吭地看一本书。该她上场了，她顺手把书放在椅子上，我瞥了一眼，书名是《芙蓉镇》。巧了，我原本打算在电台演播这部小说，也曾认真读过。

一年之后，电影《芙蓉镇》公映了。刘晓庆演的胡玉音，真真打动了我，同时，我又回想起和她初次见面时的情景。唉，真不知道该怎样评价她呀！

春晚幕后

不管怎么说，在春节晚会两个多月的排练过程中，我与五位同仁相处得非常愉快，其中当然也包括刘晓庆。作为来自东北的一个普通演员，又是第一次参加中央电视台最大型的晚会，与他们相比，我难免有几分自卑。自卑与虚荣往往互为表里，唯其如此，我才想尽可能地发挥自己的潜能和长处。

机会不期而至。

这一天，导演组突然召集六位主持人开会，说上面来的指示，要在八频道，中央电视台第二套节目同步播出春节晚会，所不同的是由国际台的播音员用英语进行解说。那么，在主持人出图像的开场白中，也要用英语向观众问候，并通报以上消息。

黄导问："你们当中谁能讲英语？"大家面面相觑，我也没吭声。

坐在我旁边的艺术指导焦乃积说话了："王刚，你往常一喝多了酒，就叽里呱啦地说洋文，那是哪国话呵？"

我说："英语。"

"那你干吗不试试？"

还没等我回答，黄导开了口："哎，这可不是闹着玩儿的，我们这儿可没有懂英文的，甭说出了错，就是语音不标准，也断然不行。"

也许是他的这番话刺激到我了，我立刻答道："我想试试。如果怕出错，可以找懂英文的来听听么。"

第二天，国际台英语部果然来了两个人，一个男的，叫晓镛；一位女士，叫什么记不得了。导演组，加上两位英语专家，在前头坐定，我把昨天晚上连夜译成的英文读起来。念罢，屋里一片寂静，黄导用征询的目光望着两位专家。

晓镛笑着说："王先生，有空到我们那儿录点节目吧。"

黄导带头鼓起掌来。

于是，就有了我在春节晚会节目正式演出前那段虽然不长，但却还算标准流畅的英语开场白。

现在想来，当年作为综艺节目甚至其他非英语节目的主持人，能够流畅讲几句英语的可谓凤毛麟角了，而今则不足为奇，如杨澜，如水均益，如更为年轻的许戈辉、鲁豫等。后生可畏，亦可慰矣！

春节晚会对中国的老百姓来说，是再熟悉不过了。我赞成"电视往事"里的一句撰词："春晚"改变了中国人的风俗。每年的八九月份，新闻媒体便会陆陆续续开始报道当年春节晚会的一些准备情况和奇闻逸事。一些亲身经历过春节晚会的同仁在自己的著述中也大都谈到，尽管"春晚"不再独大，甚至渐渐成为这个"恶搞无罪"时代的受气包，但人不能轻易地忘记或否定昨天。

那阵儿春晚可真的是一夜成名，有一个算一个，跟现在不一样。像现在的刘谦、"小沈阳"，那还算一夜成名了，其他人却未必。在那个时候，上了春晚，就等于"一夜成名"。

但是我的"平常心"体现得过了，显得有点"不懂事"——为这个还差点把我撤下来。

排练那几天，大家伙儿忙晕了，什么明星不明星的，一律兼任“场务”。挪桌子、挪椅子的，惟有我在那儿大爷似的“Ladies and gentlemen...”反复念叨这几句词儿。虽然只有几句话，可不得不认真哪。我也没有觉得有什么不合适。

晚上我跟老焦住一块儿。老焦瞅着我，一脸的忧心忡忡。憋了半晌，他终于开口了：“王刚，我跟你说个事。”

我：“什么事啊？”

“黄导急了。”

我：“跟谁呀？”

“跟谁？！——在部队这些年你是待傻了，还是怎么的？还能有谁？说排练的时候，人家都在那搬桌子搬椅子，撤道具上道具，大伙都帮把手。你也是部队文工团的，你在那就念叨东西，来回晃，也不帮着搭把手。叫人家想：沈阳军区来一个人怎么这么不懂事？”

我躺不住了，噌地坐了起来：“这叫什么话？我念叨什么？我念叨英语串词呢，我怕我错了，我这是干正经事。如果需要我搬桌子的话，我当然要搬！”说着，想起白天感觉到的那些影影绰绰，我犯愣的劲头又上来了，“沈阳军区怎么了？不行我回去行不行？”

老焦压着火气说：“你怎么这样，你今儿个没喝酒吧？我就那么一说——你来一趟容易吗？”

我继续犯浑劲儿：“容易不容易不是我要来的，是你们让我来的……”

老焦一听，没法跟我说理：“行了行了，算我没说，你爱怎么着怎么着吧。”背着我躺下了。

许多年下来，可以把这个插曲当做笑话来看待。但反省这些细节，可以让我更加省察自己这些年来个性上的不宽容与不随和。

这么多年我都这样过下来了，也许这是我最大的一个毛病：天马行空，独来独往。成于斯，也败于斯。

《综艺大观》盛衰记

就像一个人的长成一样，从出生，到长大，至衰老，至死亡，电视节目，尤其是综艺节目，大抵也如此。但不管别人怎样看她，孩子总是自己的好，好歹我是《综艺大观》的第一任节目主持人。想当初,我们筹划这个栏目的时候，还着实费了一番心血。

那是 1989 年的年底，中央电视台文艺部的邹友开主任，还有苏锋、郎昆，加上冯巩、牛群，以及我，连续开了几次会，琢磨这档节目的定位、结构、内容、风格。光名字就起了 16 个。最后还是老邹定下了叫“综艺大观”。

这个名字现在听起来很顺耳，可当时，我怎么听怎么别扭，说起来也拗口。这世上的许多事，真的是不可思议。有些东西乍听乍见不怎么舒服，可由于一种强大的外在力量，如电视传媒，长时间地、不间断地让你听，让你看，你也就欣然接受了。更何况,《综艺大观》开了综艺节目直播的先河，其后几年各地方台才蜂拥而上。

我当初备觉遗憾、甚至无奈的是，刚刚主持了五期，我就必须离开了。因为我终究不是中央电视台的人。沈阳军区文工团不能容忍我这样无休止地去为外单位干活。“军人以服从命令为天职”，我无话。

和周涛一起主持《综艺大观》，二人与黄宗英老师合影。

随后，我频繁下部队演出，以补偿我作为一个部队文艺工作者对基层官兵的愧疚。

凭良心说，军区待我不薄。几个月后，当中央电视台邀我主持第十期综艺大观的时候，部队领导毫不犹豫地放行了。

说起来，这许多年我从未向领导提过什么个人要求，像提级、分房、立功授奖，我都没提过。我跟领导的“诉求”，好像总是“放我走吧”这种很得罪人的话。然而，似乎我该得到的，也得到了，这大约也是一种“无心插柳”吧。从第十期开始，我又连续主持到第十八期。这个栏目逐渐在观众心中扎下了根。虽未结果，但也堪称蓓蕾初放。但没成想，第十七期播出后，我差点栽了。

那是因为其中一个节目。这本与我无关，但悔不该我自作聪明地在前面加了一段导语，大意是：《综艺大观》播出以来，受到越来越多观众的欢迎，我们感谢观众的厚爱！许多部队官兵纷纷来信，要求有更多、更好地反映部队生活、展示战士精神风貌的节目播出。下面就请欣赏小品《大个子兵与小个子兵》。

按常规，凡是现场直播的节目，事前在录备播带的时候，都要经过严格把关的。可是这个小品，没能接受审查，因为当时人家在大会堂演出呢。其次，我估摸有关领导大概以为是部队文工团表演的，又是反映部队生活的节目，不会出现什么问题，于是，就直接进入演播现场了。我还记得，当我说完那段导语后，也开始和现场观众一道饶有兴味地观看这个小品了。

先说，我挺喜欢这两个演员的。大个子兵由魏积安扮演，而演小个子兵的叫冯国庆。剧情大意是一位女导演来部队选演员，本来选中了大个子兵，可小个子兵捷足先登，在女导演面前使出浑身解数，着实“表演”了一番，弄得女导演乃至观众哭笑不得。

后来，大个子兵应召而来，他这人十分腼腆，似乎并不情愿去当演员。小个子兵又乘虚而入，为了自己能取而代之，便极力打消大个子兵的自信心。小个子兵是个班长，平时管着大个子兵。最后他说，大个子兵另有任务，这任务是去挖菜窖。不知为何，大个子兵终于急了，说了一番平时不敢说的牢骚话：又去挖菜窖，挖完了连长的，挖营长的，挖完了营长的，又去挖团长的……

我脑子里“嗡”的一下，知道坏菜了。再看始终坐在监视器前的邹主任，眉头皱得越来越紧，脸色变得越来越青。直播结束，回到住地，往日近乎“大功告成”轻松喜悦的心情荡然无存，代之以好像惹了什么大祸似的忐忑不安。

果然，没过几日，便相继接到部队官兵的来信，除了对小品本身提出异议外，也捎带对我的主持提出了质疑。一封信这样说：

> 王刚同志，我们知道你也是部队的一员，你竟不明是非，毫无原则地介绍这个有损军人形象的作品，难道这就是你说的“展示当代军人风貌”？

一个部队老干部来信说：“看完这个节目，我差点儿把电视机砸了……”

正因为我是一个军人，我了解真正的部队，所以我深深理解部队观众的心情，也做好了离开这个栏目的准备。庆幸的是，当我自己准备放弃的时候，中央台却没有放弃我。许多人主动承担责任，第十八期仍由我来主持。

为了补偿上一期的过失，这一期特意安排了一个从正面反映部队生活的小品。我的导语是：自上期小品《大个子兵与小个子兵》播出后，我们收到了很多部队同志的来信。我们深深感到，这是部队广大官兵对我们这个栏目的关心和爱护，我代表节目组的全体同仁，对你们表示由衷的感谢……

这一期总算圆满结束了，但说句实在话，这期的效果显然没有上期好，没有那么多的掌声和笑声。由此我想，作为一个综艺栏目，她给予观众的到底应该是什么？我以为，她的主要功能只有两个字：娱乐。我们不妨设身处地地想一想，如果我是一个观众，忙碌操劳了一个星期，周末的晚上一家人坐下来看看电视，无非是想放松一下疲惫的身心，获得一点快乐。当然，如果再能从中长一些见识，甚至还能获得哪怕是一点点人生的启迪，那是再好不过了。但前提是娱乐。

然而，不知从何时起，《综艺大观》开始承载越来越重大的主题了。诸如“三八”节前后，自然离不开妇女儿童权益；临近五一节了，千万不要忘了劳动和劳动人民；没几天，“五四”到了，中心话题急转至青年人的理想、道德、志向……至于隔三岔五要和某部委、某城市联办时，节目内容相对就会更集中，其实也就是更狭窄了。这种没有规则的规则，苦了综艺大观的编导们，也苦了主持人：既要表现这期节目的主题，又不能忽略娱乐性。

这就像一个飞毛腿，本可以轻松地跑完全程，你却硬要给他腿上绑个沙袋，

列车行进在南亚热带雨林中。1995 年冬摄于马来西亚沙巴。

他能不累吗？别人看着能不累吗？于是，演者累，观者累，周末的轻松也便大打折扣喽！

其实，当我事隔多年，正式调入中央电视台，与倪萍、周涛合作轮番主持《综艺大观》时，我们已经痛切感到了问题的严重，有关领导也不例外。我们也曾开过多少次大小不等的会议，研究改版，然而事倍功半。尽管某一期尚能获得观众较为满意的反馈，但总体看收效不大。

究其原因，大概是这个栏目终究是“老”喽！更何况非综艺性栏目正如雨后春笋般破土而出。它们表现的内容似乎和百姓生活更贴近，主持的风格也较随意，文化内涵与品位也较丰厚，特别是些谈话类节目，如《实话实说》《东方时空》《焦点访谈》《今日话题》等。这类栏目，当然离不开一个话题或主题，但它是融合，不是“负载”了所谓融合，等于给这个栏目或主持人注入了力量。如果还以赛跑为例的话，那就似给跑者本身一个强健的体魄，而不是外加一个沙袋。

当然，倒不是因为我跑得太累，而是由于其他诸多原因，我离开了《综艺大观》，这也是众所周知的事情。

我多次说过这样的话：节目总会老化的。这是生物规律。《综艺大观》这个在那个时代风靡华夏的品牌，终于“圆寂”。回想起同仁们孜孜不倦的努力，不免有些伤感。同时，我也理解他们的些许无奈。

我们都是动物

“我们都是动物”，这是我在《东芝动物乐园》里常说的一句话。我知道这话观众乍听肯定不入耳，于是便立马跟上一句：按照动物分类，我们人类属灵长目人科动物。

《东芝动物乐园》是日本东芝公司赞助，由北京电视台国际部制作的一个电视栏目，而我是被日本电通广告公司北京分公司邀请的主持人。

不知什么原因，那几年我好像特别地懒，总觉得“多一事不如少一事”，来了什么“活儿”，哪怕在别人眼里是上好的“活儿”也多半不愿接，对“东芝”也不例外。

那天，我接到一个电话，是一个姓高的制片人打来的，邀我做这个栏目的主持人。我觉得太唐突，加上拍《宰相刘罗锅》，真快累成罗锅了，只想缓缓气儿，便一口回绝了。

没想到对方真是锲而不舍，动员工作做到我家里来了。聂卫平托王静跟我说，这个栏目的主持非我莫属。绕了这么一大圈儿，好话说了一大筐，我有点儿顶不住了，但心里还在犹豫，怕被这个定期栏目拴住——我好像总怕被什么“拴住”。

一天，我忽然问女儿婷婷：“你看过《东芝动物乐园》吗？”

"看过。"

"好吗？"

"……挺好的。"

"要是爸爸主持，你喜欢不？"

"喜欢！"

于是，我便答应了。我当然不是全冲着女儿，但她似乎起了很重要的作用。更何况我天性喜欢做孩子们喜欢的事情，好像我就是一个大孩子。

我在正式开拍前也常对观众说这样的话："《东芝动物乐园》贵在一个"乐"字，来到我们这里，无论您是什么职务，什么专业，多大年龄，您就拿自己当成孩子，一个十一二岁的孩子；我们没有高低贵贱之分，让我们把一切社会属性全都抛开，以一颗童心、一颗爱心来关注我们共同生活的星球，关注那些同样是造物主的孩子的野生动物们……"

这番话屡试不爽，那些原本在嘉宾席上正襟危坐的领导、老总、大腕儿们一瞬间全然放下了往日的架子；那些坐在下边的普通观众的拘谨神态也一下子放松了。人们大约忽然意识到：我们原本就是平等的——岂止是人与人，我们和动物也是平等的呀！

于是，我们都成了孩子，我们都成了动物；孩子是可爱的，动物是可爱的；孩子愿意和孩子一块玩儿，孩子更喜欢和动物一块玩儿；我们济济一堂，轻轻松松痛痛快快地"玩儿"了起来。

《东芝动物乐园》有一期，我至今难忘，是一个相当感人的故事。故事的主角是只日本猴，我们还给它起了个人名，叫"平次"。

平次是A猴群的首领，换个词儿就是"猴王"。平次颇有王者之风，吃饱喝足后，总是蹲在高处，俯视着它的领地和子民。

忽一日，它不再往下看了，它的目光投向不远处另一个猴群——B群。搁以往，若有其他群体走近，它会大声吼叫，继而身先士卒冲过去，驱赶对方。这如同其他很多动物一样，是强烈的"地盘意识"使然。而这次它却一反常态，离了"宝座"，悄无声息地朝B猴群走去，目光始终不离其中的一只。那是只母猴，她——从这儿开始，称"她"与"他"更合适——叫奥托娜，堪称B猴群里的"美人儿”。

不久，平次与奥托娜恋爱了。他们各自离开自己的群体，寻个僻静处，相互追逐，拥抱，抚爱……饱尝温馨与欢乐。A 群的猴子们最初敢怒不敢言，听凭他们的首领抛下他们去寻欢作乐。然而终于有一天他们忍无可忍，久蓄的怒火迸发了！他们在 2 号首领的带动下对平次群起而攻之，撕咬着，咆哮着，将平次轰出他们的领地。

作为猴王的平次也许是自知理亏，也许是心中的爱在支撑着他，他没反抗，他顺势就这样离开了他的王国，眼睁睁看着原来的 2 号首领篡了他的王位。平次真是一个“不爱江山爱美人”的君主啊，很像昔日大英帝国的那位温莎公爵。

不过，平次远不如公爵的命好。公爵是很“文明”地通过广播向他的臣民们宣布了退位诏书，而后与他的那位美国夫人“有情人终成眷属”；平次非但是被生生赶下了台，而且过后不久便失了恋——奥托娜另有所爱，再也不理平次了。

好个薄情的母猴子，好个势利的坏女人！显然她原本爱的并非平次其人，而是他的王位！好可怜的平次，失了江山又丢了美人！好执著的平次，两下都没了，却仍不悔。

他依旧远远地跟在 B 猴群的后边，捡些人家丢下的残羹剩饭勉强果腹，任凭任何一只公猴，哪怕比他瘦弱得多的，骑在他的身上羞辱他——动物界称“骑威”，往往以此表明各自在群体中的地位。昔日作为 A 群猴王的平次，今朝成了 B 群中排位最末的一只猴子。

故事似乎还没完，因为只要有可能，平次总是朝奥托娜看着，一双眼睛充满绵绵爱意……

回头说节目。《东芝动物乐园》也是竞猜节目，主持人问，嘉宾和观众回答。人家答对了，自然高兴。答错了，难免有几分尴尬，这是人之常情。换个位置，你主持人坐在下边也不例外。

记得前些年当过一回《正大综艺》的嘉宾，尽管始终坐着，但总觉不如以往那么站着来得舒适轻松，心中惟恐答错而丢了面子。好在忠祥兄对我颇为善待，问话的语速都减慢了许多，连那目光都透着期待甚至启发，以至杨澜半开

原来的小兄弟，而今的小妹妹——金星。想不到吧，我们还是同出自沈阳军区的战友呢。

玩笑地说："赵老师，你是不是因为王刚是你的朋友就照顾他呀？"表面，她似乎提出了异议，但那语气明明是善意的调侃，很像一位在宽厚的师长面前略显顽皮的学生。赵老师笑了，我笑了，观众也笑了。

这嘉宾当得很舒服。那舒服的感觉一直延续下去，直到录像结束。后来，我在心里总在念叨着：当观众也不易，当主持人可别太难为人家呀！

常看《东芝动物乐园》的朋友，恐怕能留意到，每当遇到实在难答的问题，而嘉宾或观众都答错时，我总好说：我如果不是事先看过稿子，也多半答错。

这不是客套，甚至连谦虚都说不上，这是实话。

后来，在我离开《东芝动物乐园》后，栏目搞300期的纪念回顾，约请我去参加，我当时选择了不去。

按说我是应该回去参加的，主持了那么久的《东芝动物园》，感情还是蛮深的。可是当时的东芝笔记本电脑事件中，东芝对美国与中国的客户采取了双重对待标准，虽然我不是东芝公司的用户，虽然我一如既往地热爱动物，热爱我的观众，但作为一名中国人，我觉得自己应该义不容辞地表明立场。

从“不够臭”到“绯闻时代”

大凡成了“名人”，不管你情愿不情愿，报刊杂志时不时会登一些关于你的虚虚实实的报道、或捧或骂的评论。

如果就我的本职工作艺术水准加以批评，我真的会虚心接受，即便言辞尖刻，我也不生气。可小报专门打探名人隐私的做法，确实令人烦恼。

1997 年春，偶见某报载《名人的花边新闻》一文，开头写道：

> 在上周的许多大小报纸娱乐版上，齐刷刷地推出了一条名人花边新闻作为头条：影视界的‘模范夫妻’某某与某某某‘劳燕分飞’了！……这么多的报纸同时刊出，显然是当事人主动提供的消息。这就与数月前另一对名人的婚姻新闻在媒介上炒作时形成了鲜明对照……

这“另一对”点出了我与我妻的名字。看到此，我以为笔者要贬前而褒后，弄得我有几分不安。看到最后，我方知恰恰相反。文曰：

> 前者是名人主动向媒介提供消息，后者是名人对媒介防范不及。相比之下，前者显得聪明得多……大众媒介是为广大群众服务的，而广大群众偏偏天生就有一个残酷的爱好——喜欢打听名人的隐私，尤其是演艺界明星们的花边新闻。

这样的文章，我只能付之一笑。但对它的观点却实在不能苟同。

演艺界一位很资深的“腕儿”，曾经跟我有一番意味深长的对谈。

记得当时我说：“你能不能就我这几年演的这些影视作品，哪方面还有欠缺的，点评一二？”

他用很奇怪的眼神看着我，就像看着一个初入道的“棒槌”，摇摇头：“不说这个，说这个干吗？”

我有点懵，心想不说这个还有什么可说的？

大腕朋友似笑非笑地看着我："我告诉你吧，你有一个最大的缺陷在当下……说出来可能难听点儿……"他有点欲言又止的样子。

我一叠声说愿闻其详愿闻其详，"我是真心地向您讨教。"

"真想听？"

我："真想听。"

"你呀，不够臭。"

大腕一字一顿地抛出这仨字，再不说话，像禅僧入定。

我第一次显得这么"怯"："怎么呢？这这……"

他看着我，一脸犯愁："你自己想去。"

……我哪儿想得出来"不够臭"是怎么回事啊？这个行内话我还真是头回领教，透着新鲜。

大腕叹口气，干脆直说了："你除了演个东西主持个节目，还有什么可以吸引眼球的？啊？有个新的作品出来了，新闻发布会说一说，说这个表演好，管你叫老戏骨，管你叫这个那个的，除了这些，你还有什么值得人感兴趣的事情？是非少，曝光率低，不招谁惹谁，你还自我感觉良好，以为这是什么好事？这说明你这人没劲——你不够臭啊。"

我张口结舌："那我……"

"你得跟谁谁谁有什么什么事了，你怎么耍大牌了，在现场因为什么别扭转身走了，跟记者发飙啦……总得有点事儿啊。"

我整个都傻了："可我没那些时间整这个事儿。"

想起来好笑——如今，我的绯闻终于有了。什么央视的女主持人，还有跟袁立什么什么了。我至今也不知道是怎么弄出来的。而且我这人往往信息滞后，对这种消息我这个所谓"当事人"往往是最后知道。网上都已经传开了，我还蒙在鼓里。

其实我也是上网的人，工作忙的时候我主要看资讯，但娱乐版我基本上不看。我怎么知道我跟谁"秘密伉俪"了呢？说来也逗，有朋友给我打电话发短信，我才知道有这么一出！

"大哥不够意思，这事也不说通知我们一声，我们怎么也要随个份子。"

我瞪眼："什么啊你这是？"

然后朋友道来：怎么怎么回事。

我头皮都裂开了："哎哟，你信吗？"

没法怪人家呀，说的人多了。

看来鲁迅那句名言也得改改了。

这真是：世上本没有事，说的人多了，也便成了事。

那么，是我怕自己"落伍"，把自己炒作了一把吗？且听我道来。

"王老师，最近传你绯闻了。"

我说："差矣，查查字典，何为绯闻？指有不正当男女关系之传闻，关于我的所谓绯闻，即便有，也是正当男女关系——孤男寡女结合了有什么错啊？"

也只能这样自我解嘲了。

每当我深夜上街散步——大概因为我是"名人"，又属耗子，白天怕见人吧，听到下了班的民工，扯着嗓子哼着他们的家乡小调，我羡慕；看到大爷大妈们红袄绿裤花枝招展扭着大秧歌，我就想：再过十年二十年，没准儿我也裹进去；露天广场常有"工薪族"在那儿翩翩起舞，我老觉得比在豪华夜总会有情调，有气氛；再看到曾经的盛夏季节，天安门广场上，一家一户或对对情侣大大方方铺上条草席，或坐或卧，好不惬意；抬头又见空中飘舞的各色风筝，我的心都跟着飞上了天……我不禁想：名人有这个"乐儿"吗？

早年间，常有皇上到民间微服私访，现在想来，未必都是为体察民情，多半是想"与民同乐"吧。再细想，过去的皇上真比当今"名人"幸运得多。那是一个没电影没电视甚至没照片的时代。万岁爷只消换身衣裳，招摇过市也没谁认得。

时下的"名人"可就没这个"福分"喽。斗胆以我自已为例吧：

我偶然起个大早，那是为赶飞机。上了出租车，我主动与司机搭话："师傅，吃了吗？"

"吃了，仨油条，一碗豆腐脑儿。"

我最爱喝豆腐脑儿了！可一直是晚睡晚起，没这口福。我忙问："您在哪儿吃的早点？"

"摊儿上。"

我犹豫了，但又实难抵御豆腐脑儿的诱惑，我拍着他的肩膀说："时间还来得及，路上再有这路摊儿，麻烦您停一会儿，我也来碗豆腐脑儿。"

司机笑了："嘿嘿，王先生，您这大名人也吃这个？"

"我怎么就不能吃？我打小就得意这口儿。"

"好嘞，就依您。不过，我这计价器等人可蹦字儿啊！"

"没关系，用不了多大工夫。"

我左顾右盼，总算见到一个摊儿，还插着一个马粪纸的牌子，上面歪歪斜斜大书五个字："孙记豆腐脑"。耶嗬，我还赶上了个"名牌产品"！

我下了车，快步跑到摊子那儿，埋着头对摊主说："一碗豆腐脑儿，两根儿油条。"

当那位大嫂把我要的东西递过来时，我抬起头，她竟"嗷"地一声惊叫起来："哎哟喂——我说刚才您说话听着耳熟呢，敢情是您哪！"

"啊，是我，那什么，嗯，您早啊。"我有点儿语无伦次了。

大嫂忙不迭地答应着："早，早，早！"接着她向围坐在长条桌子边上的顾客们嚷起来："快瞧喂，'和大人'来吃豆腐脑儿啦！"

她这一嗓子，惊得所有人都抬起了头。一位戴眼镜的中年男子站起来，擦着嘴说："王先生坐这儿吧，我吃完了。"

"谢谢，谢谢。"我边说边坐在他刚腾出的板凳上，左手拿着油条，右手执勺儿，准备好好享受一顿久违了的早点，同时心里也隐隐感到一种不踏实。

果然，男女老少七言八语和我侃起来：

"您那和珅真是演绝啦！"

"我那儿子可喜欢'动物乐园'啦！您怎么不主持啦？"

"您有白头发了，今年四十几啦？"天哪，我心说，这种拐弯夸奖真是……

"看您比电视上可瘦多了，减肥啦？"

"昨儿个看报纸，您不在中央台干了，为什么？"

我逐一应酬着，解释着，脸上始终挂着微笑。总算喝完这碗豆腐脑儿了，手中还掐着剩下的一根儿油条，招呼那位大嫂："大嫂，埋单！"

这句话立刻引起一阵哄笑，我也马上意识到我的用词不当。

大嫂紧着摆手，也笑着说："算啦，您来这儿给我带来了好生意，我还得

跨入 21 世纪，主持央视栏目《朋友》。近水楼台，结识不少神交已久的文化精英。
图为：一聊方知——著名美籍华人学者赵浩生先生与水均益长辈乃世交也。

谢谢您哪！”

这才发现我四周已经围满了人。紧跟着是签名，握手，算是拔不出脚了。多亏那司机拨开众人，开出一条人胡同来，我才得以脱身。我不由分说塞给大嫂 5 块钱，莫名其妙地说了句：“谢谢大家！”转身坐进车里。

车子开动了，司机笑着说：“您这顿早点可贵了点儿。”

我说：“5 块钱，不算多。”

“您瞧瞧计价器！”

我一看，比刚才多了 30 多块，再一看表，我急了：“快开，要误机啦！”

最终，我按时上了飞机。坐定之后，回头再想刚才那顿早点：是不便宜。

我一直是好独往独来的人，不太愿意受别人干扰。多少年来，我都养成这样一个习惯。不管是公共活动，还是演出，我是做主持人也好，当演员也好，完了事，我会尽快地离开现场。

职业状态中热情洋溢对待公众，和保持内心的独立和界限感，这两点我做了明晰的切割。

对于某些观众对明星崇拜、痴迷，我也是非常理解的。如果一个人没有这样一种情感的话，如果对什么都漠然，都那样清醒超脱，那就没有意思了。但是我想尽量减少他们的盲目性。因为相对而言，我对有些人，对“圈内事”，对我自己，比粉丝们从娱乐版上了解的要多得多。包括我也好，还有很多所谓名人也好，可能真不像你们在台上、在屏幕上看到的那样，他们的很多言行，甚至包括操守，不值得你们去盲目崇拜、赞赏。

我倒是希望你们把台上、屏幕上他们扮演的角色，或者他们唱歌带给你们的美好感受，和他们本人能够尽量地分割开来。

故事大王

“大王”非我自封，实乃媒体为了夺人眼目而扣在我头上的，您也可以从年龄角度理解：小王进而大王，其实我早已自称“老王”了。

当年《夜幕下的哈尔滨》就是在辽宁电台录制的；而今，我又开始在电视台讲故事了，还是在辽宁——中间隔了 28 年。

如从前一样，先要做案头工作。如果说演播小说，重点考虑的是怎样把无声的文字变成有声有色的语言；而这次则“复杂”多了。

每次我作为第一观众看着 E-mail 过来的一期期初稿时，经常会问自己，我们对社会弱势群体的关注到底有多少？我强烈地想通过我的讲述，把这些人生百态传递给观众。而这个过程，对我自己也是一种陶冶，一次洗涤。

生活比戏剧更精彩，看了《王刚讲故事》采撷来的素材，你真的会承认此言非虚。“危险的游戏”“替身情缘”“画中谜”“抢来的新娘”“家有悍妇”——哪一出不比书斋里想出的刻意的故事编排更有情节张力？哪一出不蕴涵着人生滋味的咂摸？

太多节目让我动容。例如，我也是有孩子的人，我也在想这么一个问题：我年近六十得了一个宝贝儿子，那么，我是不是要时时考虑“生命准备”的问题？ 2009 年夏天播出的“爬着找幸福”里面，那个艰难的母亲，在灵魂上给了我某种呼应。

那母亲可能是由于脸部神经受损的原因，显得有些扭曲。

但她真正的创伤不是这个，而是两个女儿。这对孪生姐妹，因为难产脑部缺氧，而患了一种马蹄内翻形的脚部残疾，无法像正常人一样站立行走。

这个节目不是把世间的凄惨展示出来看。我印象极深的，是小时候姐妹俩有一次放学回来，趺趺撞撞，摔得累了，就坐在地上等着好心的路人帮助。不料回家之后，被妈妈痛打了一顿。

妈妈对俩孩子说："你们坐在地上等着别人的施舍，难道不觉得耻辱吗？"

画面里，那母亲几乎是生硬地拒绝旁人搀扶孩子的帮助。这样的场面让我泪下，她的表白让我感佩。我能理解她为什么这么做——绝对不是出于对社会的不信任。

她真是苦心积虑为孩子作最严酷的生命准备啊！

这个节目还有一个插曲，好心人募化的钱，只够一个孩子做矫正手术。于是，姐妹俩互相推让。

姐姐对妹妹说："你如果不做的话，将来怎么嫁人呀，怎么成家呀？"

妹妹说："我有办法，不要你管！"

现场音：哪个先去做手术？

——她。

——为什么？

——因为姐姐应该让妹妹嘛。

——你呢？

——她的脚比我严重啊。生活会很辛苦，那我也是快乐的呀，我治不好没关系，不后悔。

——真的不后悔。

——那以后会怨妈妈吗？

——不怨。

——如果以后没机会再做手术，会怨妈妈吗？

——不怨。

——真的？

——因为妈妈已经尽力了。

最后，两个小姐妹都哭了，我也忍不住流下了眼泪，爱的力量震撼了我。做这样的节目，对我来说——就是一种恩泽，是一种心灵的洗涤啊。

《王刚讲故事》是首个以我个人名字叫响的栏目。它的宗旨是：囊括世间万象，其中既有重大新闻里的新闻故事，也有闻所未闻的现代传奇，以及社会热点下隐藏的旧闻秘事，等等，通过主持人的讲述，以及现代化的电视技术手段，将真实发生在大千世界里的故事展现给观众，呈现出生活本身的多样性。这也是我和栏目同仁的共同追求。

这个节目充分发挥了我播讲小说的优势，在节目内容设置上，却全然不同了：不再是朗读虚构的小说，而是专门从现实中挖掘出那些千奇百怪的人生故事。从上到下，辽宁台为这个节目没少花心思下本钱。新闻名记出身的台长史联文先生，骨子里是个文人，外表却时常张扬出东北汉子的豪气乃至霸气，敢拍板，有担当，说一不二，赏罚分明。你无法料到他何时会突然出现在栏目组的办公室里，弄得全组六十多个年轻人丝毫不敢懈怠，每周四五个摄制组撒到全国各地深挖生活一线的真实素材。

为专心打造好这样一台节目，头一年，我忍痛推掉了四部连续剧、三个话剧、两部电影，可见对我来说，讲故事是多么地上瘾。

从2008年元旦开播至今，《王刚讲故事》已经成为具有全国影响力的栏目，“叫好”“叫座”比例超出我的预期。全国类似的栏目有几十个，光北京就有好几个，能够从这样的竞争中脱颖而出，幕后的创作团队付出了太多。这些来自生活最基层的画面，往往需要记者们跋山涉水才能拍到，甚至他们必须克服一个更大的困难：说服当事人面对镜头。

“一样的故事，不一样的讲述”这个栏目口号让这个栏目很快进入了观众的视线。我也非常认真，要求故事文稿必须提前两天拿到，然后熟悉故事，酝酿情绪，深夜录制。如果节目组想一次多录几集，我会毫不犹豫地说NO。

有观众对我的主持和演戏特点有过专门注意：说看眼神、看举止、看我开口说话，包括东张西望，甚至有点躲躲闪闪、鬼鬼祟祟，似乎总有些诡异伏笔、“聊斋气氛”，所以才让人很想听我的“下回分解”。神秘加诡气，总带有很强的故事性、悬念性，甚至很有侦探意味，这是大家对我的表扬，这也是成功的“元素”之一吧。

我对“悬疑”的天生爱好，跟我从小最喜欢看福尔摩斯有关——《血字的研究》《四签名》《巴斯克维尔的猎犬》……一本接一本，好看哪！我深受这些小说的影响，从小就喜欢冒险、喜欢侦探，特羡慕那些干刑侦的警察。

我们家小时候被人撬过门，家里失窃当然很是倒霉，但我当时就发现我心里居然非常兴奋。警察来了，问我话我都特别配合，觉得自己也加入进去跟人家一块搞侦破。到最后感觉不是我们家出了事，而是好像我在跟警察侦查别人家的疑案呢！

当年看了侦探小说和电影，就喜欢拉着小伙伴给他们讲，有时候看着小女孩听得直哆嗦，我会停下来，说：“你回家吧”，她不走，心里怕得要命，可还要接着听下去。

《王刚讲故事》的演播室里光线不明不暗，那感觉像是我在说书：面前摆一张桌，“说书的嘴，唱戏的腿”，我这儿一张嘴，便可走遍祖国的犄角旮旯儿，寻寻觅觅无数民间底层奇人怪事。

尽管我如今已到耳顺之年，但我觉得我对底层的人生故事、对于紧接地气的民间种种阴差阳错，仍然如年轻时那样敏感、敏锐，能随时保持十足的好奇心理或曰“侦探心气儿”。

每周五期的播出频率，曾经有人担心《王刚讲故事》能有那么多故事可讲吗？对此我曾笑称：生活在继续，故事就会永远在发生。正是：

海水火焰各半，现实“戏说”皆名段。
故事非虚我非我？故事人生循因果。
故事非常又寻常，故事时事相益彰。
感动中国求诸野，警世劝世听分解。

Chapter 8
第八章

戏场，人场，粉墨乾坤

这辈子有两个事我不能做，一不能经商，二不能为官。只能“粉墨生涯”。

圈里说法，我也算是一个老“戏骨”了。由《夜幕下的哈尔滨》露脸，跳入《宰相刘罗锅》《铁齿铜牙纪晓岚》《梦断紫禁城》，按媒体话说：演成了“和珅精”。此外还有《江山风雨情》《五月槐花香》《玉碎》《明镜高悬》……我演过的电视剧，也得掰着指头数了。

因此，言归正传，这里只说戏场江湖。

周杰伦是年轻艺人的典范

讲到“戏场”“粉墨乾坤”，可以说千头万绪。

2008 年岁末的“国剧盛典”大型纪念仪式，评选出改革开放 30 年最有影响力的 30 个电视剧，最有影响力的 30 个演员，我算其中一个，得以上台领奖，发表感言。我上来第一句话就是：“感言倒没想好，感冒我倒是有体会。”

这天是我的生日，生日过得很有意义——在怀柔影视基地冰天雪地当中，拍了 13 个小时的戏——这不算创纪录，以前经常连拍 16 个小时。张国立他们挺照顾我，中午、晚上两顿饭都给我准备了我喜欢的爆肚、涮羊肉。在 2008 年冬至这一天，北京特别地冷，最低气温零下 13 摄氏度。

我在台上说："这么冷的天，我想象不出，除了我们拍电视剧的，还有哪个行业在外面连续工作 13 个小时。我当兵出身，在冰冻的山岗子上站过大岗，可那还两小时轮换呢——尽管有点委屈，但是此时此刻我觉得值，能够站在这个领奖台上回味曾有过的艰辛。我希望有志于此的年轻朋友，不要光看着这个奖杯，光看着璀璨的灯光，看着鲜花、红地毯、掌声。有机会你们也到拍戏现场看一看，那叫一个冷；还有盛夏酷暑，都可以体味一下。虽然现在很冷，但是冬天已经到了，春天就不远了，希望能够迎来温暖美丽的春天，谢谢大家。"

此言既出，有媒体登出了评论，揶揄王刚到现在还不忘教育年轻人。

太息：老矣，落伍矣。

看来，我不懂得如何取悦于年轻人，我还以为我这是"励志"，但骨子里却带着传统的顽症，所以说出话来招人不喜。

想起 20 世纪 80 年代初，举国掀起第一次"影视人生梦"，无数青年男女，都抱着一种特别有趣的想法：我干别的不行，可我干这个准行。大家想的都是："当演员多好啊！玩着玩着就把工作干了。"这个观点在当年的《大众电影》上还被讨论过。

我经常讲，凡是本质上的艺术，在"人之初"就不是什么好玩的选择，全都是小时候谁也没想干的，全是强逼着，带有摧残性的。你看孩子练功，喝一声"撕腿"！冲着墙，给倒八字型劈成一字型，老师还推着屁股，孩子一声声的惨叫。京剧演员翻跟头，老师拿一藤条，翻不到这么高就得挨抽，多疼啊。这是狭义种类的艺术，是需要从小付出艰辛的训练的。

比如京剧，比如芭蕾，比如美声唱法，比如西洋或者中国的器乐：钢琴、大提琴、小提琴、二胡，没有一个孩子——包括钢琴王子朗朗在内，从小会天然地去沉浸于这个，必须有一个外力——或是老师或是家长，督促他来学。这些东西没有一个非常扎实的基本功，再加上艺术表现力，根本不成。

那不是随便唱唱流行歌曲，甚至还假唱、放放录音那么简单的事情。当你

这二位不用说，大家全认识。

的声带相对固定稳定以后，就得练一辈子唱一辈子，每天早上还得练声发声，更甭提那些需要肢体来表现的京剧。陈凯歌拍的《霸王别姬》反映这一段，真是经典。记得那个场面吗？天还没亮的时候，是河边还是湖边，芦苇荡的旁边，晨雾还没散尽的时候，孩子们拉着“山膀”，唱着近乎悲怆的戏文。

那是异常残酷的一种训练，在过去没有几个家长想把孩子送到那儿去，除非生活所迫。跟今天的社会大环境完全不同。

这份遭罪我是有体验的，二十多岁时我开始学样板戏，这个年龄练功不是开玩笑嘛？在《杜鹃山》里演叛徒温其九被处决那一出，有个“蹿抢背”动作，只能来半真半假。可我不甘心，追求完美，看着那些武生演员练功眼热。我想自己平时游泳跳水都没问题，跃跃欲试，“请战”说我也来一把，众人纷纷起哄。于是，我摩拳双手，像真的一样，一助跑，一蹬踏板，嘿，起来了，果然是燕子式的，仰起脖子来了，听到场下爆出喝彩。下面的标准动作是得先扎头，然后就势落地，一个前滚翻，一骨碌起来——我可好，美大发了，扎头扎晚了，直着下去了，扑哧，头攮垫子里了！霎时间，眼前一片漆黑，只有不少金星闪烁，晕过去了。大伙儿七手八脚把我从垫子里拉出来，那真是惨，毕竟不是游泳池啊。脖子给蒴了，一个多月都梗着，还得坚持演出，绝不能住院。

这不是忆苦思甜。事实上，虽然现在通俗艺术大发展了，表面上看起来似乎没有那么多清规戒律了，好像轻轻松松就能唱歌、演戏，但是，要想做好一件事情，不付出相应的努力仍旧是不行的。

敬业，艺德的修养，更是永远不会过时。

说一个让我印象深刻的年轻人。周杰伦够新锐吧？可是他在戏场上的表现，首先是个男人，内心刚毅，极为敬业。他的那种作风我是亲眼目睹过的。

2008年拍的片子《大灌篮》，周杰伦主演。当时，曾志伟、吴孟达、我，三个老男人和几个年轻人一块儿去上海的新闻发布会。一个记者问我："王刚先生，我有一个问题，你喜欢周杰伦的歌吗？"

我不假思索地说："我要喜欢他的歌，依我这个年龄和阅历，那我成怪物了。"

说这话时，周杰伦就坐在我旁边。然后我话锋一转："虽然我不听他的歌，但是我挺喜欢这个人的。为什么？原因很简单，他是个极其成功的歌手，音乐人，但是他涉足银幕的时候，那种敬业精神，我觉得值得年轻人去学习。"

《大灌篮》我没有参加几天，但周杰伦的行事作风和艺术修养给我留下了深刻印象。

我们俩有几场对手戏，知道在拍摄现场他是多么投入吗？导演都已经通过了，他还不放心："导演对不起，回放一下。"看完了，沉吟一下："导演，能不能再给一次机会？"——瞧人家这话，既婉转又得体，又透着自己的那份主见。导演说"可以啊，跟王老师商量一下……"转过脸："王老师？"我说没问题，再来一遍。

他吊着"威亚"，甭说还得挨打，光那绳子勒着就够你受的！我也不例外。该我挨打时，他总是会关照一句："王老师，你看我打这个位置可不可以？"我反面人物啊，这一拳一定得受啊，我说行啊——别看我老，我这身子骨能捱几下。打完了，导演说Cut，这段就过了。这时，他总不忘问一句："王老师……疼吗？"我说"没事没事"——我有什么事儿啊？倒是周杰伦自己磕碰得浑身是伤。

这个时候，还不忘长幼尊卑，一个人年纪轻轻能红到这种程度，是有道理的。

我觉得周杰伦受传统文化的影响颇深。

这个是必须传承的，而且是终身受益的。

当然年轻人里也有一些反面教材。

平时拍戏我有一怕，怕跟那种似“二线”似“三流”的女孩子合作。演员所谓出名，分这么几个阶段：第一个阶段看着眼熟，是不是演员？……应该是个演员。但是怎么也想不起来叫什么名字，演过什么角色。到了第二个阶段，记住了他饰演的角色的名字，或者他在哪部作品里出现过，但是还是想不起他本人的名字。到了第三阶段，相对而言是真正出名了，已经不在乎或者非要知道他演过什么，直呼其名，这不是谁谁谁吗？嘿，你在这儿？——基本是这三个阶段。我说怕合作的就是处于第一阶段的某些演员，尤其是年轻的女演员（男演员这路毛病较少）。

俗语说：像不像三分样，先把这架子拉出来了。

并不是说“架子”都是虚的，比如我，尤其演古装戏的时候，的确需要有个助理，递根烟，拿杯茶，搬张椅子，都是些杂事儿，尤其拍古装戏，穿长袍马褂自己动手不方便。但是有的女孩子那叫一个摆谱，除了工作助理，还有生活助理，有时候自己还带着一个化妆师，没事给她补补妆，先把这个架势拉起来。

其实她挣不了多少片酬，公司拿去很大一部分，但是一定把这个架势拉起来。

比这再厉害点，有的还有保镖。

能摆谱？行，反正不是花剧组的钱，更不是花其他演员的钱。但是你耽误了我的时间，上去一演，一对戏不灵，一遍一遍又一遍。有的会来事点，会说一句“对不起王老师，再给我一次机会”。更多时候只是嘿嘿一笑，扮个鬼脸。

你还真不能把她怎么着。

但说实话，我特别怕跟这种演员合作，本事没学多少，一身的毛病。

传统 VS 港台大 PK

我是中国文艺体制变化的见证人和亲历者。在部队文工团演戏的时候，还属于“文革”时代。那个时候，导演中心论是被批判的，因为那是“文艺黑线”

的产物。我“出道”影视的时候，是“文革”结束以后不久，拨乱反正，思想解放，又恢复以导演为中心了。这是中国影视业的一次回归，还谈不上进步，在电视剧生产的实践上，跟所有领域的改革一样，都面临一些积重难返的问题。

比如，《夜幕下的哈尔滨》统共13集，拍摄周期长达一年多，还要出一个内部人事矛盾的纠葛曲折，这一切，在今天看来，是不能想象的。在越来越严峻的市场考验面前，过去的一套，强调“内地特色”的一套，慢慢地就不灵了。

港台机制进来之前，效率低下的传统机制确实显现出很多弊病。就拿某些导演来说，他得“拿”着，“这个本子得想一想”，诸如此类，难以忍受。明明第一现场所有的工作人员都看着非常好玩儿的一出戏，大家觉着这么演是太对了，中规中矩地操作，很自然就下来了，可导演不，他得出点怪招，好像不这样就体现不出自己作为导演的功力。慢慢耗着的结果，投资方不干了，主演不干了，没那么多时间陪着你，几乎所有人都不干了，因为很多人都想着：我拍完这个挣完钱还得赶快跑下一个——你自己这点“自尊”值多少钱啊？

所以慢慢地，抱着老一套的做法渐渐没市场了，港台很多人乘虚而入了，优越性也体现出来了：第一，钱要得不多，效率还高，他自己的班子知根知底；第二，人家目的很纯粹，就是干活挣钱，很简单。

人家没那么多面子观啊。不像内地有的人，“我的资历你们打听打听去”，“他怎么比我挣得多啊”……诸如此类。

港台的这套机制冲击大陆以后，导演终身制都没了——不可否认的是，国际水准的电影导演地位还是很牢固的，但是电视剧则不然，“明星制”也渐渐显山露水了。清华传播艺术学院的尹鸿教授说出了我的真实感受，大致意思就是，电影是什么？电影是导演的衣服；电视剧是什么？是编剧和主演的皮囊。

首先是编剧太重要了，电视连续剧创作，就像写章回小说一样，勾连着，光是花拳绣腿不行，要有一个架构的统御能力和语言功力，没有一个好编剧不行。编剧好成功了一半，然后是几个主演撑起来，江山乾坤就能定了，只要你有资金。

从情感和实战经验上接受港台导演，吸纳港台机制好的元素，这方面我也有一个慢慢磨合的过程。想当年20世纪80年代看港台的古装戏，看得我也是捏鼻子：什么玩意啊这是？——至今为止我还抱着某种“坚守”，像“刘罗锅”“纪晓岚”题材应该用大陆的本子，因为那语言风格什么的很筋道的。但为什么还要引入港台机制呢？我们原汁原味的这种语言，这种氛围，邹静之这些编剧已经把它定下来了，我们的阵容也把它定下来了。这一套机制对艺术风格没有任何影响，你是生产流水线上的，完成一个流程，你把镜头组接好就完事了。

时间一长，甚至默契到什么程度了呢？拍《纪晓岚》第一部的时候，国立和我跟台湾来的导演说：“导演，对不起，因为时间有限，我们开门见山吧：有些镜头你不要切了，把我们俩框在一个方框里就完了。就像照相似的，我们自己会通过我们的语言和表演，来把握节奏。因为你对这种语言，对历史原因不清楚，也不是这两天就能弄明白的，你再这么搞，节奏就不对了。”

台湾来的导演很爽快，说好的好的。

但因为文化不同，彼此的语汇沟通有一定问题，彼此打磨，也有个过程，现在也有纠葛不断的时候。

一次拍戏的时候，剧情需要，我在亭子里豪兴大发，来了一段发挥，悠悠然唱起京戏来，不料一句倒板还没唱完呢，这边突然欢快地喝了一声：“Cut!”

这份儿败兴啊！我强压怨愤走到监视器前，尽量压低声音对导演说：“我说导演，你怎么回事啊？怎么着你也得让我把这句唱完啊。冲什么呀你就 Cut?”

我声儿不大，可眼瞪得浑圆，就差点把“Cut 你个头啊”喊出来了。你们可以想象当时我那模样。

剧组的人也没料到这一出，年轻人都捂着嘴偷笑。

港方导演神情尴尬：“哦……对不起了王先僧（生）我不几（知）道京剧……”

我也不好意思得理不饶人，只好“添酒回灯重开宴”，再来一遍呗。

事儿过去就过去了，戏没拍到一半儿，我和这位导演竟成了朋友。

我经常说：人家港台导演很少有“事儿事儿的”，虽然有的传统文化功底欠点儿，但人家少是非，讲效率，拍戏的节奏和戏本身的节奏都快，适应当代观众的需求。

以上仅是工作层面上的不快，无碍大局。但是有的矛盾纠葛是与非，就很难说是哪个层面上的了。既然“戏场”是“人为”之“场”，你就不得不面对拍戏以外的因素，没有绝对的“纯粹”可言。

记得《铁齿铜牙纪晓岚》第 1 部的时候，就因为我的个性引出一场挺没劲的“余波”。

这部戏编剧不是同一个作者，大概情况是一个作者完成一个单元七八集，另一个作者完成另一个单元。有些作者还有接其他活儿的情形。其中一个编剧，挺有名的，很多年前从内地到了香港，又转而去了台湾，在那边大概已经待了二十多年了。大概由于相隔的时间太长，他对大陆现在的一些政情、社会、文化各方面的认知，还停留在二三十年前他待在大陆的情形。记得有一集本子，单薄，没滋味，语言习惯跟我们也挺“各”。没法进入状态。我跟国立一边拍着一边骂：“怎么写的？这叫什么东西？……”

但是牢骚归牢骚，你还得改，现场就改。改得还挺好，我们自吹自擂：嘿，怎么着？我们有化腐朽为神奇的力量。

转年戏拍完了，去台湾做宣传，这个剧作家非要单独请我客。我推辞说不用。他说：不，王先生，我特想跟你聊聊天。

聊就聊吧，在咖啡厅喝着茶，看得出来这位编剧神色越来越不对劲，东拉西扯了一会儿，终于把憋着的话说出来了：“王大哥，我听说你对我的本子非常不满意……”

我当然是出于一种客气，忙说：“没有没有，我这人脾气有点直，不管是谁的本子，有什么说完了就完了。我东北人，大概有时候喝完了酒，顺嘴胡说，但是没有专门对你的本子说过什么，别往心里去。”

他苦笑一下：“不，王先生，详尽的情况我全知道。”

我纳闷：“你又不在现场……”

他终于告诉我：有人把当时我数落这个本子的原话都录下来了。

我几乎喷饭：“啊？录下来了？这种做法也太……那个一点了吧？”

“……可能是偶然录下来的吧，不巧让鄙人听到了。”

瞧他那难过的样子我乐了。我说：“这个也不是说你的写作水平有问题，因为我们对于语言，感受上不一样，本来你在大陆的时候对北方文化也不熟悉。”

说开了，两人都有些释怀，后来几度合作还都很愉快。

可是这事让我有些想法：咱们这儿什么人都有，居然有人把我在现场发飙、骂骂咧咧的原话录下来，还传给当事人。服了！

我就是一杆老枪

明星制就是这样，传统的格局不在了，明星居中心地位——说出这一点倒不是自炫，只是道出一个客观事实。在这种格局下，导演干什么？起一个执行流程的作用。说不好听的话，如果在这个时候跟主演产生矛盾，投资方会毫不犹豫地把导演换掉。

2000年去青岛出外景，第一时间到现场，到了一看就不对劲，剧组的气氛也不对。女主演许晴显得有些不安，跟我说："王哥，你看一看咱这个导演和摄像可以吗？——我什么也不说，你自己看看。"说实话，平时我是不看回放的，经常开玩笑说：看回放的都是挺"矫情"的演员，每一个完了都要看一遍，然后说"不行，再来一遍"。我一个大老爷们儿是从来不看的，但是许晴既然说了，我就看一看。

然后正好有一个我跟许晴在船上的一场戏，"对不起导演，我看一下回放。"

看完了，我摇摇头，冲对方说："你是摄像啊？"

听我这话味儿不对，他愣住了，点头。

我说："你过来。你看看这构图，你来看看，傻瓜照相机也不会照成这个样子啊？许晴三分之二，我这儿三分之一，我这边脸的耳朵呢？你怎么拍的？哥们儿？"

他脸一红："那咱们重来吧？"

我手一举："别重来了，这事……我得好好想一想了。"又嘀咕了一句，"我没想到会犯这种低级错误。"

所有的工作人员知道我这话严重了，都挂着诡异的笑，都感觉要有事了，要有变故。

当天晚上，我就跟投资方打电话，表明我的态度："这不成，就在那待了十分二十分钟，我感觉全组的情绪不对劲，这部戏要这么整就弄不下去了。"

投资人说："王老师您说的这情况我们也大致知道，好多人也反映，但是因为这个导演跟摄像是香港这俩主演带来的，不好办呐。"

我问："你签合同难道有这样的条款吗？要让某明星演这个，必须让谁谁当导演？”

“……那倒没有，但是我怕处置不当他俩要撂挑子，这就麻烦了，其实我们也想把导演和摄像都换了。”

“换了不就结了吗？——你放心，香港人绝不像大陆人。我是东北人，我倒有这劲儿：你要把他赶走，对不起，那是我哥们，我也走——香港人没这个。”

我说：“明儿你就宣布。”我想了想，又补了一句，“如果你要不什么，好在我就拍了两个镜头，明儿我就回去了。”

对方还在试探：“……是不是许晴跟你说什么了？”

“是说了！但是关键不在这儿，我这么大年龄自己没有判断能力吗？”

事态的发展果如其然。一开始气氛也很紧张，那个香港主演很不高兴，骂骂咧咧，就差摔盆子砸碗了。众人犯嘀咕，心里没底。我拖着长音吆喝：“该下单子下单子，该发班表发班表，别窝工！”心里话说：你看他来不来？

下一拨拍戏，来了，若无其事地拍，跟我还有说有笑。从青岛拍到北京，我与他的对手戏演得有声有色，分手时，竟还有几分惜别之感。

看起来，好像是我耍大牌，仗着自己的资历名望玩“强势”。按理说大伙儿都恨你吧？错了，都拥护着你。也许有人会说，我老被他人当枪使，那我也心甘情愿：没错儿，我还就是一杆枪，一杆老枪！因为戏场就是战场，是职场，不是俱乐部。做事永远是第一位的。

有的时候咱也不是说一点人情味没有，咱俩交情不错，你把一个生手带来了，挺漂亮的，没演过几出戏，想发展。在这之前可能摆个酒，然后说王哥拜托了，帮衬帮衬。我一叠声“好说好说”。

接下来，我甚至会找人家来对对词，这在业内看来就是了不得的一件事了：能跟主演“对对词”，来头不小啊。因为一般是不对，顶多由副导演在开拍前跟她对。对词就是“关照”，其实你要真有才干，不关照也没关系。经常有这种情况，虽然面生，人家真是很棒的，一条下来，我会当场大加赞赏：“好好好，就这么演，真棒。”

如果一遍、两遍、三遍还不行，我耐性也有限，马上话味儿就这样了：“你哪儿的？”

对方嗫嚅："……我是上戏的。"

"你老师怎么教你的？"然后我一扭头，"——副导演，跟他对对词。"

戏场如战场，能照顾也是有限的。

我有一熟人，也认识好几年了，干着副导演，拍某出戏就想上一个角色。可是一个镜头跟我拍了 8 条，我实在是陪不起了，在场的人也全看傻了。

我抿抿嘴，淡淡看他一眼，转身喝茶抽烟去了。

——你尴尬，我还生气呢！这不耽误工夫吗？当哪门子演员，好好干你的副导演不挺好吗？

兼职的"现场制片"

商品经济讲效率的时候也很无情，什么面子啊，"你好我好大家好"啊，"正面引导"啊，"赏识教育"啊，"告诉孩子你真棒"啊——甭弄那个！

在片场，我不会刻意地去处关系，为了博得人家一句：你看，到底是个老同志，多么平易近人啊。

我开始也有这种同情心，后来发现不行。当时就像发大水一样，拍戏一旦进入一个状态了，一发不可收拾，所有人都是拼命游着泳，就你稍慢一点，动作不协调一点，还想拽着别人把人弄沉底，你准完蛋。

这个比喻绝不生猛，片场生存规律就是这样的。

拍《梦断紫禁城》的时候，和珅陪着皇上南巡，到了曲阜，迎驾的老臣朱圭是李丁老爷子演的。李老都七十多岁了，率领群臣跪迎皇上銮驾。这个仪仗队大概有二百多人，我是骑着一匹马在皇上轿子的右前方走着。往前走的时候，士兵得穿着号衣拿着枪跟着。

走着走着，导演说不行，指着一演兵丁的群众演员说："你不要乐，大家都不要乐！再来一遍！"

这里要说到群众演员，特逗的一点是什么呢？拿钱干活不是最简单的吗？不，一点不简单，人心复杂呀。比如，大家在彼此散布一种隐秘的情绪：一天就 20 块钱，什么敬业不敬业；如果一个个都吊儿郎当的话，我想认真点也不敢了，我要认真就太浑蛋了，我脱离了大伙。于是传染病一般，大家都一样不认真——谁说片场不是一个小社会？这种“集体无意识”特别干扰局面。

这二百来人要往回倒可费劲了，又是轿子又是马，马得调过来，李丁老爷子还得重新再跪一次。

殊不知第二次走过来的时候，演兵丁的这位又乐了。停，又得重来。众人一片叹息声，还有骂的。

第三次又来，我不往前看了，我骑在马上斜着眼睛看着他，看他自不自觉。

瞧见没？他拧巴个嘴，缩着肩膀，抽抽地又乐了。

导演“停！”副导演也忍无可忍了，指着他：“你有什么可乐的？啊？”

紧接着，我爆发了，发了一通在戏场上最大的火。

我承认，那次我动了手。

我从马上跳下来，奔他而去，拽着他脖领子使劲晃着：“兔崽子！你他妈有什么可乐的？前面一个七十多岁的老人在那儿跪着，二百来人就因为你倒腾了三次……”

然后穴头（管群众演员的）上来就把他给拎走了，连踢再搡的。

你看着他挺可怜吧？但是为何遭此羞辱，必有可恨之处啊。

后来我跟制片主任说，现场吆喝的副导演最好用我们东北人，嗓门儿大，急了真敢抽你，方能治住那种“散兵游勇”习气。

有人会提意见：这心态是不是有点冷漠。

我也在反思：动手是不对的，我想，假如这个事再回放一遍，我一定仍旧气破胸脯。但我会记取当年成方圆告诫我的，在爆发之前，要提醒自己：别生气，咱不发火……

其实，我绝非那种“脱离群众”的人。在片场，经常会有这种情形：一堆群众演员在那儿，某“腕儿”开一辆高级车呼啸而来，甚至还卷着尘土，哧——停在人家面前……这种事情我做不出来。我一定远远地在某个角落停下车，再走过去。我要想群众会作何反应。你得站在人家的角度看看，你得考虑人家的心理感受，别刺激人家。我只是觉得，这是对别人起码的尊重。

其实，对我有些时候的“无明业火”，有时候连我自己都有点讨厌我自己。但我在现场发火，真的是对事不对人，一定是跟业务有关。这种高度紧张的、快节奏的工作当中，没有人会去品察你是什么人，我们又不是来交朋友的。大家的利益是绑在一起的。制片人，或者是现场的制片主任，大概对我都挺满意——很多时候我等于替他们催场了，不仅完成了自己的角色，还兼着“现场制片”。

某年在怀柔拍戏，我正在化妆，执行制片人蒋女士敲我的门，一脸苦相：“王老师，大概昨天收工晚了一点，今早起来好像都没准备好呢，拖拖拉拉的。您能不能到现场去，您一去就都精神起来了。”

我拿出一副不耐烦的腔调：“我都成催场的了。”

蒋女士只好低声连说“帮帮忙”。

化完妆我就去了，我到了现场，看一圈，果然。我说：“干什么啊？是罢工还是怠工啊？我这人呀，不喜欢怠工，喜欢罢工。困了、累了、不想干了，回去睡觉——咱罢工了！有本事的，马上告诉制片主任，我不干了太累了，爱谁谁。这是本事！”

大家都看着我，没人说话。

我抬高嗓门：“有没有一个？”

还是没人吭声。

我点点头：“要不然就干活——好不好？”

大家哄的一下全动起来了，我捧着茶杯喝了一口，瞅见从门缝那儿，小蒋在那儿朝我乐，细着嗓门：“谢谢王老师。”

我们仨

我们仨，自然是指张国立、张铁林、王刚三个人的组合。

三个人中，我年龄最大，比张国立大七岁，比张铁林大九岁。

私底下怎么称呼？我称呼他们是国立、铁林，有时候起点腻就“立立”，但一直就是铁林。国立跟铁林跟我，有时候是“老哥”“哥哥”，有时候无厘头，来一声“刚刚”“小刚子”，我也怡然受之。嘿，也就在这时候敢玩点“老扮嫩”。总之，关系已经随便到说什么都无所谓的程度了。当然，也不是一点尺度没有，当着外人面，包括记者采访时，他们往往就称我为王老师、王刚老师，假惺惺

“铁三角”在《铁齿铜牙纪晓岚》中。别看张铁林在剧中很威风，私下里他是我和张国立挤兑的对象。

的，一本正经的样子。

我呢，在这种场合下还一如既往地“国立”“铁林”叫着。

三个人性格迥异。一般而言，不同的人，能在一个戏里面，而且由一个戏以后，又在好几部戏里面，能够非常快乐地合作这么长时间的，几乎很少。一般都难免犯这样一个毛病，谁主谁次、谁多谁少，争个不休。但我们没有，从来也没有这么去想过。

人家问我们类似问题的时候，分头采访，大家确实异口同声：怎么说呢？都这么大年纪了……

这里面的含义是很深的。第一什么东西都看得比较透了，名也好、利也好，大家看得相对也比较淡了，尤其是一些虚无缥渺的东西，有什么意义啊！你多两场戏，他多几句词？

彼此工作分配、协调上不是没有考量，但都是从实际出发。

比如《五月槐花香》这样一个片子，佟奉全应该是第一号男主演，是个显得比较老实、厚道的人，也不能说没做过昧良心的事，但传统来讲这是一个正面人物。想来想去觉得还是张国立合适，那戏份当然也是最重的了。范五爷这个人物，前清遗少，后来落魄了，也在古玩行里混，还在“同文馆”待过，会几句英文，赶巧拉一个洋人顾客，当掮客。邹静之说王先生你演合适。剩下的蓝一贵，有点奸商的意思，是个反面角色。

在上海宣传《铁齿铜牙纪晓岚》第二部时，抽空又商量这部戏。我说咱们还是这样，佟奉全由国立演，范五爷还是铁林演，我就演那个蓝一贵。因为如果我演范五爷，铁林来演蓝一贵，我们俩得“演”。从观众审美习惯来讲，让观众去分配这三个人物，恐怕也是这样分配，我们不要扭着这个劲。

我记得张国立将近三百场戏，张铁林一百八九十场戏，我演的蓝一贵八十九场戏，这个比例就是三二一的比例。这样安排以后，我们很轻松，各自都非常圆满地塑造了自己的角色。

这里面牵扯到的一个是“名”，这个名跟你露脸的数量往往成正比，还牵扯到“利”，片酬是按集来结的。但是要想让观众喜欢各自的人物，看出这个戏的好来，提高整个剧的收视率和美誉度，最好各得其所。否则于全局不利，于自己也不好——费力不讨好！

这是随便举一个例子。

我们之间的关系，某种意义上也是戏剧关系的映射，所以才显得有趣。像卡通片里的猫捉老鼠。两个人互相不停地捉又捉不到，互相在那里斗，不断地延续下去，这个过程当中就充满着智慧。我跟国立的戏，当中有些笑料，类似相声的情节，总之直接交锋多一些的时候，我就跟导演讲，不要把镜头切来切去，镜头的转换不如我们语言节奏的把握更准确，遇到这种情况的时候，最好我们两个人都在一个镜头里。

两个人演得特别“腻乎”，节奏的把握特别舒服，观众看着也特别过瘾。

演戏演到一定境界，就可以不断自我“创新”，有感而发，即兴台词顺嘴就秃噜出来了，这种演员之间合作的默契是很难得的。过去和李保田演《宰相刘罗锅》的时候，最后一出和珅在监狱里的戏，记得本子 20 分钟的长度，最后剪出了 35 分钟，当时就有很多即兴的东西。在《铁齿铜牙纪晓岚》中和国立、铁林三个人有一场戏，是纪晓岚安排乾隆扮店小二，且皇上大半拉脸蒙着

摄于 1996 年

和珅急啦！

和珅的谄媚之态

1
2
3

1.《壮志凌云包青天》中饰庞太师

2.《御前四宝》中的大和尚

3.《江山风雨情》中饰演史称“大明朝最后一个忠臣”的王承恩

1

2

3 | 4

1.《嘉靖风云》中饰严嵩，旁为我在戏中的义子

2. 一辈子只演了一场“床戏”。《蟋蟀宰相》中的皇帝与妃子

3.《凤临阁》之刘瑾

4. 我在《蟋蟀宰相》里饰演昏君宋理宗

《玉碎》中赵如圭造型

1
2
3

1.《长缨在手》中与许晴在一起

2.《大汉天子》中主父偃与汉武帝（黄晓明饰）

3. 在尚未上映的 3D 电影《唐吉诃德》中饰桑丘

若有所思（2006）

布，和珅不知道那是皇上，因此纪晓岚趁着喝酒就把他的心里话全都套出来了。这段戏好多都是即兴的，导演都不知道在哪里“Cut”了。当这场戏可算停了，全场哈哈大笑。

我们演戏的时候现场工作人员有时都绷不住。现场工作人员是第一观众，他们能接受，我想电视机前的观众也就更容易接受了。

我们演戏默契，风格上很快能够互相融入。开始我跟国立的风格更容易沟通一些，更接近，铁林是后来慢慢融入我们的。跟我合作的男演员里面，不用对词上来就演的不多，张国立是其中一个。以至于每次进场，赶上今天是我和国立的戏，我就踏实了，知道很快就能收工回家。因为我们有一些经历是相似的，比如，他也曾跟曲艺门的人接触过，也试着说过相声。另外他是个很优秀的主持人，原来也在电台演播过小说。

张国立涉足的领域也很多，早年他还自己拍 MTV，很多很有名的歌星的 MTV 是他拍的。他还给我拍过一个广告呢。在我们合作之前，我是很欣赏他的表演风格的。我多次跟国立提到他很早演过的《死水微澜》，演得好。我后来开玩笑,我说你是当今中国第一“怂”,“装怂”,那你绝对一把手。再看看《一声叹息》吧，光那个形体语言就“怂”到家了，哈哈。他好多角色都离不开这个“怂劲儿”。

张铁林就不一样了，俗话说：“热馒头——端着。”他很难放下身段来，所以他演皇上很合适。

平时大家互相开玩笑难免挤兑人，多半是我跟国立来挤兑铁林。

张铁林有一个特别“伟大”的毛病，说他伟大是因为他几乎永远不改，明明知道也改不了，谁都知道，上下左右都知道，就是永远迟到。我懒得数落他，因为我不担当什么责任，我只是偶然半开玩笑替他“提示台词”——

“这回不会又是塞车了吧？”

见他脸上有点挂不住，我忙找补：“你就这样就这样吧，挺好。万一哪天你正点到了，我反而觉得不适应——再有，有你垫底儿，我就是晚一点，这心里也踏实。你就这样，你可千万别早来。”

后一句“你可千万别早来”，说得是掷地有声。

一席话，说得铁林鼻子都歪了，也不知道是气得还是给挤兑得。

只有一次，只有这一次啊，他第一个来，自我感觉特别好，在那翘首以待等我们俩呢。我和国立懒洋洋先后来了，我们俩毫无愧色，也没有对他的“焕然一新”表示“惊喜”。为什么？很简单，因为这不是拍戏，这是张铁林在北京西单图书大厦签售他的素描集，反正是一本书，让我们两个给捧场，他第一个到的。

我“夸”他：“难得你今儿第一个来。”他翻了翻眼，也不好怎么的。

终于有一次，张铁林说：“我告诉你们，你们再挤兑我，我跑英国大使馆去。你们拿着板砖，我在使馆里，你在使馆外，隔着栅栏门你还真就进不来。”

他入了英国籍，其实他内心情怀是个特中国的人。他跟记者说，有时候看王老师说英文的样子，他倒像留过洋的。

反正就互相挤兑呗。

那一回湖南卫视把我们三个请去，节目是何炅和李湘主持的。记得李湘问：“三位老师在一起，你们两个演臣子，平时演皇上的张铁林一定是高高在上了？”

张铁林不听这话则已，一听，旧恨新仇全涌上心头：“什么呀？恰恰相反，他们俩老欺负我！”

全场观众笑翻了天，没想到，三个老男人戏里如此好玩，戏外也是照样童心盎然。

有人问我：三人中是不是张铁林脾气最好？

这一点不能简单论之，更不好光看表象。三个人都有脾气，我的脾气可能更突出一点。自从张国立负了点儿责以后（除了做演员还要做制片人，后来还兼总导演），我开玩笑说：“国立啊，我特别愿意你负起更多的责任来，这样我的脾气要发起来更自然了。我在这个剧组活得会洒脱一些，你就会哄着我。咱们仨人要都是演员，班儿对班儿的，这还就麻烦了。”

拍《纪晓岚》第 4 部的时候，在现场有一个执行导演，但是很多重场戏，张国立得亲力亲为，事无巨细，忙得团团转。预备——吆喝一声后，忙又归到我们堆里演戏。歇着的时候，我们这儿扯别的，他又忙着“公务”，好几个合同得签。

我说：“哎哟，悠着点儿吧，你活得忒累了。”

其实心里很是佩服。

铁林当过导演，现在他当院长。你不要以为他这个院长是空的，他是实实在在当了暨南大学艺术学院的院长。

经常在一起搭戏，也不意味着平时一定要热热闹闹地总在一起。我们时聚时散，一有我们仨都参与的戏就聚在一起了，没有，就各忙各的。偶然有事就打个电话。我们住得相对远，不像很多影视界的人在一个小区或者一个别墅群里面，经常凑一起，串串门儿啊，打打牌呀，我从来没有，我也不喜欢打牌。

国立的应酬一定和正事有关，比如，他说今天有个饭局，一定是跟拍戏的事有关。铁林的应酬，颇有点名士之风。“非典”期间，他专赴上海拜师学戏；再回京，一句满工满调的西皮倒板，唱得我目瞪口呆。平素，他雅好收藏，专攻尺牍手札；他书法也颇有造诣，虽常接触的一些人，多非书画界主流，可他愿意跟他们在一块儿“闲扯”。总之，平素交游纯属个人兴致所至，几乎没有任何功利色彩，这是张铁林的特点。他与梨园行、书画界都颇有渊源。

说了“我们仨”，还是再说说自己吧。

我演戏只有一个追求，就是绝不能走过场，绝不做编剧、导演手中的一个工具。我总要想一想，这个戏究竟能给观众什么东西？如果仅仅是完成一个过程，那可是件很难受的事情。我们起码要让观众爱看，让他们喜欢，让他们乐完之后觉得挺有意思，还能有点意义。还是那句话：像我们这一代人，还是多少讲求一点文以载道的。

我始终觉得，时间流淌得再快，也总要沉下一些东西，包括你的真情实感，以及那些永恒价值，留待天下知音共赏。

Chapter 9
第九章

我演和珅，还是和珅演我？

我演和珅，还是和珅演我？这是一个问题。

我演和珅，这话好理解。

和珅演我？这话说明白得费点周章。一个历史的怪胎，让王刚在公众眼目中，获得新的效能（不敢说获得新的艺术生命）。大家一见我就嚷嚷：“哟，那不是演那个和大人的王刚吗？”“看，和珅刚过去！”——怎么你都脱不了，你演了和珅，那你就是和珅；和珅让你再度名扬天下。你不能得了便宜卖乖。

所谓“和珅演我”，说白了，就是“和大人”在公众心理中的异化，造成了某种古怪的“效应”。其文化后果，是主创人员难以驾驭的。

在质疑声中开始

一开始，我去《宰相刘罗锅》剧组，首先感到的是，从导演到剧组的每个演员，脑门上都写着“他行吗”三个字。

《宰相刘罗锅》剧照。李保田是个好演员，也是个“怪人”。

李保田开始怎么想，我不得而知。

那天，在北影院里，我正向人打听剧组办公室在哪儿，一位从头到脚一身黑的人刚好骑车从我身边擦过，头也不回地搭了一声：“二楼。”

说罢，刹车，支车，上楼，仍旧头也没回。但我认出来，他就是李保田，很冷淡的样子。

后来我在一篇公开发表的豆腐干小文里对这段邂逅有一个追记——

过些天，熟了，我问他：“那天，你不知是我？”

他答：“知道。”

“那为何不说两句话？”

“看你长得像南方人，怕聊不到一块儿。”

“差矣，在下与你（指刘墉）同乡，祖上恰在乾隆年间由山东闯的关东啊。”

保田跟我玩“矜持”，我就来个一头热，愣跟他攀个同乡。过了这个坎，彼此就混熟了，开起玩笑没边没沿了。

轻松奔放是以后的事儿，一开始，我得面临一些“大气候”。

李丁老师直言不讳地跟我说，“王刚啊，你怎么跑到我们堆里来了？当主持人是谦谦君子的形象，怎么能来演和珅呢？”

这话也有两层理解，一是替你着想：你本来挺好的一个人，怎么能演个坏人？另一层含义，是最主要的——你，就你？嘿，能演好吗？

到现在我也没有去细究，制片人与我素昧平生，为何要找我演和珅。

我就这么一个特点，如果没有人主动跟我说什么，我永远不会主动去问。

我后来知道了，和珅也好，《玉碎》也好，包括我自己最欣赏的《江山风雨情》里的王承恩一角也好，都曾经找过别人。

最逗的是，在一个剧组里，剧组都已经盛传出了什么事了，谁跟谁怎么着了，甚至都出了人命啦，我总是最后一个知道，甚至到了都不知道。

让和珅变得可爱起来

说到演和珅，这里面大概有一个宿命的东西。

曾有记者问我一个很尖锐的问题：你演的和珅有没有你自己的影子？

我说，有，当然有。虽然说“人之初，性本善”，但人非圣贤，孰能无过？“过”者何也？与生俱来或后天形成的人性的弱点、贪欲，你有，我有，他也有。我就想借助这个人物把人性的弱点集中、概括、形象化，让人们看着有味、有趣，甚至与自己对对号。

观众为何觉得他可憎、可笑、可怜、可理解，可能与我主观上的某种追求不无关系。

我琢磨，电视连续剧《宰相刘罗锅》里的和珅，是一个彻头彻尾的贪官、弄臣，甚至像个未净了身的太监；而《铁齿铜牙纪晓岚》中的这位和大人，就着意强调了他的韬略和文采，使人物形象更趋向饱满，甚至演出了其可恨、可恶、可憎、可悲、可怜之外的一点“可玩”——因为说“可爱”似乎有些不妥。

可玩，大贪官和珅会有什么可供众人玩赏的表现呢？人，多少都会有一点孩子气，成年人流露出孩子气来，其实就是回到了本真状态。

《铁齿铜牙纪晓岚》第一部里有一段戏，兰州大牢里我穿着个红兜肚，被一条铁链子锁在尿桶旁，挺大的脑袋，胖乎乎的，赤膊只穿一个红兜肚，满地捡窝头渣子往嘴里塞，哆哆嗦嗦的……甭刻意地去演了，光这造型就够让人忍俊不禁了。两个女监军（袁立和杨丽菁扮演）来搭救他，和大人如见了亲人一般，马上委屈地哭了：“你们怎么才来啊？”这就是一种本真，什么王公贵族将军元帅，到了这节骨眼儿上，也就“赤条条”还原成一个肉身凡胎。

那个时候，他已经扒光了所有社会身份的外衣，大家觉得挺痛快——看着坏人受罪、遭殃，总是令人快意的一件事情。和珅像大头娃娃似的被人愚弄，能给观众一种满足感。

仿佛鬼使神差一般，演和珅，开始时并不是那么很有感觉，但既然做了就要做好。

那些日子，我可以说是天天捧着《清史稿》和一系列有关和珅的书，费尽心机地琢磨。

准备是很充分的，有的时候自己准备的内容，能够用到十之一二就很高兴了。《梦断紫禁城》剧中开篇有这样一个段落：一个大臣报告正在山东曲阜出巡的乾隆皇帝，多尔衮的后代跑出来要作乱。乾隆十分生气，说了《论语·季氏篇》中的一句：“虎兕出于柙，龟玉毁于椟中，是谁之过与？”

这话的意思，是说老虎、犀牛从笼子里跑出来，龟甲、玉器在匣子里毁坏了，这是谁的过错呢？周围的大臣都不答。这时还是銮仪侍卫的和珅在很远的地方朗声答道：“典守者不得辞其过！”——这里原有两个版本，一是“不得辞其责”，一是“不得辞其咎”。马上就要去拍摄现场了，为了更接近历史本来面貌，我还是回家查了《论语》，结果发现朱熹在下面批“典守者不得辞其过”。我们就采用了这种说法。但光查这一个字，就花了我半宿的工夫。

其实，大可不必如此较真儿，可我多年来便有“考证癖”，已快到了“强迫症”的地步，不整出个所以然来，死不罢休！坐下病啦，想改都难。

演和珅可真没那么容易。

我戴上头套的那一瞬，心里还没底。

正如戏中和珅的一句台词："都想当宠臣？你以为宠臣那么好当的啊，当宠臣要博闻强记！"

《宰相刘罗锅》是我第一次演反面人物。当时正做主持人，身上不能有一丝邪气、怪味，忽然要演这么一个喜剧色彩浓烈、甚至荒诞不经的贪官、弄臣，咋整啊？找不着路啊！甭说没受过专业系统的表演训练，就算上过中戏，学过斯坦尼，玩过布莱希特，沾过梅体系，三位大师谁也救不了你，这出戏的风格跟任何一个都不能全然搭上。三大表演体系救不了我，而一个"玩"字让我豁然开朗！

我想，这也是所谓"人民记忆"的深层次因素在作怪：很多男同胞们小时候玩游戏，不少都愿意演反派、特务什么的，过去那些崇尚浪漫的女孩子们，就想演一个漂亮的女特务，可以梳披肩发，可以戴美国的船形帽，可以叼一支烟。这在生活中是不敢做的，在游戏里可以过一把瘾。

可以直言不讳地说，后来我演和珅多半就是这种心态。游戏一把，玩儿一把，很过瘾的，回头该怎么做人还怎么做人。

说是"玩"，也得玩出点儿道道来，这也是与港台影视喜剧的一个分野。"无厘头"？写不出也做不来。"文以载道"？想不载，观众都不答应，否则笑完会骂：要呢？什么玩意儿呀？说什么呢？正道儿没有，哪怕给点儿邪道儿呢？

且看和珅的邪道儿：

为了向皇上谄媚取宠，他喜欢装熊、装无知，纪晓岚与他正相反，爱抖机灵。针对这个，我就设计了一段台词，让和珅对纪晓岚说："你知道你这么多年为何升不了官？就因为你老在皇上面前抖机灵。皇上自视是天下第一文才，你抖，有你的好儿吗？"

"做官不辛苦，辛苦的是你要时刻不停地紧跟着皇上。你紧撵慢撵吧，好不容易跟上一程，刺溜一声，他老人家又跑得远远的了。跟不上也就罢了，可就怕你不小心，走了岔道，得，那就全玩完了。"

还有太多太多。邪道也好，歪理也罢，您一看一过，别太认真。游戏嘛，戏说呗。

演活了和珅

提到“戏说”，我还有话说：千万别以为我们的编剧，或者像我这路的演员对正史毫无所知，否则我干吗捧着那么厚的《清史稿》。难道摆样子吗？

也许是一度被“戏说”说怕了，也许是被“正说”招安了，我老想：如何能让和珅表现得更丰富一些，饱满一些，合理一些，而不是一味地搞笑耍宝。

和珅终其一生四十九年的经历，他如何发迹？如何发展？如何到了人生辉煌的顶峰，然后急转直下？他身为当年世界首富、一代美男子，戏剧性的一生有很多东西可挖。我想，我会倾尽全力去演，而且我相信这会是一个好东西，观众一定会非常喜欢。

因此，我一直有一个愿望、奢望，想通过我的表演让人们知道：和珅是怎样走到这一步的？是胎里坏吗？非也。

和珅发迹就是靠着一个细节，一次卓越的表现。皇上万没想到一个銮仪侍卫（也就是一个保镖）有如此才学。他是八旗子弟，精通汉满藏蒙四种语言，三十出头就一品顶戴，权倾朝野。最初，他也想做个好官，上不负皇帝知遇之恩，下不负黎民百姓殷殷期待。

我老觉得，将其堕落的过程揭示出来，会有助于警醒世人，避免重蹈历史的覆辙。

于是在一些出彩的场景设计上，有即兴的，也有我刻意添加的，当然，灵感来自于我自己的生活体验。

《宰相刘罗锅》中有一段戏，皇上试靴，靴子不合适，皇上一怒之下把靴子踢起来，这靴子不偏不倚，正好落在我头上。御前太监一看，乐了：“这靴子穿在皇上脚上不合适，戴在和大人的头上嘛……”

这时候，我得甜不叽儿地接上一句：“正合适……”

“正合适……”尾音还要出来那种缭绕的效果，温润，透着发自肺腑的喜悦和甜蜜。

在北海拍一场戏的时候，乾隆打太极拳，和珅在旁边伺候着。皇上有点风寒，一咳嗽有口痰，和珅赶快从口袋里掏出手绢来帮皇上接着。本来这样就完了，但我又做了处理，把手绢拿出来，很恭敬地把皇上吐出来的包起来，再把它拿回袖子里去。

这可是龙唾啊。

这个细节剧本里面没有。但是这个细节，也并不是胡编乱造，书上有据啊："高宗（乾隆帝的庙号）若有咳唾，和珅以溺器进之。"

所不同的是，在戏里，痰盂变成了手绢。

皇上与和珅下棋，皇上刚落了一个子，和珅肚子里的恭维话是现成的："皇上一上来就摆了一副大阵仗，奴才自愧不如。"

太子得势，即将登基，和珅提前去巴结，弄一美女献给太子，还侃侃而谈："殿下请看，这就是沉鱼落雁之容，这就是闭月羞花之貌。殿下，您看仔细，真是千娇百媚，国色天香，倾国倾城，既端庄又风情万种，既苗条又丰腴柔嫩，多一分则嫌肥，少一分则嫌瘦。您让她笑她就笑，笑得如牡丹盛开，您让她哭她就哭，哭得似海棠带雨。到了夜晚，香盆沐浴之后，双双扶上牙床，但见玉体绵软，酥胸高耸，金莲并举。殿下，她可以使您飘飘然如上九天，她可以使您享尽人间欢乐，殿下，这就是老奴献给殿下的一点薄礼，聊表寸心，不成敬意，请殿下笑纳……"

怎么谄媚怎么来，什么恶心上什么。要的就是这个效果！

我啊，也自认是一个要脸的人，要我做出这样的谄媚举动，当时对我来说，还真得有"为艺术献身"的勇气！

当时，我还在主持《东芝动物乐园》。播放《宰相刘罗锅》期间，我又去录节目，一出场就觉得不对劲——观众的反应跟以前不一样了。

我跟嘉宾一乐，都能听到观众席上的对话："像和珅，真像和珅！"

后来我和张铁林、张国立说，如果拍续集，我们换换角色。

但是谁换谁倒霉。尽管真实的和珅当年可是超级"帅哥"，正史上有三个字形容：美英姿；而且，乾隆比他大 39 岁。在皇上面前，他就是一个大男孩。

但观众已经形成欣赏"惯性"，先入为主了，再权威的专家说破嘴皮子，观众就是不买账，认为和珅就王刚这个模样！

"百家讲坛"的纪连海先生就对我的形象不以为然，说起王刚扮的和大人，他一个劲儿摇头，直撇嘴：历史上的和珅是一个英俊美男，电视剧王刚的形

皇上发威了！

象……嘿，恐怕过于寒碜了点。

我也不是善茬儿，有次在上海录节目，我俩邂逅。一见面，我“立竿见影”打击报复：“纪先生，你还说我模样不咋地？你也没瞧瞧您这模样，哈……”

纪连海被我的“袭击”搞得哭笑不得。

演反派就是把心里的魔鬼放出来

演员在扮演一个人物的时候，是要撕裂自己的内心，砸碎自己做材料，重新再塑造一个人。前面提到的还不算怎样，后面还有很多场戏都让我觉得更屈辱：比如乾隆的妃子训练了几条小宠物狗要跳圈，狗不会跳，和大人奔五张儿的人了，主子发了话，咱就得领着狗跳——那一刻在我看来，就真是做了狗了。

在宫里受了羞辱，回家后有人来找我办事，我得找补找补啊。这是人之常情，何况“一人之下、万人之上”的和中堂乎！

原剧本写了一场戏：和珅在接见下属时，在榻上躺着，侍女给捶着肩……这个司空见惯,没大意思。如何才能有“大意思”呢？心理学上的“施虐”与“被虐”给了我启发：和珅在乾隆面前经常处于被虐的地步，那么，为了获得我心理上的平衡，在皇上面前是被虐，那我对待我的下属家丁就应该是施虐。

怎么弄些新招数来找补、平衡呢？我想了一晚上。

说起来，“灵感”的来源往往就是一个个生活细节。有回我待在家里，就我一个人在家，坐在卫生间里，卫生间的门都开着。这时一个朋友在外面按门铃（也是我跟他约好的时间），他到了，真不是时候。我说门没锁，你开门自己进来吧。

然后他就进来了。我从卫生间里露半个脑袋，我说你坐，那有茶、烟你自己拿，都不见外的。

就这么一个生活中的场景给了我“灵感”，当天晚上我就在电脑上“敲”出了这样一场戏，姑且叫它《和珅出恭》吧，印出来大概两页纸。

这场戏设计得丰富详尽：和大人身着明黄袍子（这已经僭越了着装规制，明黄色只有皇家能用），端坐在太师椅上，前后左右四个侍女，分别拿着拂尘、香炉、草纸、丝帕。拂尘用来赶苍蝇蚊子，也有叫“蝇甩子”。熏炉，袅袅地升起一缕缕的香烟，是熏味儿。草纸那不用说。还有一个丝帕，拉累了，出汗了，给你擦一擦。前面挂一沙帘，外面跪着一个官员。

整个场景里，就要显出和中堂的派头，别看我在皇帝跟前嘻嘻哈哈，怎么着都行，可我毕竟是万人之上的人，出恭也得讲派头。《世说新语》里写到过，晋代的富豪们斗富，家里茅房四周都是雕栏玉砌，伺候着的都是绝色美女，甚至连茅坑里头，铺的也全都是鹅绒，五谷轮回之物一下去，鹅绒立刻如雪片般飞起，将之覆盖。茅房里面的摆设一应俱全，那个叫派头！

和珅跟一千多年前的富豪比，能差了吗？

就这样跟导演一商量，他说好，没问题。

相信观众看的时候，最初一定是百思不得其解：和中堂这是在干吗呢？二目半睁半闭，嘴里有一搭没一搭地说着话，脸上肌肉不时抽搐一下，接着又如释重负地舒展开来……终于，他老人家抬起身来，低头弯腰，手持草纸的侍女抓起一张来，朝镜头擦去……再没想象力的观众也看明白了：和珅拉屎呢！

还有一集，像我说过的，和珅围着关刘罗锅的铁笼子转了一圈，跟他说了一大段难得的体己话。这种知心话其实是我们两个人复杂关系的真实袒露。尽管刘罗锅和和珅斗法若干年，双方都恨不得把对方置于死地而后快，但作为同僚，还是保持着彼此之间必要的尊敬。特别是和珅对待刘罗锅，从心理逻辑上说是“又敬又恨”的。这场戏需要把这个复杂的心态揭示出来，还要对戏中三个人，也就是两个权臣跟乾隆之间的关系作一个总的概括。

我觉得快到大结局了，需要有这样一个东西。

结果是，我出尽风头，一大段的独白，李保田一句话没有。

除了这个，还有的就是即兴表演：演得意犹未尽。《铁齿铜牙纪晓岚》里，皇上扮店小二，纪晓岚请我喝酒。皇上弄块布把大半拉脸蒙上了。我还奇怪，这小二怎么还蒙着？对方答曰受风寒了。借着酒劲儿，纪晓岚再一勾，再一引导，就说出了很多大不敬的话，皇上已经气得……反正那块儿蒙脸的布不断起伏啦。

皇上一露真容，我这儿傻了，跪地下了，皇上一气之下走了，然后我开始埋怨纪晓岚，又跟纪晓岚有一大段对白。不知道是我们俩忘词儿了，还是觉得意犹未尽，说起来没完没了，弄得导演不知道该在哪儿“Cut”了，两部机器还是三部机器连轴拍，等于把这出戏按照我们的兴致挥洒了一通。

总结下来，我演反派的心得是，小人物或者说反面人物倒是容易塑造得更丰富，让人感觉更可信，因为在他们身上，我们映照出自己的影子。关于演反派，我曾经说过这么一句话：“演反派就是把心里的魔鬼放出来。”

我们经常说“人之初,性本善”,其实未必。当一个人吸吮母亲奶头的时候，肯定不愿意让给别人吃。这种天性可以说是与生俱来的。后来经过学校、家长和社会的教育，才学会了谦让。如果说人们心中本来有一个魔鬼和一个天使，那魔鬼在后天的教育下变得越来越小，天使则变得越来越大。最后，当魔鬼真的变得很小乃至消失的时候，那你就是圣人了。

所以我们常常说:“人非圣贤,孰能无过?”大家都有一些缺点,彼此彼此。演反角的时候,我就把心中的魔鬼充分释放出来,就像打开潘多拉的盒子一样。这样,这个人物也就活灵活现恣意张扬了。

“怪人”李保田

尽管有人传言李保田是不太好合作的一个人,但在“刘罗锅”里,跟我真的没的说。

有一个我俩在戏里喝酒的细节,可以佐见那种彼此之间轻松的、可以说进入了“化境”的状态。

和珅跟刘罗锅在京城一家西安小饭馆里喝酒,我闹着要真喝。平素我喝白酒,保田只喝啤酒,但是啤酒一倒色儿不对,我挤兑他:“保田,不能,这个时代只能是白酒。”

他说:“那我喝不了。”

那只好各喝各的。

见过这样的俩人喝酒吗?一人一个酒杯,一人一个酒壶,你拿你的酒壶,我拿我的酒壶。没有啊,不合道理。只能是一个酒壶,若干个酒杯。那怎么办呢?

协调的结果,我美滋滋地喝着白酒说台词,保田抽着鼻子,只能用矿泉水代替白酒了。

关于这一段的快乐时光,我也发过一段文章——

拍戏,看似有趣,其实烦得很,大部分时间是干耗。身着官服、马褂,拖着长辫子,敢去哪儿啊?只有在现场找乐儿了。那日在北海静心斋,我瞅准他钻进了一座假山,大约一泡尿的工夫还没露头儿,我便大嚷:“出来,快出来!”惹得周围男男女女朝我手指的方向望。他出来了,一副尴尬模样。我仍不依不饶:“没说你,里边儿还一个呢!”众大笑。他先一愣,继而涨红了脸道:“我在里边儿整理一下戏装。”这话我信,中戏的教授嘛,为人师表,怎会行那苟且之事?在我,大约是因戏中“和中堂”总被“刘大人”戏弄,便在戏外找碴儿报复吧。

闹归闹,动真格的,全组一个赛一个地认真,尤其是这位仁兄。有一日,天儿热得跟下火似的,我去招待所找他。进门儿见他正蜷缩在床上,近在咫尺一个电扇在狂转,手中捧的自然是剧本儿。我恍然觉得,这不就是昭仁殿里半裸身子大汗淋漓还在编纂《四库全书》的刘墉吗?

过去闻此公颇难合作,心中不免惴惴。笔者早年播小说养成"恶习"——改本子,这次亦然。导演大家风度,颇为通融。再与这戏中的"冤家"商议,居然也屡试不爽。印象最深的莫过于第39集"我"去大牢看"他"一场戏,我为自己写了一大段独白,围着铁笼整整说了一圈儿,过足了"戏瘾"。而他竟无一言,仅在我数落他"……尔可坐怀不乱否?"时,翻身用手中的书掩住了面孔——好个李保田,跟我玩了一回"此处无声胜有声"!

戏里或外,前期后期,"斗"了小一年。中间我去了趟欧洲,给他带回一本画册;而后到苏州出外景,他又送我一把紫砂壶。睹物思人,常眷念之,又觉这位老兄着实让人捉磨不透。

人嘛,谁都有点儿个性,此公尤甚。头一条儿,他不愿抛头露面:开机典礼,他猫在化妆间;出外景,躲在犄角旮旯儿;看片会,发布会,研讨会,压根儿就没出席过。第二,有福不享,近乎"自虐"。拍戏过了子夜,你好心开车捎他一段儿吧,他"杀鸡抹脖子"连连摇手。看他那瘦小的身躯消失在夜色中,怪不落忍的,却又怨他自讨苦吃!还有第三、第四……最要命的一点,他无电话,无BP机,天大的急事儿,你休想找到他!……

保田,你在哪儿呢?

和珅演我

迄今为止,大概没有一个历史人物,被一个演员反复演绎到这种程度:跨越了几次生死——在不同台本里他本来被赐死了好几回,应观众的需求又活过来了,总集数达320多集。其中包含的观众心理、国民心理、社会效应,又是那么复杂。倾注给这个角色的各色"解读",情感色彩又是那么繁复。

我们的戏里有一些戏说的成分,所以每次有这种戏出现,总会出现几位历史学家,非常庄重地出来说:"他们讲的,前面演的根本就不是那么一回事,历史是这样的……”可是，我们这是在做艺术作品，不是历史科学考据。艺术作品的生命力在于沟通当下生活与过去的经验，在于观众的领会、接受和反思，一千个观众眼里有一千个哈姆雷特，这个岂是我等能歪曲得了的？

我那样表现和珅，并不是说和珅这个人人品具体如何，不是要丑化他、歪曲他，我想告诉观众的是，一个人，在拥有那样的权势和地位时，会怎样表现自我，而这样的表现会给他带来什么，同时又会让他失去什么——我要把这样的生活状态活生生地摆在大伙儿面前，让大家自己去思考、判断。

不过，既然提到了真实的和珅，那么我就谈一下我的理解，看看真实的“和大人”跟我塑造的艺术形象有什么不同。

历史上，真实的和珅是个美男子，今天我们叫“帅哥”，并且，毫不夸张地说，他曾经是全世界的首富——当然，指的是那个时候的“全世界”。

和珅确实很有才华，熟读经史，满腹经纶。就是靠着熟悉《四书》《五经》，同时身为大内侍卫，他才青云直上。和珅是文化人，更有意思的是，他跟《红

轻捻兰指，漫拂水袖，和珅为皇上唱一回《贵妃醉酒》。

楼梦》还有一定的联系。《清史稿》中也讲，正是由于和珅，《红楼梦》最后才得以出版。这个文化贡献很少人知道。和珅的宿命，是不是一部《红楼梦》的“庙堂版”呢？

任何中国古典作品，都有宿命论的成分，都是幻灭。乾隆做了太上皇，嘉庆登基了，他也使了很多手段，他以为嘉庆会让他做一个两朝元老，殊不知，乾隆驾崩没几天，他就被赐死了。

和珅有艰苦的经历，他母亲在生弟弟和琳的时候去世，父亲在他九岁的时候死于任上，和珅从此沦为孤儿。不过，他还算个高干子弟吧，有机会进入咸安宫官学学习。尽管父亲去世，但是叔父仍出钱供他上学。只是家庭的变故让他变成了穷小子，置身于这样的“贵族学校”，心灵受到的影响可想而知。

和珅在这所“贵族学校”里，真是学到东西了，除了一般的经史文章，工于心计的他还学到了乾隆皇帝的诗文和书法，和珅，可以说是乾隆帝的“铁杆粉丝”了。

有理由相信，和珅对乾隆的崇拜是发自内心的。

我翻阅史料时，得出这么个结论：

不管他怎样贪，怎样结党营私，他对这个皇上，还是忠心耿耿的。

这是个悖论吗？真的有人问过：“王老师，你这话不太好懂啊？他是个贪官，把社稷的银子据为己有，哪儿谈得上忠诚？”

我说此言差矣。他做到兵部尚书、户部尚书加封太子太保地位的时候，还是勤勤恳恳维持着这个国家系统的。他的内心世界是矛盾的，一方面是万人之上，一方面像家奴伺候着主人那样伺候着皇上。他明白自己所有的幸福、荣耀依靠的是什么。他有管理才能，有帮皇上分忧的虔心。他往家里划拉钱，目的也不是动摇国家根基，只是出于“皇上吃，我们奴才们也跟着吃点儿”（注：据说这可是清宫档案里的记载，慈禧查账，发现伙食费“冒”出来了，问管事太监，太监懒得辩解，这么回一句）的从众心理。这两种内心价值观，在某一个时代的政治风景中，是可以并存的。

从这个角度上说，我们几个一直在演戏，猫捉老鼠而一直捉不到的宫廷演义戏。看上去是铺衍，没边没沿地铺衍，但是直到《铁嘴铜牙纪晓岚》第 4 部，我认为编排上仍不算过分的。君臣戏，君臣斗，这里面的内在逻辑一定是真实的。

早年间就听说过这样一句话，一部二十四史，就是一部贪污史。

皇上——尤其是清朝的皇帝，从历史资料看，基本都具备国务活动家的起码资质。你看那奏折对答写的批示，你看宫廷实录里的对话，透着水平。皇帝这一角，也不是什么人“上了位”就能干的，不像戏曲里演得那样简单造作。他不是不明白官场层面是怎么一回事。和珅的敛财，天子未必不内心清明，只是在整个大局面的平衡状态下，他何必要去搞政治地震呢？

这是一种不幸的历史逻辑，惭愧的是，它居然成为《铁嘴铜牙纪晓岚》戏剧故事想象的源头。

和珅确实是忠诚的，戏里必须把他“敬业”“尽职”的一面表现出来。

和珅这个人可能也是乐观超脱的，一个人作恶多端，并不意味着这个人性格就多么地“反社会”，相反，他可能就是人类社会的“灰太狼”，勤勉执著和作恶多端并举，成为戏剧风景。

比如,《纪》剧第4部，戏里安排皇上一怒之下罚和珅去看茅厕，这是演义，但这是个多好的隐喻啊。和珅乐呵呵地接受，把这个茅厕管理得井井有条。老黄牛，老员工，眼神透着温暖春光，表情透着热爱生活的喜悦。

戏演到这个程度，又是一场悄悄的“颠覆”。

反正，我的亲身经历是：在机房剪辑，每逢出现正面形象时，年轻人按部就班，气氛沉闷；可是画面上和珅一出来，工作气氛完全不一样，年轻男女们边笑边干活，到后来，都笑趴下，还忘不了跟我饶上一句：

“王刚老师，您太帅了！”

我想，和珅的少年得志，大概最让现在追求事业的男孩子们羡慕；而他的多金，他的才华，以及他的一往情深，肯定也会成为现在女孩子们的偶像。除了以贪污攫取财物，他的经营才能也非常突出。关于他的家产，因为历史学家黄仁宇先生曾经说过，传统中国是无法“用数目字来管理的”，所以只能大约估计了。

关于钱财来源，除了皇帝的赏赐，主要的就是人情财、利用职权贪污而来的钱、利用吏部官职勒索百官的钱，以及投资经营的钱。

不管用什么手段，不管他的财产中“合法收入”占多大比重，盖子一揭开，就说不清了。因为名下那笔巨额财产（大清帝国11年的财政收入）将这个能臣钉上了十字架——“中国第一贪”。

所以我一定要演出这种感觉，这种情绪。一定要“雍容”，贪官也有“境界”呀，到了和珅这个地位，嘿嘿，你送了万把两银子他能放在眼里？如《红楼梦》里王熙凤说的：“就好像咱们见不得一点东西似的。”——这感觉绝对精准！

我绝对不能这么去演：见到财宝两眼放光，跟人说话的口气特别殷切，急吼吼的那种。我得透着几分不耐烦，几分超脱，淡淡的，慵懒的。只有到了关节处，才把自己的“稳准狠”三字迸发出来。到手之后，又是清风霁月，禅意盎然。

说和大人真有几分禅意，还不是杜撰。

临死前，和珅写下遗诗：

> 五十年来梦幻真，
> 今朝撒手谢红尘。
> 他日水泛含龙日，
> 认取香烟是后身。

关于和珅的前世今生，已有不少传说。蔡东藩的《清史演义》干脆就这么写：前世是雍正帝的王妃马佳氏。马佳氏曾与年轻的乾隆素有情愫，后因误会招致杀身之祸，临死前与当时身为宝亲王的乾隆相约来世——根据这个传说，和珅因相貌酷似马佳氏而备受乾隆帝恩宠。

所以我也在片场玩了把“老不正经”，恶搞了一回：大扮上杨贵妃，唱了一大段昆曲《小宴》。所谓“大扮”，即上下里外，全按戏台上的规矩化妆穿戴，勒头，贴片子，水衣，水袖，捻起兰花指，做了个“回头一笑百媚生”造型。你们猜怎么着？是的，把众人吓得不轻，一片惨叫——“受不了啦！”

总而言之，和珅是个很有意思的人。我在接受记者采访的时候说过这样的一句话，如果能有这么一个剧本，以和珅作为主人公，把这个人物一生的命运写下来，把他写得再丰富一点、饱满一点，我会觉得这是非常有意思的事情。真有这样的好剧本的话，也许我会跟别人一块儿操作，提供给大家。

演和珅也是为人民服务

说起来，大伙可能觉得挺逗的，《宰相刘罗锅》《铁嘴铜牙纪晓岚》大火以后，最高人民检察院郑重其事地通过“一级组织”（通过中央电视台还是通过谁，忘了）找到了我。

我拿起电话，对方热情洋溢地说：“王刚同志你好啊！找您真不容易呀……”

我忙客气地应承：“不敢当不敢当，您好，请问您是？”

对方介绍说：“我们是高检的。”

我没听明白：“唔，高检……是谁？”

他忙说全称：“我们是最高人民检察院。”

我嘴里“呦啦”一声，心想：没事吧？我就犯了错误也不至于惊动高检吧？

我定了定神，小心翼翼地问：“您找我有什么事？”

“我们想聘你做反职务犯罪宣传顾问，聘书即刻送到。”

我哭笑不得：“你们不会是找错人了吧？我可是演和珅的。一个演贪官的，反职务犯罪让我当宣传顾问？……合适吗？”

那边的回答挺干脆：“王刚同志，正因为你演了这样一个角色，你对贪官心理变化一定非常了解，对于这种人的症结，你能说出一二三来。”

这真是一个意味深长的插曲，这么一个戏剧角色，我扮演的一个特殊意义的“反面教材”，居然可以进入“政法警示”的视野。这是编剧演员的“荣幸”？还是反腐倡廉“急急如律令”造成的时代尴尬？

让我感到特别难忘的是：曾经担任党和国家重要领导职务的华国锋同志，两次邀我到西城区他家中做客。万没想到当年的华主席也是我的戏迷。

华老特别有意思，开口便用他那醇厚的山西口音对我说：“王刚同志，你演的那个和珅，演得实在是好嘞……”

听我讲述演和珅的趣事和社会效应，华老时而开怀大乐，时而陷入思索。我记得华老有一次插话，评点了一句：“你演和珅，也是为人民服务。”

说实在的，真是欣慰。虽然华老的这个评价并不意味着我王某人政治水平有多高，但他肯定了一点：用老百姓喜闻乐见的形式把一个贪官的邪、俗、媚、谄、不堪、多重性、无好报活灵活现演出来，确实有警世作用，这种演绎，比正颜厉色的说教更能深入人心。“为人民服务”，殊路同归嘛。

但我也有这样的感觉：华老的一番话，有几分凝重和酸涩。

华老去世那一天，我也是临时得到消息，因身在外地，无缘送别。只能遥望北京方向，对空遥拜：华老，一路走好。

把坏人演出深度

我也曾面临这样的拷问：如果你是某级干部，你会不会腐败？这个问题提得非常好。有时候我想，二百多年前，我要是和珅的话，我会怎样？和珅最早一当官就想贪吗？这里就有很多理性思索的空间。关于这个问题，首先中国有句古话叫做“水至清则无鱼，人至察则无徒”。用和珅的话说，“那么你也贪一点，别整得跟别人不一样，你贪一点，大家都拿你当自己人了，他有话就敢跟你说了。”

其实，对清官、贪官的讨论，起码有几十年了。

“文革”的时候，极“左”思潮横行的时候，甚至有这样的论调，说是清官比贪官更可恶，贪官都贪了以后，老百姓就反对了，封建王朝就灭亡了。清官，其实是维护封建反动统治的。

和珅自己也有这样的论调，他说，“纪晓岚你想，古往今来贪官多还是清官多？”纪晓岚无奈地回答：“清官凤毛麟角，贪官多如牛毛”。这不得了。于是，和珅就给他讲了一番道理，即贪官有理。当然，这肯定是谬论，这是从道德上讲。但是从历史角度来讲，贪官产生是有历史根源的。为什么自打私有制社会一产生，贪官就屡禁不绝？真正的历史上是清官多还是贪官多，是搞不清楚的。

安徽一位县委书记的事令我感到震惊。他是个好官，三令五申说谁也不许给他送礼，结果刚当上县委书记下属们就开始送礼了。一万、两万、三万、五万，最后有五十多万，他真急了，公开场合说请送礼的人自己把钱拿回去。你瞧，这是清官哪！五十多万，一个清官！你想想，他要是一个贪官的话，他再给点暗示的话，一个县委书记，得是个什么价码？这令人震惊，也让人觉得可悲。那些给他送礼的人真是坏人吗？不见得。似乎成了一种惯例了，似乎不送礼好像不合规矩了，送才是正常的。

所以，对这个问题，我觉得应该考虑得多一点儿、深一点儿，而不是仅仅只从道德的方面考虑。

可能有人认为我想得太多，把表演艺术弄得太沉重了。我参加过一次中央电视台张小琴的心理访谈节目。节目里，心理学家杨凤池先生帮助我一起分析：为什么一个演员自己很反感的角色，却会对其本人的行为产生不可抑制的影响？杨先生认为这是自我“同一性”的问题，对于我自己，自我是要求完整、一致的，而对角色的体验会破坏这种同一性，导致内心冲突。

其实，根据我的经验与理解，正是经由那些屈辱的体验（哪怕是演戏），我得以更深地理解了和珅这个历史人物的内心，找到了他拼命敛财抓权的行为逻辑，才使得这个人物更加生动。但是，我知道，我不该也不可能被这种人格同化，所以，在强烈的内心冲突中我也慢慢开始对我演的和珅进行解构与塑造，把他从《宰相刘罗锅》里那个在皇上面前总是满脸堆笑、小丑般的弄臣变为出恭时接待下属的权臣。

逐渐地，和珅不再仅仅是一个总是逗人开心的滑稽角色，而是有权谋、有计策，在必要的时候也会显得心狠手辣的重臣。的确，在我的内心，接受一个毫无尊严的谄媚者，比接受一个有能力的坏人更难。

话说回来，根据我的表演逻辑，根据我对这个角色的深入发掘，我也必须作这样的转变：对于观众们来说，王刚演的和珅好玩，好看，不过，再往下看，看别的戏，不光是好玩了——这个人，多重人格，心计不少呢！不简单，难怪能爬这么高！这符合我的表演逻辑，也更接近历史的演绎，如果只是弄臣，是成不了气候的，乾隆帝毕竟不是那种一无是处的昏君。

人人都爱“和大人”

前些年，我参加过一个访谈节目，主题是剖析我演得最多的历史人物——和珅。在场有不少小朋友，当主持人问小朋友们：“大家是想做和大人呢，还是想做‘刘罗锅’？”出乎我意料的是，现在的孩子早已不像我童年时那么“傻”，不会有以往那种鲜明的是非观念，而是齐声大呼：“我们要做和大人！”

童言无忌，孩子们怎么想，就怎么说。和大人那么逗，又有钱，家里房子大，漂亮姐姐多，还整天能陪着皇帝玩儿，多美的事儿！

然而听到这样的“童言无忌”，我实在不知道该说什么好，作为演员，我塑造的形象如此深入人心，我应该感到高兴，但是面对下一代，我绝不只该是个演员。再往深处说，社会环境、家庭环境传递给孩子们的信息，与孩子们对“和大人”的判断也是吻合的。按照目前我们这个社会的状况，和大人有什么好批评的呢？如果你看不上人家和大人，说明你混得不怎么样，是个失败的人。

还有一次，在西部某县演出，县领导邀请我去做客，饭局上有一位姓何的局长。酒酣耳热之际，这个领导大人一高兴，冲着那位何局长开玩笑说：“老何，你说，你姓何，”说着他一指我，“和大人他也姓和，他是中国最大的大贪官，那你呢？”

桌上这位“和大人”一看领导喝得高兴了，立马满脸堆笑地说：“是，是，谁让我也姓何呢？那我就是咱们县的和珅，那您就是乾隆爷喽，哈哈哈……”看着这样的场景，我同样无言以对。

孩子们喜欢“和大人”，官员们崇拜“和大人”，喜欢他什么，又崇拜他什么？我想，在“和大人”身上，可以依稀看到现在很多人在做着的“中国梦”，或者，请允许我换个词，叫“大清梦”。“大清梦”，是和珅的梦想，是利用现有社会规则不择手段攫取财富与权力的努力，但是，再怎么样，它注定也是一大“清梦”，迟早会醒。

坦诚地说，生活在这片土地上，声称“喜欢和珅”“崇拜和珅”，很正常，这个现象，我不认为是价值认同，而多半是“移情”而已。

有时候我上网，看到在百度网的“和珅吧”里，仰慕、崇拜和珅的小网友不在少数。对于这个现象，这个吧的“吧主”，一个名叫“小周君”的网友贴了篇文章，写得不错。这里我引用一下，看看年轻人们是怎样看“和珅现象”的：

这个历史人物能给我们带来的启发，远比我们现在看到的一些非常表象化的东西要多得多。比如他活络的经商头脑（这一点在他那个年代很难得）、圆融的处事风格（刚入社会的学生总会在交际方面吃亏，如果能稍微学到和珅的一点精明，就可以少吃许多苦头）等。对我这样喜好研究历史、心理学的人来说，我更注重他的蜕变过程，即他究竟是怎么从一名普通的少年成长为天下第一贪的？那种对金钱近乎痴狂的喜好，到底是怎么演变而来的？还有，他真实的死因是什么，是党派斗争（一朝天子一朝臣）呢，还是纯粹因为他的巨贪？……每个人的着重点不一样，我只希望大家理性看待和珅这个人物，他既不是《宰相刘罗锅》里的丑角，也不是现在有些人吹捧的《红楼梦》的真实作者。对这个有污点、同时又确实有能力的历史人物，我们不应当一棍子打死，也不应该过度吹嘘，把他视作现代偶像，就更不对了……

这篇文章如果真是出自一个年轻人之手，是让人欣慰的。他看得很清楚，和珅是有优点，但是不该成为我们这个社会成功的典范，更不该成为“中国梦”的化身。

Chapter 10
第十章

收藏天下，享受孤独

往事堪怀，收藏就是凝聚了“大往事”的所在。

既然属于往昔，属于个人的情怀，那么你就独守吧，自足吧，甚至“自恋”吧——在这里，“自恋”又有什么关系？对自己这个小世界的感情，炽热的程度，《长缨在手》的一句台词业已道出。

在那部戏里，管家对我扮演的古文物学家钱牧庸说：“老爷，家里有这么多的古董，咱们卖个一件两件的，也能填补填补亏空。”

钱牧庸：“放屁！这就是老爷娶回家中的女人啊！卖了？”

在我的戏剧生涯中，我说过不计其数的台词。但就这么一句，触动了我平日所思，道出了我的“偏执”。

收藏，其实在静谧表象下，那份隐藏的炽热，实难为外人理解。

父亲的启蒙

小时候，常和父亲一起去逛长春的桃源路旧货市场，俗称“破烂市儿”。那儿啊，就跟现在在农村市场上的“大集”看到的旧货档差不多。那个年代去那个地方干吗呢？父子两人去那里，跟今天一般人的目的大不一样。一般人的心理，去那个地方，无非就是兜里有俩闲钱“淘”点心仪的玩意儿；而那个年头，父亲带我去旧货市场，主要目的是选购一些实用而便宜的日杂用品。生活困难呗。但是，不排除也有点苦中找乐的意思。

这桃源路市场，在幼小的我看来，也是一个“知识园”，看着大烟枪、鼻烟壶、绣鞋之类，实在不懂那玩意儿好干什么用。这时候，心绪很好的父亲就跟我一一道来：“小刚，这大烟枪，是旧社会的东西……”

父亲从 1840 年鸦片战争拉开话匣子，跟我娓娓讲述鸦片烟如何坑害中国人，大英雄林则徐为什么要虎门销烟，解放前如何屡禁不止，成为外国人瞧不起中国人的屈辱的象征，也是帝国主义盘剥中国人的罪恶工具；在伪满洲国时代，鬼子就有意用鸦片烟毒害我们中国人，而他们的士兵，他们的国民，是绝对禁止染指这玩意的。

最后，父亲告诉我，鸦片祸害中国的罪恶历史，在共产党领导下的新中国终于宣告终结。“瞧，（烟枪）这倒霉玩意儿就成了古董。”

还记得，父亲参照那些奇形怪状的小鞋给我讲三寸金莲对中国妇女的戕害：“看见咱们隔壁张奶奶了不？那双小脚啊，连走道儿都费劲，更甭说出远门，干点什么社会工作了。旧中国就是这样，把人变成废物……”

就记得那阵，我胸前的红领巾呼啦啦飘着，桃源路市场上空阳光明媚，我骄傲地挺着小胸脯，以新时代小主人的眼光看着市场上汗牛充栋灰头土脸的旧玩意儿，对旧时代旧生活旧风俗充满了鄙夷怜悯之情。

当我以优越的心态看着那些坛坛罐罐时，哪里能想到，几十年后，我会在那里面灰头土脸地寻寻觅觅。

也根本想不到，童年时的看热闹，听父亲“讲古”，会是我最早的“文物启蒙”。

起码懂得了基本道理：历史就藏在这些灰头土脸的旧玩意儿里，每一件古董，都能说出与它有关的大历史和大背景。这里面，浓缩着时代的信息，民族的记忆。

我最早的藏品是个鸟笼子。在我 10 岁那年，跟着父亲逛旧货市场，相中了那个鸟笼子，太漂亮了，真是喜欢。5 元钱，在当时已经很贵了。我偷偷攒了好久的钱，终于买回了家，特别高兴。

现在回想起来，那个笼子里面的鸟食罐，可能就是康熙青花瓷，真真的好玩意儿。可惜呀，早就不知道扔到哪里去了，没准儿还曾干过“买椟还珠”的蠢事呢。

而真正开始自己的“淘宝行动”，开始于20世纪末。

这也是一个江湖。说“江湖”，绝无贬低之意，江湖浩渺，按照传统相声的说法：在江湖面前，鄙人只能自比茶壶，还是那种小号的。

我的收藏进化史

我的收藏生活，起步其实很晚。

20世纪末，装修房子时订了一套拼装式的北欧家具。然后正好到马路对过的市场买观赏鱼，却又看上了一套仿明式家具。

第二天，我就打电话给卖北欧家具的要求退货，最后，退款打了八折卖方才同意收回。

有了仿明式家具，架子上就得摆点儿仿古瓷器；墙是白的，总要添上仿古字画。

慢慢地我就想：把这“仿”字去掉该多好。

于是，我先是逛潘家园，从潘家园一脚踏进古玩城，就算是入了门儿了。

潘家园、古玩城、高碑店、吕家营，是我四大出没地。渐渐地，现代家具在家里也绝了迹。除了古代没有的沙发以外，我使用的是明清时代的拔步床、架子床、榻、圈椅、官帽椅、方桌、条案、花几……并且，对于来访者，我一向欢迎客人摩挲家具，以增加家具的“包浆”与“人气儿”。

入门阶段，平时只要有时间，我第一个想去的地方肯定是北京潘家园的旧货市场。尤其是大礼拜的两天时间里，这里的地摊开市，人声鼎沸、熙熙攘攘。稍不留神，你就可能在某处地摊前发现我的身影：随随便便坐在一张小板凳上，也许和摊主聊得正热乎呢。

这种时候，听摊主给你讲故事，甚至听人家怎么忽悠你，都是一件非常惬意的事情。

但和来潘家园东瞧瞧、西逛逛，总想着捡漏发财的大多数人不同，我已经是“行家”了。行家就要有行家的做派和风范，在这一行里，这一点是很讲究的。

逛地摊时，很有意思，表面上看我们都是趾高气扬地从一个个摊位前走过，跟领导视察似的。其实，蹲在地上的那些摊主们都不是好对付的主儿，和他们过招儿，没有点儿真才实学肯定是不行的。

遛地摊的肢体语言就不一样，站着，兜挎着，插着，走着，踅摸着，摊主仰视着你。这种“肢体语言”，其实就是智力博弈的一个组成部分。

很多时候，你可能真想蹲下拿这个东西，但很多时候你不这样，而是手揣兜，拿脚点一点：“这多少钱，这贵吗？”

接下来就是连唬再诈的，其实也不是没有前提判断的瞎咋呼。你得想啊：兜里有几个钱？眼前这件东西能值多少钱？

这个时候，讨价还价也纯然是市井作风，什么名人不名人，在这里，就是买方卖方。

“要卖 2000 块？啊？你可真敢开口哇！”

“你这就不好了，张口就 2000，你想把我吓跑啊？”

粗鲁，爽利，带着亲热劲儿。

当然你也不能老这样，遇到真的觉得不错的，觉得这个东西有点意思，可我不是很明白，就会蹲下来，拿起来看一看，得仔细琢磨。这时候就招呼一声“把凳给我”，跟他聊，最后也可能有戏，也可能到了一件东西没买。

逛了多半天，可能不会买任何玩意儿。就是一个入门儿阶段，时间很宝贵，也不能白来，再不济也到书摊上买几本老书，尽兴而归。我还买过老地图，老照片，都买过，也挺好玩儿。

但是终于有一天发现，自己去的频率越来越低，几乎就不去了。因为眼力提高了，那些东西也看不上眼了。

终于，有一天迈进了古玩城，那就不一样了，忽然之间觉得你矮了。因为你不能像逛地摊那样大大咧咧：你这多少钱啊？怎么卖啊？好在哪呢？……

所以说，逛地摊和进古玩店是两种境界：在地摊，你是居高临下；在古玩店，一下子就平等了。和服装店不同，古玩店的老板们一般不会主动招呼进来

刚从嘉德拍得清康熙年间被称为“画圣”的王石谷的画作《杜陵诗意图》，原作两边有启功与徐邦达先生三十余年前之题跋。今请先生重读，自然感慨万端。图为与古书画鉴赏泰斗徐邦达先生合影，摄于 2002 年。

的顾客，给你推荐自己店里的东西。人家好女不愁嫁，酒香不怕巷子深，不必吆喝叫卖。

不怕各位笑话，我第一次跨进古玩店的时候，按北京话说，也是透着“怯”的。

古玩城的人也打破惯例，盛情招呼：“哟，王先生！蓬荜生辉啊！哈哈……来来来，坐坐坐——您喝什么茶？”

“真别客气，我头一回来，我真的是不大懂，但是挺喜欢的。”我就说我不懂，“潘家园我溜了几年啦，各地我也去，大英博物馆也看了不止一次（我女儿曾在那里工作过三个月），但还是不大明白，你有什么好东西给我推荐推荐，让我也开开眼，买不买还在其次，跟您学学。”

又委婉又礼貌，同时也是这么个理儿。

收藏的学问，其实也是“人学”，是世情、人情的学问。为什么这么说？打个比方，说话是最简单的，然而殊不知到一定年龄，其实人人还要面临“学会说话”这个坎。我也曾经遇到过这个困惑，见一见什么人，要说一件事情，尤其是求人家的事情，该怎么开口啊？真的要左右衡量，你会发现想来想去，最简单的办法，就是实实在在地、怎么想的就怎么说。

对方不管是什么脾性怎样的人品，他都会喜欢实实在在的交流方式。

这第一趟的战果就是以自己满意的价格买了个康熙青花盘。

古玩不仅是商品，更是文物，文物交易应该是雅事，这就涉及礼数。

逛古玩店有很多讲究，比如说，最忌讳一进来就吆五喝六地瞎嚷嚷：“这东西对吗？”“这多钱哪？”特招人烦。上手拿东西（尤其是瓷器）时也要特别小心，如果店主没让你自己动手，你又不是熟客，千万别上去就提搂，也不能从人家手里接过来，最好等人在桌案上放好了，你再上手。否则两人一客气一推让，咔嚓——掉地上了！算谁的？古玩行里看瓷器，一般都是在一张大桌子上，搁上一个内衬绒布软硬适度且有窄边框的垫盘，东西一件一件往上拿。

古玩店老板也都会看人，从你一跨进店门开始，你的一举一动、一言一行都逃不过老板的眼睛，往往在你看东西时，老板就在一旁看着你，他始终在观察你呢。

行家风范是多年修炼后的随意流露，仿是仿不来的。

总之，逛古玩店跟逛市场不一样，不要以为自己真是“上帝”了，您要真是那种到处嚷嚷的财大气粗的暴发户，砸大钱买了假东西，还被人瞧不起，那可就成了“棒槌”了。

说了这么多，来几句淘宝的忠告。首先，不要张口就问价。你一问价，摊主若是回答：“哦，您是行家，我看不准，您给个价吧。”——马上就把你给搁这儿了。

我和张铁林在上海逛古玩商店，我拿了一对晚清粉彩盖碗看，还在琢磨，张铁林抢过来问：“多少钱？”老板娘说：“3000。”铁林拦腰还了一句：“1500。”老板娘一乐：“看皇上的面子，就给您了。”

我心里那个气呀，其实这里面，还不光是个莽撞还价的事儿；按规矩，前一个问价的人不要，后一个才能拿起来。出门以后，我还有点郁闷，夺过一只盖碗：“你拿来吧你！”给你 750，瞪你一眼。——别看铁林演皇上，可在下面，被我和张国立挤兑是经常的事儿。

现在这两只碗还一人一只。

我也跟媒体说了这事儿，打算末了还是还给铁林，也不要他找钱，但后来也就不好意思还了。为啥呢？眼力提高了，那对盖碗是新活（赝品）！

平心而论，现在民间的好东西极少了。我自己逛地摊主要是为了放松找乐儿，而真金白银出手买东西的地方还是在古玩店和拍卖会。

那次，在一家古玩店里，我隔着玻璃看中了一样东西：金代磁州窑的虎枕。金人灭了北宋后，他们的部落审美习惯影响了磁州窑的窑工们。老虎来自北方丛林，是王者的象征，那时候的金代贵族们，大概很喜欢枕磁州窑烧出来的虎枕睡觉。当时，我看这个枕头，虽然上面有好几道纹，但东西肯定对，所以特喜欢。

前后去了三回，才终于见到了老板。老板姓闫，看上去很斯文，甚至还有几分矜持。一番交流后，我把东西抱走了，没给钱。这一行就是这样的规矩，老板发现顾客是真喜欢一样东西，可以“先提货、后付款”。

一来二去，我和这位“有点架子”的古玩店老板成了好朋友。

涉入这个领域，名人如我者，也要放下身段，你是个名演员也好，或者名主持人也好，都跟这个完全无关。

你要是再拿着架子，你就等着吃亏上当吧。在这个领域里，你就是一个小学生，你得像任何一个人学习，这是毫不含糊的。

“你再往外拿，我叫警察啦！”

近些年来，我经常接到这样的电话，非常“朴实”，态度殷切。这些电话总会给你这样一个信息，我家有珍宝，并照例附上一个非常生动曲折的来历，本来值若干，但最近有个窘难的事由，想来想去，王刚老师您是名人，又识货，这好东西让给您我们心甘情愿……

历练了这么多事，这类电话，一听话音就知道对方要干吗。

我客客气气回绝：“您这么信任我，实在不好意思，外面说我是行家，其实不是那么回事。您的这个，我真的拿不准，况且我也拿不出这么多钱……”

可是到后来才知道，话你又不能说得太软太客气，要太客气了，对方会“殷切”得让你不知道说什么才好。

干脆给他来个“密不透风”，苦笑一声：“说实话，我现在连一万块也拿不出来。”

这算是客气的了，还有更离谱的。

逛地摊时，常常有人将我拉到一边说：“我家里有好东西，跟我去看看吧。”一开始我还真信，结果几乎每次都上当。

有一次在上海东台路，一卖古董的把我说动了。跟着他往他家走，说是七八分钟的路，可越走越远，七拐八弯，总是说“快到了”“就到就到”。我有点焦躁：这是什么地方啊？怎么越走越偏？可别出什么事儿。

到了他家里，黑咕隆咚，拿出“宝物”，一看——“新”！回头就要走。

“王先生别急，家里还有呢……”

又拿出来一件，不看好，又翻箱底，诸如此类。

马未都先生讲的一个细节特别传神：到了关节处，貌似忠厚的夫妻俩会互递一个眼神，“抖包袱”似的来一句：“要不，把那个拿出来给先生瞅瞅？”

总之啊，让我这演戏的人也自惭形秽：瞧人家这“小品”演得……

过程就不赘述了，反正我心底这个火腾腾往上蹿，我瞪圆了眼大喝一句：“别拿了！你再往外拿，我叫警察啦！——干什么呀你们这是？耽误我多大工夫？”

2005 年，与马未都先生合影于西子湖畔。当时刚看完浙江博物馆的浙江企业与私人瓷展，赞叹不已。惟那日闷热异常，加上免费参观，馆内观者摩肩擦踵，恐大多是为享空调冷气耳。

也甭跟他们废话，转身噌噌往外走，尽早离开这地方。

《天下收藏》背后的故事

如果有人问我，演戏、主持和收藏哪个重要？对这个问题，我可以肯定地回答：当然是收藏最重要。我已很多年不接主持的活儿，除非是收藏节目——需要说明的是，我办收藏节目也是极偶然的。“接活儿”，我有雷打不动的原则，前提是喜欢。

2001 年秋，江苏卫视一个新开办的收藏栏目请我去主持。当时，恰好该省某市有场拍卖，我是奔着其中一个乾隆紫檀炕桌去的。电视台派人弄车帮我张罗，让我特别过意不去。最后台长还亲自跟我聊这事，我就答应了。最后那张桌子没拿到，却收了一个电视栏目。当时我特想提出这栏目最好搬到北京来做，那边好东西太少，不过瘾。

事实也是如此，经常地，节目组如获至宝地叫我去，我一看，不过如此。

记得有一次，我还和这家卫视请来的一位专家拍了桌子，因为那人的鉴定有误，且这“有误”的原因似乎不在“眼”，而在心！

一年多后恰逢“非典”，节目停了。

后来，当北京台找到我，透露他们要办此类节目的时候，我们一拍即合。

这个栏目是北京卫视2007年投入挺大的一个节目，名为《天下收藏》。和所有收藏栏目一样，它请了专家、观众、持宝人三方辨宝、辩宝、估宝。不同的是，节目中多了一项砸“宝”。

关于这个环节，我更愿意解释为“护宝”。“真”是“宝”的前提，不去伪焉能存真？

一般情况是这样，经过现场三位专家鉴定后，主持人故作闲庭信步地转悠几圈，追问几句：“后悔吗？退出还来得及。”

在签了“生死文书”（就像过去比武一样，签了文书，就生死由命，再不能找后账了）的持宝人咬牙点头后，主持人突然出其不意地砸了其中的赝品，让节目现场“嘘”声四起。

作为该节目的总策划，我对设置这个环节的创意颇为自得。我认为，栏目的原则，也就是收藏的原则，去伪存真是第一步，是最要紧的。

节目只播了两期，我再去古玩城，已经有店主戏言道：“王老师，带了瓜棱大锤了吗？”

对于不能砸的字画等物，我也有招儿：用朱砂笔在上面画钩，就像阎王爷在生死簿上画钩勾人命似的，达到另一种强烈的视觉效果。

要问我为什么采取如此极端的方式对待赝品，简言之，就是恨啊！恨那些造假、贩假者，同情进而警醒那些上当受骗的藏友们。这么做，实在有些现实关怀在里面。我在这行里待久了，耳闻目睹太多太多穷其一生积蓄，买到的全是赝品的辛酸故事。这就让我下决心，在节目中淡化人们最关心的价格因素，而是突出对瞎活（假货）的鉴别与打击。

《天下收藏》除了请故宫博物院等文博机构的专家，还特别找了拍卖公司的老总（如甘学军先生）和国际知名的艺术品经纪人（如翟健民先生）及民间的大收藏家，让这些处于收藏行当第一线的人来辨伪估价。说起来，体制内专家，他们更多负责对文物的考古研究、断代，让这些专家兼职鉴定、估价是很可笑的事，反而降低了他们的作用。打个不恰当的比方，法学家们研究法学可以，但是断案子，还得法官和律师们一起来。

节目办了一年后，《天下收藏》的收视率已经很高了，比 2007 年刚办的那年收视率提高了将近一倍，有人觉得这就可以了。我说不行，说不好听的话：为了改也得改，每年一定要有新气象。

2007 年的模式是最后砸。后来我发现：统计收视率的时候，不仅有一个总的收视率，还有一个分分钟的收视率，一分钟一分钟地统计。好多人就等最后“砸”那一下，而中间的过程就撂下了。有朋友告诉我，在我砸那一下的时候，连做饭的主妇们都撇下饭锅回来看，看到底砸了没。更有甚者，有的观众夫妻俩在家里还赌，看哪个对，哪个不对。总而言之，这个环节是最受关注的，也是争议最多的，就是看王刚砸没砸，看持宝人有何反应……让观众惦记着这个，这是最大的兴奋点。而这个兴奋点过于集中，又造成了收视率的不均匀。

我说这不行，得想辙。那一日在京广大厦，我跟撰稿人卞亦文喝着咖啡想。骤然间，我猛地一拍大腿，几乎嚷出声来：有啦！把这个砸，一分为三,一把一利索！我让你离不开，别都等攒到最后。

记者采访我，谈及《天下收藏》，大多由这一“砸”问起。我就说道，不同意砸的，我特理解。“挺好一个东西，什么真的假的，假的怎么了？也是一个很好的花瓶啊，怎么给砸了，在家里插花也不错啊。”——这就是没有收藏经历的人的过于天真善良所致，凡是有收藏经历的人都打过眼，打过眼的就对赝品恨得要命。

一件事不怕引起争论，也许从另外一个角度看，争论是好事。

不过，说句实在话，如果我要不砸，这个收视率肯定要降的，因此就必须有这么一个悬念。要触目惊心，惊的是什么心？有一期节目我说：在《一件小事》里面，鲁迅先生说：榨出你皮袍下面的“小”来。这个“惊”，就是要惊出你内心的“贪”字来，你不贪，不想着得横财，绝上不了当。

其实我也不例外。打过眼的，吃过药的，全是因为“这个东西怎么这么便宜”！“故宫里就一个，我手里也有啦！哈哈！”你在窃喜，人家更是偷偷笑得肝儿颤。就如《水浒》上说的：只道吊桶落在井里，原来还有“井落在吊桶里”呢。

举目一看，绝大多数情况是“井落在吊桶里”。这话怎讲？

这就是一个不得不说的残酷的真相：《天下收藏》曾分别在北京、沈阳、兰州办过三期特别节目，义务为广大收藏爱好者鉴宝。赝品率竟然不谋而合，皆为百分之九十五左右，上下不差一个百分点，令人心寒哪！

看过节目的人都知道，有几期我真是“赶尽杀绝”，每件都砸啊。

报名参加栏目的民间藏家，多到根本推不开门。报名多是好事，但是麻烦事也多：100个人手里面的东西，能拿出一件真的，又能上得了台面的，少之又少。总不能期期每件都砸，太没有希望了。那怎么办？比如说你认识某个藏家，有真货，便上门求助：“您去一趟行不行？”

藏家一般回绝：“我不整那个。”

编导没办法，就得坠着他：“帮帮忙了，要不然实在太惨了，给做一榜样。”

“……行。”

做这个节目，主持人要担很大的干系，外行做还真有风险。因为三个藏宝人，座位便分作一、二、三号，但也可能上去的时候，不知道怎么弄成了二、一、三号，或者三、二、一号了。你若也分不清楚青花、粉彩、斗彩、五彩的，不留神，把真的给人砸了就惨啦。

这类悬事儿不是没出过。有一期，轮到马上要“宣判”第二件藏品时，我照例先抄起金槌，在一件五彩瓷瓶上来回晃悠着，惊得本主儿紧着拿手护着他的宝贝。而我不过是“虚晃一枪”而已，我心中有数，他那东西，一冒头儿就看出来了：开门儿真！

晃悠了好一阵子，该宣布专家鉴定结果了，我往鉴定书上一搭眼，傻了！最后一行字，分明写着：现代工艺品！按说该砸呀，可我明明看真哪！砸喽？万一是真的，得赔人家二十多万呢！破财事小，“失节”事大！全国那么多观众，藏龙卧虎啊，这要传出去，甭多了，就一句：哈哈，王刚砸错喽，赔人家好几十万哪，专家和我脸往哪儿搁呀！

心里一通儿乱，脸上倒没显出来，嘴巴也没闲着，边叨咕有关五彩的话题，边往专家席那儿蹭，顺手把鉴定书放到专家的眼前。从专家们惊愕的神情，我断定是出岔子啦！果然，后台一个负责传递鉴定书的，脸儿都白了，忙不迭地递上另一张纸。原来那张是鉴定第三件藏品的，递早了。而新的一张的鉴定结论果然是“真品”！多悬哪！后怕呀！

《天下收藏》第一期节目正式在北京电视台播出后，我在第一时间接到了同道藏友、著名编剧邹静之的电话：“悬念设计得很好，像一出情节跌宕起伏的剧作，让人想起了希区柯克。”

我就是要用“砸毁赝品”这一极端的表现方式，造成一种视觉上的冲击力，给电视机前的观众们一种心灵上的震撼——赝品就应该是这样的下场。

不过，如果我们仅仅将注意力集中在“最后一砸”上面，那就会失去节目中更多、更有价值的内容。比如，节目每一期的选题——究竟上什么内容，其实背后凝结了整个策划制作团队太多的心血。外行看热闹，内行看门道。我们做节目，不光把眼睛盯在“宝贝”上，我们还注重对宝贝的历史背景和相关知识的介绍。通过对这种背景知识的逐渐掌握，个人的审美层次才慢慢会出现质的飞跃。

比如说，说到成化斗彩，就让人想起那个历经磨难、喜欢一个比自己大近二十岁的女人的结巴皇帝来；说到宣德炉，就想起这个皇帝还喜欢斗蛐蛐，于是有了宣德促织罐；拿雍正年间的官窑瓷器跟他儿子的年代的官窑比起来，就能明显地比较出后者繁复、缛丽有余而精巧、灵雅远逊。一言以蔽之，上有所好，下必甚之；皇帝个人的审美情趣，能起到同时代最大的放大效应。

举个例子，2009年一期《天下收藏》，亮相的是“崇祯青花”。更确切说，应该是明代崇祯时期的民窑青花瓷器。在收藏界，最终将崇祯青花确立为一个收藏体系，形成一个概念，只有短短五十多年的历史。

明代自从万历以后直到崇祯，是一个王朝的末世，内忧外患。尽管崇祯皇帝几乎是中国历朝历代亡国之君中最勤奋的，史书上说他“宵衣旰食”啊，可仍然无力回天。崇祯在位时，曾颁布了一道诏书，命景德镇所有官窑全部停止烧造瓷器，因为当时已经没有闲心顾及艺术品了。但是，原来烧造官窑的那些工匠们也得吃饭，也得生活呀，于是乎，弃“官”而投“民”。

于是我们突然发现：原来处于王朝末世的崇祯年制的民窑瓷器这么漂亮，透射出一种努力在绝望中寻找希望的挣扎与呐喊。

说到这块儿，我想起了出演过的一部戏，叫《江山风雨情》，我饰演的是崇祯皇帝的内廷总管王承恩。这个人是明朝最后一个权阉，最后一个有权有势、同时也是忠心耿耿的头号宦官，最后他陪崇祯皇帝死在了煤山，就是今天的景山公园。

你看，当你了解了那段历史，再来重新面对一件崇祯青花瓷器时，感觉肯定就会不一样了。透过这样的演艺经历，我的收藏生活就显得有血有肉，满含情感了。这样的精神乐趣，我想不是每个搞收藏的人都能享受到的。

“主持人里最好的收藏家”

经常地，我的收藏与演艺生涯是交叉的。在宣传电视剧《玉碎》时，我在去天津的车上，还在遥控指挥藏友在日本大阪的一次拍卖会上的叫价。当时正在拍一件元代剔黑荷塘鸳鸯纹盘（我曾在大英博物馆见到过类似的一只），因品相一般，不到300万日元就落了锤，那才是我心理价位的一半！那一刻，天津也到了，真个是：天津萝卜——心儿里美呀！

这种情形在我的生活中经常发生。说来也巧，拍卖分春秋两季；拍戏也多半在这两个时间段。这就难免撞架了。平时拍戏时我都关了手机，但如果那天有拍卖会，我若是急了，会在演戏时突然喊一嗓子：“停！”往往搞得周围人丈二和尚摸不着头脑，接着我就躲一边接电话，开始叫价。

记得有一次，为了一对儿乾隆柠檬黄地儿洋彩花卉碗，我在拍戏现场用手机竞拍。没几番，对手就剩一个。我充满信心势在必得，对手也毫不气馁步步进逼，两人轮番叫价，又叫了20多口时，我扛不住了，与我心仪已久的宝贝儿失之交臂了。嘿，人外有人啊，我只好长叹一声“既生瑜，何生亮”！然后踏实演戏。

一旁的导演告诉我，王老师你刚才喊那声“停”时，嗓子都“劈”了。

不过，时间一长，大家都习惯了。

还有人评价我说，王刚搞收藏，除了“痴”的一面，还有“愤”的一面。说具体点，就是任何人不能在收藏上跟我打马虎眼。

有一个以故宫运宝为题材的电视剧，男主角是文物专家，却掂着一件粉彩瓶子说是青花罐子，于是我就评价说：“这是拎着一只花袜子说‘这是谁的兰呢帽子’，太离谱了。”

孰料影视作品中可乐的事情还多着呢——明代题材的电视剧里，往往大大咧咧地摆着清代家具和粉彩瓶子；唐宋戏里，则出现了对联；明清民国倒是有对联了，可一半以上又给弄反了，上下联颠倒了。

看到这些场面，就不能不生气。

还有一次，某个以古玩业为题材的电视剧为了宣传，号称借来的道具价值超1亿元，其中一件是3000万元的明成化斗彩鸡缸杯，稍具古玩知识的人都知道这种宣传把戏的荒谬。

而对于认真、较真儿、又识真的收藏者，我又尊重又敬佩，且愿意与其交流探讨，无论他地位高低、钱多钱少。有人老以为收藏一定是有钱人玩的，未必！经过几年十几年的淘换，终于将一套六十本的老版连环画《三国演义》攒全了，那种欣喜，绝不亚于在国际大拍上一掷千金竞得一件元青花大罐。这叫各得其所，各得其乐，又是殊途同归——花着自己的钱，为我们这个民族守望着宝贵的文化遗产。

于大英博物馆中国宋代磁州窑瓷器展柜前留影，摄于2004年。

有媒体称我是“收藏界最好的主持人，主持人里最好的收藏家”。我明白这话里有褒有贬；再有记者问我以为然否时，我便笑答：哈哈，然也，然也，精辟！准确！

把演艺跟收藏连在一起说，我肯定绕不过和珅了。演了和珅之后，我也有意收藏一些和此人有关的东西。我有两个和珅的折子，其中一个贺乾隆喜得五世孙的贺折，还被我拿到电视上展示过。某次有拍卖公司老板打电话给我，说有个和珅的大卷轴书法，拍前买断价 15 万元，简直是专门为我准备的。我当即表示：“乾隆的字才 3 万元，不要。”

结果，证明是我判断失误。在拍卖场上看到那幅字后顿足大悔——这幅字品相极好，最后以 60 多万元的价格被一个企业家拿下。我吃不到葡萄说葡萄酸，只好自我安慰说：“他花那么多钱买一贪官的字，有毛病吧？”

在朋友们眼里，我是这种人：平时一双十几块钱的袜子会让我大呼心疼，可拍卖会一次喊价，能买 1000 打的袜子，却眼也不眨。老实说，我不太喜欢拿艺术品投机的人，自己也几乎是只进不出，顶多玩腻了，出手几件，再换回一件更好的、往往也是价钱更大的。先去伪存真，后去粗取精，这也是收藏的一般规律。

我体会，收藏很像爬山，爬到一定高度，你会发现坡越来越陡，路越来越窄，而且永无止境，永远到不了顶峰。其间不断碰到的尴尬就是，品位提高了，钱跟不上，财力总是跟不上眼力。好在前辈早就撂下话了：过眼即拥有啊，聊以自慰。

搁以前，痴迷收藏会被人说是玩物丧志，而今没这忌讳了。我甚至说过，玩物丧志是最高境界，只要你真进入一定状态，那就是先贤说的舞之蹈之，浑然无我的境界。功利心，佛教上说的“有为法”，荡然无存矣。

鉴宝面面谈

不管是在《天下收藏》还是在其他同类栏目里，最后定会找一个或几个专家点评一番，给个权威结论。于是就有人问了：要是在收藏品市场排一个位，谁有话语权，说了大家听，有没有这样一个群体？

我的答案是，有。但没有绝对的。尤其现在情况非常复杂，比如，一般老百姓愿意信什么呢？首推故宫博物院，国家博物馆，或者各地的一些文博机构，总而言之是体制内的专家。这是顺理成章的事，我初入此道时，何尝不是如此呢？但时间长了，我就发现，这是条路，但不是唯一的路，可不能一条道儿跑到黑，说的损一点儿：可不能可着一棵树吊死。

这行里有眼力的佼佼者，大致分为三类：专家，行家，藏家。

专家，一般是指前面提到的文博系统里有“研究员”又称“教授”头衔的，老话讲“吃皇粮”的。行家，广义讲是行家里手，狭义上或行里人专指古董经纪人，旧称古玩商，现也包括拍卖公司的老总和各种艺术品门店的经理们。藏家，多指并不以此为业，原出于爱好，进而痴迷，后来也术业有专攻，藏品有规模、成系列，甚至著书立说者。

《天下收藏》请来的鉴赏家，就有这三方面的代表性。当然不可能保证这三类人中每次都能各来一个，因为有时候这个不在，那个不在，但是总的原则是这三类人都要请。

他们各有各的长处：体制内的专家有权威性，这是针对广大观众和那几千万一般收藏爱好者的。但是，体制内的专家理论上强，可让他给民间文物做鉴定原本不是他份内的事。想想，你要是国家体制内的专家，国家养着你做什么？忽然说哪里哪里有古墓了，得进行“抢救性发掘”了，你们赶快去。那里不存在真假的问题，而是要他们去给断代。扒开这个土层一看，这是西周的，这是东周的，然后根据这个再看这段历史，是哪个皇帝、哪个诸侯。他们是干这个的。尽管现在的情况复杂了，但是我还得认这个现实，因为一般老百姓信他们。但是，要是都让他们说了算的话，这事就麻烦大了。

还有艺术品经纪人，就是那些走南闯北的古玩商。也可能有些大专家对他们颇有微词。但我尊重他们，也信任他们——那些专事坑蒙拐骗、欺生杀熟者不在此列——这些人是真金白银地付出过，在国内外的大拍上摸爬滚打过来的。很多人从学徒开始历练，是买错一个就让师傅抽嘴巴子的人。港台、欧美有很多这样的大行家，每年都是几亿几亿地进出，且多半正值壮年，精力经验皆有。

当我遇到那种谁说都不服，总想找一个能一锤定音的权威的主儿时，我万般无奈却又诚心诚意地给他指条明路：你选择几家在这行里有资质、有诚信的大的拍卖公司，你拿去，看人家收不收。真东西，好东西，不用你废话，人家会把你奉若上宾，巴不得你把东西留下上拍。这道理再简单不过，好赚佣金啊，买家卖家两头赚，谁把财神爷往外推呀？

否则，哪怕人家话说得再客气，诸如东西不错，但这类的我们已经有了；或曰：我们不是专家，拿不太准，要不您找别家试试？最言不由衷的话是：哎呀，好东西呀！就是价钱太大了，我们的一些老客户怕是买不起呀！以上这些话，结论就一个字：假！

那番话是假的，你这东西更是假的！如果连这类鬼话你也信了，我劝您趁早收山！因此，拍卖公司有的是董事长，有的是老总，他们大多是行家，起码也是半个行家，更何况，人家多半有一个相对固定的鉴定班子。除鉴定真假外，他们对市场行情，在藏品的定价上最敏感，也相对客观。

藏家，可谓此三类人中虚实兼顾、左右逢源者。虚的，收藏让他享受无尽的乐趣，用当下很流行的话：找到了自己的精神家园；实的，假以时日，无意插柳，不留神还大赚了一笔！堪称“精神与物质文明双丰收”也。藏家的眼力，有些并不逊于专家与行家，有些则在不断提高中。找藏家掌眼，他多半不会藏着掖着，敢于说真话，较少顾忌。原因不言自明：不太牵扯自己的经济利益嘛。

当然，以上“三家”，内涵不同，外延却是相互交叉重叠的。不是有句玩笑话吗？“藏家变行家，行家成藏家”！前者褒，后面半句就透着几分揶揄了。那意思是：藏家藏久了，无意中成了长线投资，一旦出手，利润十分可观；而行家或打眼或价钱进高了，一时半会儿卖不出去，砸手里啦，只有自己藏着啦！

毋庸讳言的是：眼下真正的藏家越来越少，尤其是内地。原因不必赘言了吧。

讲收藏，鉴定肯定是重中之重。以上“三家”靠的都是目鉴，又称“眼学”。时下科技如此发达，难道就没有一种技术、一种仪器来鉴定真伪吗？有啊，但也不绝对，也不完全靠得住。

比如也有相当长历史的热释光啊，碳 14 啊……正经不少呢。一般认为相对权威的，国际上通用的是牛津大学鉴定中心。当然不能白做，我做过，一件俩眼儿大概花 450 美元。它是取样，叫“有损鉴定”。一般是底足你看不着的地方，打俩眼儿，把那渣儿取出来，整器不带走，只把那点碎末拿回牛津鉴定，然后给你一个报告。

英国人做事非常缜密，人说的就是这块绿豆大地方。如鉴定结论为该古玩“年龄”800年上下，一般就写700年到900年，上下留出200年富余。你整一个200年的东西过去就不好办了，所以一般都是金、宋以前的，且大多是老窑。如送去一件清三代的官窑器，鉴定结果不仅不准，还要钻俩眼儿，你舍得吗？

就算老窑，这种鉴定真的十足保险吗？不要忘了，有很多是“后接底”。因为有人摸准了这一点：大凡鉴定，大家都愿意看底足，好嘞，我弄个底足是老的，上边整个器身是新的。“后接底”还有“冷接”“热接”之分。这类东西，初入道时，我买过。乍一看，哎呀，好东西呀！结果经高手指点，终于看出端倪，又交了一次学费！

国家博物馆还有无损鉴定的一套测试仪器。一件整器（不能太大的）放进去之后，一会儿电脑数据就打印出来了。出来后说其各种成分分别是百分之多少，然后有一个标准，比如说是南宋，他把这个数据跟南宋这类东西各种化学成分的含量进行比较，看是否吻合。诸如此类。

但是人家说的是与南宋什么什么东西各种成分基本吻合，人家没说这就是南宋的瓷器。这个鉴定机关参照数值出自它现有的标本，有的标本多，它就相对准确一点。

国家博物馆我也去过几次。有一次我就见识了一次“鉴定悲剧”。

那天，我前面一个人正在那做，一听讲话，是香港那边人的感觉，挺牛。

我问：“您这带的是什么？”

他说，我这是“汝窑三足洗”。

我一听，汝窑？！天啊，今儿没白来，开眼喽，因为这东西全世界有案可查的就67件半。咋还整出个半件呢？其他67件整器都在中外各大博物馆和极少数藏家手里，广州博物馆有件残器，是谓“半件”。难怪人家牛啊！

可当他把锦盒打开，刚刚的惊喜艳羡转瞬即逝，一种久违的亲切感却油然而生：可不吗？和珅的戏里面就砸了一个，10块钱一个在潘家园买的，仿得特别好。

我就逗他：“能让我开开眼吗？”——开开眼这是客气，我能说让我掌掌眼吗？找挨骂呀。

永记白石老人教诲：学我者生，似我者死。照片中这幅画是齐白石老人当年为西班牙大使夫人创作的《牵牛花》。2001年摄于家中。

他说“好啊”，就递给我。

我一看：啧啧，还不如潘家园仿的那个。心里话说，倒霉去吧。鉴定一个花800块钱，这位仁兄带来好多。一般我们都知道，打开一件别的甭看了。可他还在挨个在那鉴定，一见报告说什么什么条件不符，这汗全下来了，刚进去时的牛劲荡然无存。

可能觉着我也算行家了，也有企业家找我来鉴定，但我基本上是婉言谢绝。这时候我就用仨字儿，北京人讲话“装孙子”。一定要装孙子，千万别做大爷——“开玩笑，你怎么找我啊？我就是个主持人，那就是玩票，我又不是鉴定家、收藏家、专家，你找故宫博物院去，我哪儿成啊？”

为人鉴定，只有两种可能，一种说真话，得罪人；再有说假话，昧着良心。如果这件事情再有什么原因把你裹进去，不定出什么事。最好是退避三舍。

还有一种人的“请教”，特别可怕，他跟你说的时候，那眼神儿里的潜台词毕露无遗：你敢说它不真？哼……整个儿要跟你玩命啊。

我反而可怜他了，心底说：老兄，收藏本是雅事，首先得戒躁。您这是干吗？

记得第一次有人找我我还觉得很高兴，嘿，怎么会找到我了？说明在人们心目中我还有点眼力。到那一看就傻了——这种东西到了一定程度以后，会形成一种气场，你一进去，如果满眼都是“瞎活”，它们散发出来的气场，往往冲得你都进不去。而且大多是一个假就全假，尤其是主人认为特别好的藏品，充其量可能只有几件破民窑是真的。

好几年前，在古玩城我就看到过这么一幕。因为有些房间上面是通着的，里面说什么，隔壁听得真真切切。那次，只听隔壁几个人正在兴高采烈说一个“棒槌”刚从这儿拿走一赝品，当真的买走了，他们在那儿高兴，说人家“傻B”什么的。

我一会儿过去了：“刚才我都听见了，这个东西卖就卖了，不能再去谝（炫耀）了，不能再去觉得自己有多大本事了。”

不过，更多的时候是明哲保身，在当说不当说之间，真的有一种悲哀。

我们栏目曾在某古玩城办特别节目，为大家做免费鉴定。上千人排着队都捧着自己东西。那边立一牌子，上面画着我拿一锤子。

你看着真的是挺可怜的，这种热情真是对自己传统文化的一种钟情和热爱？谁都心知肚明，其实大家都在做这个梦：一旦花小钱买个真东西好东西，一夜暴富啊。

这也无可厚非。但过于执著，亦只是自欺欺人而已。

古往今来，收藏永远是小众文化，这谁都能明白的道理，但是我们现在变成一种大众的追求，尤其有些人摇起民族主义大旗的时候，你就无言以对。比如前些年闹腾得甚嚣尘上的元青花，忽然民间出了很多，还开了一场规模不小的会，集中起来几百件，整几十个专家到那儿去。

这些专家有的不言语，有的不知道什么原因，居然说“对”！还以“爱国主义”姿态抨击那些持传统理论又不会看风使舵的权威学者：你们凭什么说我们中国民间没有元青花？——因为国际通行说法是：元青花的几个代表性的东西都在伊朗、土耳其。

至于圆明园兽首事件，就更复杂了，难以评价。况且老蔡（蔡铭超），我们都熟悉。2006年10月，香港苏富比拍卖会上，蔡铭超以1.166亿港币，请回明永乐铜鎏金释迦牟尼像。当他在第一时间发短信告诉我这一消息，我当即回复表示赞赏恭喜之意。事不过几年，同样以竞拍的方式买了两个铜兽首，缘何提出“这个款，我不能付”？

2009年底参加一个国际古玩博览会，在广东东莞巧遇他，他请我喝咖啡。没等我问，他便开始絮叨这件事。整整一个钟头，就听他一个人在说，大约是他福建口音太重，我始终没听明白：这个款为什么就不能付。但隐隐约约地感到，如果说以前对他不理解的话，听他说完，倒有几分同情啦。至于为什么，我一时也说不清。

但有些，我是能说清的：一、我不打折扣地拥护国家文物局的态度，要向全世界宣示对这些流失文物的所有权，这是个大前提，大原则。二、老蔡的“不付款”是他个人行为。三、追索这些文物可以有不同方式，包括购回。

有人曾问我，究竟什么样的藏品才具有收藏价值？

这个问题若说开来，那就是另外一本书了。简单说，就三个字：真、精、新。前两个字比较好理解，就是去伪存真、去粗取精的意思。但这个“新”字，和很多人理解的就不一样了。它主要是指品相，东西是老的无疑，可看着跟新的一样。刚入行的人往往误以为越老旧的东西就越真，越值钱，好像很有历史的沧桑感，其实并非如此。

收藏，判断一个东西的对与错、好与坏，首先就物论物，它本身的艺术价值、历史价值等。另外还有些社会学的、人类学、心理学的因素都在里面。比如，什么人才有什么东西，这是再简单不过的。

上海工商业够发达，但那里原来曾经跟北京几家公司并排的两家大的拍卖公司，近几年成交率成交量每况愈下，甚至惨不忍睹。为什么？因为中国的体制有一特点，当今咱不敢妄言，在过去，权力中心、政治中心就是真正的财富中心，何况北京八百年来就一直是中国的文化中心。北方文化有一种霸气，不管上海多牛，穿得多时髦，楼盖得多高，北京的一个胡同的老大爷，扇着蒲扇，穿着圆领衫，趿拉着鞋，他照样牛，瞧不起你。就拍卖业绩来说，2009年，北京已跃入全球中国艺术品拍卖的三甲之一，仅次于纽约和伦敦了。

以个人收藏而言，我常说：一件藏品俩故事。其一，当年它是如何做出来的，它有什么特点，围绕它那段时期有哪些帝王、臣子以及重大历史事件，我们可以举一反三，有说不完的故事啊。其二，今天，你怎么得来的这件东西？是千里跋涉，从小山村的大爷大妈手中淘来的？还是咬着牙，从拍卖会上举来的？个中缘由五花八门，且够你说一气的。

收藏之正途，一定先始于兴趣，然后是学习。过去讲理论和实践相结合，而实践在这一领域实在是太重要了！如此学习，实践，再学习，再实践……最后归为两个字：悟性——你会一眼抓到这个东西的本质。但能达如此境界者，实属凤毛麟角。

天下之大，天才就那么几个，不是是个人就能成功的。搞收藏还是要多学多看，心急吃不了热豆腐，抱着中大彩发横财的心搞收藏，殆矣。

赝品悲喜剧

记得一位评论家说过，我之所以能够解剖谬误，因为我经历过谬误。

买文物被人蒙的经历也有，但相对比较少，绝大部分都退回去了。主要是我有防范，把丑话说到了前面："您的这只梅瓶，我觉得是真的，您也当真的卖，我也挺喜欢。但是老板，我真的是眼力不行。另外，今儿这个灯光底下我也看不大清楚，能不能让我拿回去看看再怎么着？"

"拿着，王老师，看着对，就按照当时商量的价；不对您拿回来。"

"是这话？"

"那当然了。"

——可不"那当然"吗？因为你是王刚啊，你跑不了。

拿走了，第二天可能在阳台上，在日光下再看，找一下参考书籍，或者是请教别人，如果不对，再送回去。

如果真不对，这话还得说得软和一点，不能直接说"你这不对啊"之类的。于是打电话，随便找个借口：当时挺冲动，拿回去一看不大好玩儿，没什么大意思。

东西送回去，对方往往很通情达理：这个您不喜欢，没关系，您看有什么中意的再拿。

2008 年 4 月，与曾子墨小姐一起主持嘉德公司成立十五周年庆典晚宴。

他通情达理，我也不能不仁义，一般在这种情况下，我一定要在这家店里选另外一件东西。大家权当没事儿。

但是，最初我还有一个毛病：好先给钱。但是遇到东西不对的情况了，怎么办呢？得想辙让人退钱啊。

一般来讲，退钱这一块儿，也有说道。到了这个节骨眼，对方一定是很不高兴的："现在您说不对了，当时怎么说的？"我脸上就有些挂不住。

也有行里人说，古玩行有一个不成文的规矩，如果给付 5 万块钱，那么退的话只能退 4 万——那 1 万块钱算是交学费了。这算好的,有的甚至得贴更多。

不过我还真没吃过这种哑巴亏，有时候我就径直说，"真不好意思，你钱还得给我退了"。对方沉吟片刻，说："王先生您跟别人不一样，您不是做生意的。你自己玩儿，我有点不落忍。"

这就是漂亮人会说漂亮话，办漂亮事。

也有骗了人还犯横的主，就没法说理。他会阴阳怪气来上一句："是假的？假的您就退回来？那我卖您的真的，按现在的行情，您都赚了两三倍怎么不给我退啊？”整个一强盗逻辑。

世事堪笑，体现在收藏界，就是围绕着“利”的云山雾罩。

我甚至不无自嘲地想：“天下收藏”的那一锤，和堂吉诃德的长枪挑战风车摆在一块儿，哪个更滑稽？

有人问：赝品往往能做到什么程度？

讲个故事。

1994 年夏，一位在国家博物馆工作的人将在潘家园买到的陶俑带到了自己的工作单位。这东西一亮相，专家就认定：这是一件北魏时期的珍贵文物。

于是乎，国家博物馆、故宫博物院等单位拨出专款，派出专家，抢救性收购古玩市场上出现的北魏陶俑。

短短几个月时间，文物工作者们从古玩市场和各种渠道收购了数百件北魏陶俑。

紧接着，潘家园一拨儿又一拨儿的“北魏陶俑”也出现了，国家这才觉得有点不对。

文物局决定暂时停止收购，并联合河南省文物部门，由警方配合，对此事进行彻查。

所有涌进北京古玩交易市场的“北魏陶俑”，都是洛阳偏僻农村的一个叫高水旺的村民炮制的。此人被铐起来的时候自己都在愣怔：俺的娘！这事儿可邪乎了……

原来，他也不曾料想自己制造了一个超级骗局。

再说一个趣事儿。

某海关扣下了一批“国家一级文物”，携货人落网了。这个得判重刑，走私国家一级文物这可不是一般罪名。公安和文物部门追根溯源：这元青花是谁卖给你的？那人哭丧着脸供出来：是景德镇的某某某，他住的那地方叫樊家井。

有关部门找到卖主家了：“你这儿有国家一级文物，你是不是走私卖了？”

卖主一听，咧嘴傻笑：“什么国家的，还一级呢？那就是我的。”“瞎掰！我们经过有关地方鉴定，是国家一级文物。”他赌咒发誓：“真的是我做的！不信我再给你拿几件。”

床底下破纸盒子拿出来，打开都是坛坛罐罐："同志，你看看，而且还不光我一家做，我们樊家井好几家呢，我可以带你去参观啊。"

这个罪真就没法定了，买的那个人是把仿制的"元青花"当国家一级文物走私到香港，主观有不良企图，可实际上卖的是"樊家井乡村作坊正宗土特产"。

我跟朋友们开个玩笑，这也算"工艺品创汇"了。

假古玩的现实后果，最有讽刺意味的是贪官的"家藏"贬值。这类事儿还真不少。纪委检察院把某个贪官受贿来的古玩字画拿去鉴定，结果一出来：假的，不值几个钱。——谁说假货无"功德"？他的案值可不就降下来了吗？不是就有宽大的机会了吗？

猛想起另一个贪官来，和珅！不由替他遗憾：生不逢时啊。乾隆年间，赝品还未如此泛滥，起码抄家清单上没列出一件假货。否则，兴许能改判个"无期"呢？

收藏哲学：就玩我的"小聪明"

话说回来，过去仿的东西也有价值，最没价值的是当今仿的。不要误会，仿古工艺品虽属新仿，但只要不当老的卖，自然不在此列。我指的自然是以新充老，以假乱真的东西，纯粹是为了牟取暴利的那种。

如瓷器，而今康雍乾仿宋瓷，仿明永宣、成化，晚清民国仿清三代，几十上百万者不在少数。再如书画，王羲之的《兰亭序》，据传早就藏到唐太宗李世民的墓里了，后来褚遂良就有摹本，也是一种仿造。如果能搜罗到那样一件的话，同样也是价值连城啊。还有现代张大千这样的名家，他仿古书画，能使当年名头绝不逊于他的黄宾虹都打了眼。我想，张绝非成心骗人，大约是文人名士之间戏谑玩笑而已。张氏堪称一代怪才鬼才也，要不徐悲鸿怎么说"五百年一大千"呢。

本人颇为自得的一件事情，就是在一个挺大的拍卖行，见到一张八大山人的画，我说这恐怕是张大千仿的。当时可能还有人觉得我这样说有点冒失，后来一对照，果然！

没办法，八大山人的身世、生活经历和经历的时代巨变，这个任谁也仿不了。

说到张大千，想起一笑话：

某人看到一幅画，画工精细，气势磅礴，很喜欢。便问老板：这画是谁画的？老板说：我也不太清楚，你看看落款，好像是……张大干。

此君窃喜：合着这老板棒槌一个，连张大千都不知道，遂一通砍价，8000元买了此画。

回家后那个美呀：可让我捡着漏了，张大千的画，怎么也值个几十万啊。

可后来请专家鉴定，仿的，赝品，最多值几百块钱。

回去找店老板退货：我找人鉴定了，你这画不是张大千的，是仿的，我要退货！

老板回答：不能退。买的时候我也没说这是张大千，我都告诉你了，是张大干。

这可不就是“贪”字在心中，“井落在吊桶里”的绝妙刻画吗？

有些仿品也可以挑明了告诉人，比如故宫博物院监制的一批粉彩的乾隆宫廷瓷器，人家都有证书，有编号，人家明告诉你这是仿的，还明码标价。

不要以为蒙人者一定是贩夫走卒，拍卖会上也不乏瞎活，甚至还上了图录的封面。某国际知名大拍就发生过这类事。您想啊，有粉谁不往脸上擦呀？上封面了，那还有错吗？有人就买了，最后才发现不对。好在那是家有资质的拍卖行，最后经几位业内公认的权威专家鉴定确为“新仿”后，给买主退了货。

这位买家算是幸运的，更多的只能是自认倒霉吧。

企业家介入收藏领域，这是近些年来的“风景”。

前几年一次秋拍，赶上我不拍戏，就去了。那次山西人来了不少，来者多数是民营企业家，俗称“煤老板”。官窑瓷器、名人字画、皇室用品都是他们“横扫”的对象，媒体调侃道，艺术品拍卖会因他们蜂拥而入变成了“大卖场”。有钱，敢拍，不羡慕不行，因为其“强势收购”的大手笔让香港人也看傻了。

在会上遇见一个东北老乡，我们有一番交流，有意思。

我：“你喜欢收藏？”

膀大腰圆这老兄瓮声瓮气地：“啊——”

我：“喜欢什么？”

硬邦邦吐出四个字："明清字画！"

我倒抽一口冷气，怎么看这人，都跟明清字画实在搭不上边。"明清字画"从这位嘴里迸出来，就跟"塑胶大豆"一个味儿。

忍不住请教："明四家清六家几位，您喜欢谁的呢？"

"这说不准，我主要是买封面。"

买封面？拍卖图录的封面？

我接着小心翼翼试探："封面可都贵啊。"

他一笑："这事，反正拿钱砸呗——"

他的方法也简单，我说："你怎么买啊？"

"我就盯住几个人，他举我就举，我举死他拉倒！"

——哇！这位高人有大聪明大智慧呀！绝不像我们这样费劲。要从赚钱的角度，他绝对赚。

多厉害啊，我诚心诚意夸他："你果然高人啊。"

他还跟我谦虚："别逗了王老师，我啥也不懂。"

我说："不，你懂，你懂市场，你懂借助别人的眼力。"

不要以貌取人，其实人家心里跟明镜似的：知道我的所长我的所短，我的短处是我没眼力，我的所长是我有钱。到关节处，你有眼力没用，我有财力。

这里面，你可以像这样总结出很多哲学的东西。

我的老师，包括我的长辈，都曾经这样说过我：王刚你聪明，可你是小聪明。我问什么叫大聪明？他们就说，把你这种小聪明的人弄到他的麾下，完成他的事业，人家是大聪明。于是我说：我宁愿做这种小聪明，我就是玩儿、图个乐儿，没有什么太大的负担。

没有意思，我玩不了那么大的，我宁可玩儿我的小聪明。再说得白一点儿，就一个字："玩！"从没想过拿它当生意做，更没想用它示人，炫耀，得瑟！

用香港大行家翟健民先生的话说："王哥，像你这样的藏家，在内地真是不多呀！"

甭管这话是赞叹还是惋惜，我都能理解。

问我的收藏感悟，那就两个字吧："解渴！"

与范曾、赵忠祥先生在一起，忘了哪年，反正每年春节必聚首一次。

我有时老想：这个追求，确实在影响着自己的人生。

赵忠祥不是对媒体说过吗？王刚财力上没什么富裕，边干活边鼓捣收藏。

忠祥兄说的是实情。

讲个笑话。

《五月槐花香》杀青，记者招待会也开过了。我问制片人尹老板："您看，这事都结了，咱们的账是不是——也该清一下了？"

老板看了看周围，欲言又止："王老师，这事儿……依我的意见，咱别着急。"

我看着他那副通情达理若无其事的样子，倒抽一口冷气："别着急"？这话该我说呀！

"什么不着急？剧组都散了，可……"我双手一拍，干脆明说，"你们还欠着我钱呢！"

"王老师，您看这账……这是您这个月在组里支的，您看这一笔笔……"

我一看，都支冒了。

我一拍脑瓜子，合着我还该找补呢。我怎么忘了这茬？

"瞧我这记性……对不住真的对不住！欠的钱我明天就补上……"

自己倒闹了个大红脸。

珍视因缘，享受孤独

在收藏里面，有着丰富的学问，什么人生的哲学、哲理、励志，全都有了。除了这些，借用佛家的术语来说，里面还有因缘。

一位未曾谋面的观众写下了这样的文字：

> 闲来无事看看王刚主持的《天下收藏》节目，印象最深刻的是每当"请出护宝槌"的声音响起，一众古董拥有者脸上五味杂陈的表情：有胸有成竹，有忐忑不安，有若无其事，有阴晴不定……既然要参加此节目，就是带着考验自己鉴赏能力的目的来的，愿赌服输，输不起也是输了，除非藏着掖着，否则总有接受考验的一天。宝物如古董珍玩，均有一定的标准，可请专家给予鉴定；可万物之灵——人的标准呢？又有谁能够鉴定无比珍贵的人心？
>
> 古往今来，万物皆可辨真伪，唯有人心难以捉摸。
>
> 若有人心的试金石，它应该是什么做的？名利，美色，还是时间？
>
> 心只有命运可以看透，我们能做的，唯有自省。但有自知之明，便可回护自身，逃过命运的捉弄，回避注定的劫数。尘世纵然瞬息万变，但把持一潭澄净的心水，以不变应万变：一切的丑恶，便只是幻影，而心灵的莲花，即使于淤泥之中，一样纤尘不染。

我是在网上看到这篇小品文的，被"但有自知之明，便可回护自身，逃过命运的捉弄，回避注定的劫数"所触动。

在这个行当里玩，确实有很多尘缘纠缠，不是因为你有自知、有定力就能斩断的。比如，我这人气盛。那一次，我在港澳中心见到一个非常有名的香港大亨，接待方介绍王刚在内的演艺界人士如何如何，他漫不经心地哼哼哈哈，显得非常傲慢。北方人说法：这人太牛了。让我心里不大痛快。总之，那次见面的气氛非常不好。

很长时间，我淡忘了那种感觉。可是，若干年后，一件到手的藏品勾起了我的联想。

这位大亨也是个大收藏家，但他也并不总是春风得意。1997 年亚洲金融危机之后，按《红楼梦》上的话说，“内囊却也尽上来了”，从他那里“流出”很多东西。

他引以为豪的藏品，其中一件我买下了，我当时还就较这劲。要搁平时，我的财力怎么能跟人家比啊？九牛一毛耳。

这事儿的戏剧性，微妙的轮转，让我小小痛快了一阵。

可今天再想，我在暗地嗟叹这段因缘的时候，难道不是在自己心中的幻影中纠缠吗？嗔怒烦恼，我又何曾跳出呢？

不得不说，在这个圈子里，哪怕你是纯粹的藏家，哪怕你拥有较高境界和比较大的情怀，你最难克服的还是攀比、傲物、好胜，以及随时可能冒出的计较心。

我不是佛教徒，但家中却有佛像。那是在阿富汗的巴米扬大佛给炸掉后的第二天，我去了古玩城，请了一尊新的佛像。这个事我印象特深，8000 块钱请的，佛祖释迦牟尼的像，来自尼泊尔，藏传佛教的那种，现在还摆在我家正厅的主要位置。

那以后没多久，又购回了带阿拉伯文的“宣德炉”，正德年间的，那时伊斯兰教在中国正盛行。然后还有香瓶和盖盒。这叫佛供三式，也有五式的，但最起码得有三个，中间是一只炉，这边一个香瓶，这边一个盖盒，碾成末儿的香可以放到里面。接着是观音送子图，其实是一个很不知名的画家的作品，得自厦门的拍卖会。观音开脸儿美丽慈祥，衣褶飘带真有“吴带当风”之势，怀中的男孩儿总好像在朝我扑过来，扑过来……

没过两年，我真得一儿子。

其实，家里有老物件，不是追求什么超现实，而是我相信里面肯定有一种祥和的东西。

内心祥和了，尘缘远离了，家室人缘焉得不祥和？

前几年，南京博物馆的张浦生先生（也是咱们国家鉴定委员会的委员）来北京讲课。老先生是国内数一数二的鉴赏明代瓷器的权威。我去京瑞大厦参加他的学习班，还特意坐在第一排，第一学习，第二也为了捧场。

课堂气氛非常有意思，张老先生经常拿我说事，“王刚你看这个东西对不对？”我也成为课堂一景观。

一堂课两小时，中间半小时休息，很多听课的人愿意跟我聊。一个来自河北的男士好奇地问我：“王先生您真喜欢收藏？”

我：“对啊，要不我来听课干吗？——学习嘛，每次有这个机会都挺难得。”

他连连点头：“我也是，我生活习惯由于爱好收藏都改了。”

说到这儿，他有点不好意思地一笑：“王先生你有所不知，过去我老婆对我老有意见。”

我：“唔？过去怎么的？”

“过去我打牌。我是搞企业的，应酬多啊，打牌，饭局，然后洗澡，老婆老有意见。”

我说：“洗澡讲卫生好啊。”

“王老师你是真不明白还是假不明白？”

我：“……洗澡有什么？”

他支棱个脖子，表情特丰富：“桑拿！按摩——异性按摩！还有点什么别的特殊服务……”

我乐了：“噢！难怪你老婆有意见。”

“现在自从喜欢收藏，哪有这时间了，说舍不得花那个钱了，我老婆特高兴。”那人说着，挺有脱胎换骨感的样子，特别可爱。

当然，这个例子不能算是典型。但执著的爱好，会让浮躁者收心，在另一个层面上找到欢喜处。物我观照，月夜静思，浑然皈依，相伴终身，焉不是善事？

我的床

要说人的最私密处，莫过于床榻。

我睡的叫拔步床，那简直是一个大房间里套着一个小房子。

拔步，顾名思义，得先拔起一步来，先来到地平之上。何为“地平”？就是一木质的平台，整张床就置于这平台之上，床沿外富裕出一大块。《金瓶梅》第十九回里有这么一段描述："这西门庆心中大怒，叫她（李瓶儿）下床来，脱了衣裳跪着。妇人只顾延挨不脱，被西门庆拖翻在床地平上。"

既然是"床地平上"，绝不是地平面上。如是土地、砖地，那西门大官人恐怕心有不忍吧。那地平长度与床长相等，宽三尺有余，高于地面约半尺，如眼下部队的行军床一般大小，也够睡一个人的。而床面可就大喽，竖着躺俩人，横着能睡仨，还绰绰有余。

形容古建筑往往好用"雕梁画栋"一语，用它来说我的床也毫不为过。这张清中期的楠木大床，是床，也是屋，说它是个三进微型院落也可。

一进，前有垂花门，上雕"大富贵亦寿考"，描绘的是唐代名臣郭子仪做寿的喜庆场面。但见：男女老少，打躬作揖，推杯换盏，耍狮舞龙，配以松鹤延年，四季花卉，挂印封金……雕刻技法无所不用其极：高浮雕，浅浮雕，圆雕，镂雕……

二进，"院落"为上述之地平，也可视作廊子。抬腿时，请先吸口气——嗯，好香啊！原来头上还坠着四个镂空木头小花篮呢，其间塞满或香料或干花。老话有云：闻香下马，这里却让你闻香上床。进得廊来，左右各摆一同样是楠木的小圆角柜，上可放置随手可及之物件如书报等，内可藏些私密用品。在古代，此处多置火盆、马桶，也有放椅凳、梳妆台的，因季节和男女主人之兴趣意图而异。

三进，这才算真正上床矣。古礼：男睡外，女在里。夫人要起夜方便，切忌从夫君身上跨过，也不必惊扰他，只需从其脚下蹭过去便可，那儿还空着二尺多呢！当然长身如姚明者例外。

瞧瞧，不就上床睡觉吗？费多大劲呐。哎，这就叫情趣，这就是乐子。

当然也有尴尬不爽之时。睡惯了，偶尔出差住饭店，半夜迷迷糊糊地下来，还以为跟家里呢，回来时候还要上台阶，一脚踏空，便一头撞在床沿上，给我来了个"酸鼻儿"，流着泪想家呀！

收藏遐思

不管是我们这个古老国度历朝历代的书画瓷器，还是古希腊的雕塑或近代欧洲的油画，一件作品的生命不仅存活于它被创造出的那一刻，更存活于把玩、鉴赏它的人的集体评价中。

那一件件文物中，无不凝结了历史的风雨沧桑，正所谓“一花一世界，一叶一菩提”，或者用现代人的话来说，每件文物都是一个折射民族文化灵魂的“全息照片”。

举一个曾经让我很感动的例子。晚清年间，精通欧洲十数国语言的一代怪才辜鸿铭回到中国后，吃洋面包喝洋墨水长大的他，通过自己的实践和解读，突然发现中华文化是那样地灿烂夺目。他在跟洋人的论争中告诉洋人，如果你们真正懂得审美的话，请找机会把玩把玩康熙年间的瓷碗，就可以想象康乾盛世之下的中国人的生活是多么的优雅与惬意。能做出这样的器皿，或者说是艺术珍品的民族，岂容尔等肆意嘲弄！

然而，我们这个古老而年轻的国度，也早已像众多欧美国家一样，被技术统治的时代浪潮席卷进去，现在充斥于我们耳目的大多是些毫无创意的大批量生产的复制品，庸俗的审美情趣肆意泛滥。

可以说，现代中国社会，即便不能说没有文化，至少也是有“文”而无“化”了，就连城市街头大大小小的招牌，走遍大江南北，也大有统一的趋势：一样的放肆，一样的扎眼。那个优雅的中国，离我们似乎已有遥远的距离。

说到这里，我想起了描述古董有个术语，叫“包浆”。它的意思是指岁月流逝在古器物上留下的某种质感、色泽和光彩。它也是古代艺术品的历史沧桑感和人文信息最直观的体现。说某某器物有“包浆”，不是指它有多么贵重，而是指它因时间的流逝而沾染上了浓浓的“人气儿”，有了“贵气”。这样的气质，再高明的高仿也仿不出来，而真正的专家，就能靠这个来辨别优劣。

当然，我们不必失望，不用老是自怨自艾，我知道现在也有很多人在思考着出路，思考着中华文化的再次崛起。

我的收获，拽文点儿说，则是从小小藏品里读到了一个古老文明的千年寂寥。

Chapter 11
第十一章

我挚爱的女性

女性这个字眼，在我的青春叙事中有着复杂的寓意：她代表着一种家园感，一种安静的皈依（比如我讲到母亲这个话题的时候），甚至是我整个人生的本源。女性的柔弱并没有让我体会到软弱无助，反而为我增添了男人的豪迈——对于我生活中所有的女性而言。她们在我的人生征程中扮演了相知者的角色……

有正常感情的人都渴求爱情，渴求一个美满的姻缘，渴求百年好合。但是，两个好人，两个聪明的人未必就一定合适——在别人看来他们两个都挺不错的，但屋顶下是他们两个自己过日子。我从来不相信媒体上对名人感情生活的所谓“真实报道”，究竟怎么样只有他们自己清楚，甚至连自己都不清楚，为什么会走到这一步。想起张和平先生写的那个《过把瘾》里头唱的：这就是爱，说也说不清楚……

东北黑土地上的性启蒙

回想往事，我的“女性”边界意识启蒙得比较晚。记得青春时期读到郭沫若回忆录，他写道：“少年的他，一双眼睛被堂嫂的那柔嫩的手掌紧紧吸引住了。”对于这个记忆，郭沫若说：“这个回忆我始终觉得是我性觉醒最初的征兆。”

是的，我也忘不了我的生命从某一刻起，一个新的世界就此打开。

在生理心理发育上，男孩子普遍晚于女孩。一个比较司空见惯的现象是：男孩子们尚处于只顾“傻淘”阶段的时候，女孩子们对于自己心仪的男孩就开始做各种各样的小动作了。对于这个，男孩子就很纳闷：没事找事，你们在干什么？我呢，在这方面也晚，的确是晚。我到16岁的时候，对一个比我大几岁的女老师产生了朦胧的情愫，当时不知道怎么回事，就是觉得她特别。

如果非要找一个词来形容这种特别的感觉的话，就是没来由的喜欢。

随着我年龄的增长，家里大人开始考虑我将来过日子的问题。我妈妈特奇怪，有一段可劲儿给我安排相亲，瞧他们着急的，就好像过了这一茬我就找不上了似的。下乡之前那一段，没有别的事情干了，我们也不上学了，很多家长也不上班，于是好多人来给我们说亲。那半年多就这事，烦死了。我特烦，连看都不看。

我记得到一家人那里做客，人家的女儿也露面了。人家又包饺子又做菜地盛情招待，出来后我爸问我：“怎么样？”

我满意地点点头：“好吃。”

我爸音调都变了：“什么好吃？”

我理直气壮：“饺子好吃！——咱家怎么包不了那么好吃？”

我爸一听，气不打一处来：“你知道你来干什么来了吗？”

其实我装糊涂，我烦着呢。

我青春时期对女性的认识，更大层面上是“差别观”的认识，相信我这一代，和我差不多远的一两代中国男人，大概都有这样的体验。我们信奉的“伦理”是，男孩子应该有这样的自豪感：不要跟女的黏黏糊糊。《水浒》上不是也写了吗？好汉的特征之一就是“与女色上不甚打紧”。

对于男女性差，我也有个人的独特观察：上了高中以后，我就发现女孩子学习成绩不好，对于她们普遍学习成绩不好这个现象，我不知道怎么回事，反正就嫌她们麻烦，整天思这个想那个的，烦不烦?

这确实是在一种“野蛮成长时代”形成的粗鲁的认识，但没有办法，我们就是这么走过来的。

后来，我在成都跟中央台的张悦一块儿主持一个选美节目。这些美女泳装出现的时候，没有引起全场的轰动，结果男孩子穿着沙滩装出来，底下的女观众竟连番尖叫，真“出彩儿”啊！我跟张悦上台主持的时候，还发了一番大胆的感慨议论。

这种说法并非没有道理：男人更多是一种社会性动物，女人则更多是一种生物性动物,真正的生物性更强一点,更原本一些。男人不是没有,而是能伪饰，在人面前可能不好意思，但是女人一旦毫无顾忌，大家形成群体“场能”的时候，爆发出那个“力比多”能量真大。

这是一个很有趣的社会学现象，有兴趣的可以研究研究：你留意观察一下,一个女歌星,很少有大批大批的男“粉丝”。即使有,也极少表现得很疯狂。不管是男歌星、女歌星，疯狂的“粉丝”都是女孩子。这说明什么?

而我们当年是在那么一个保守封闭的年代，在涉及荷尔蒙的问题上，你也会发现在好多的情况下，热情的砝码总是落在“红颜”这一方。

这样说，绝不是心存不敬，更不是粗鲁无礼。

总之，除了以前对漂亮女老师的模糊意识，我这方面开窍太晚了。

话说回来，开窍虽晚，但是一旦朦胧地意识到了，不管事实是什么样，当时所看所想所牵挂所给我留下的，就足以成为最美好的情感回忆。

还是继续说我的年轻时代吧。

很快，另外一种完全不同的生活在迎接我了。这也是一种“与历史同行”，按照那个时代的语言，在“社会这所大学校”里磨砺自己，同时，“在社会的档案里”，成长成熟。在农村，我品尝到了在城市里所根本无法想象的艰辛，也接触到了来自北方农村的特殊的“人文风情”。

其中，一种泼辣而大胆的体验让我原来的戒防意识遭遇到了严重挑战，那就是农村中那种粗俗的男女调情，和并不少见的荤笑话。

在那个“狠批私字一闪念”的岁月，清教徒式的禁欲言行是道德的要求，处于那个环境中，很少有人敢越雷池半步。甚至在男同学的真实行为准则（那阵还没有“潜规则”这个词）中,津津乐道谈女性,或者表面不谈却显露出“王矮虎”品格的，注定被众人瞧不起，在我们的意念中，凡是卖友者、胸无大志者、叛徒之类，都是在男女关系上特没出息的。

总之，我们觉得，真正的小子，就是要在这个方面表现得漫不经心、豪迈、混沌，恪守“男性主导”的骄傲态度。

不过等到年轻的学生们下乡后，情况大不一样了。

很多年以后，我能理解，电影《人生》中，那个高加林下乡务农后，放下以前“代课老师”的臭架子，和大姑大嫂们混闹成一片的情景。那虽然只是短短的一个过场戏，周里京演的高加林倒在地上任由妇女同志拿捏的庸俗闹剧，在我看来却很传神。那种卑微的欢乐，那种带着乡土味的笑闹，那种“骇人听闻”的消遣，会让一拨儿又一拨儿的傻小子愣头青们莫名兴奋，奇怪吗？

在地窖里面干活，就是我们这些年轻后生被妇女同志合谋“启蒙”的“情色总动员”时刻，说是“巅峰时刻”也不为过。菜窖里面放着土豆萝卜，为了防止这些储藏的蔬菜腐烂长芽，需要翻整。这个活儿通常是女劳力干的，都是那些大嫂在底下倒腾。我负责背一个柳条筐上下传输，从梯子下来，她们装满了，我再背上去。他们老拿我开涮——我把着梯子往上走，她们就拉我裤子，无法无天地闹啊。我仰望窖口，孤立无援，心里话说：抬头仰望北斗星啊，怎么还有这种“考验”啊？

这哪是菜窖啊，整个一个“炼狱”啊——这些娘儿们太荤了，特别是结过婚的那些。可以说是老辣无耻刁悍，没咒念。她们闹，我也不敢翻脸——我光剩臊得慌了，哪还敢翻脸啊？我想：怎么这样啊？真害怕了。如果他们真动手扒，更不知道怎么办了。你想想吧，那帮子妇女一会儿拿俩土豆，就这么碰，一会儿再拿一根萝卜，肆无忌惮地比画。是的，那是一种粗俗的快乐，很原始，发乎情，但她们毕竟没有真把我怎么样，毕竟没闹“生活作风问题”，所以也可以说是“止乎礼”了。

直到现在，我写到这一段时，还收敛不了脸上的笑意。

她们那一刻应该真的是很快乐。

现在想得开，不代表那时候我能笑呵呵地接受：我哪次都闹得一个大红脸。

记得在“炼狱”里干了两天，我受不了闹腾了，说这活不能干了，换别人吧。

其实现在想想，不管怎么看，那时候还是挺有生活情趣的，到如今我想明白了，那时候也没有任何其他的娱乐，关键就是看是“动口”还是“动手”。而且我记得，只要不是亲嫂子，不是你亲哥的媳妇，比如远房的小叔子跟远房的嫂子闹的话，那真是扒裤子。

是不是有一种无比蛮荒的感觉？

后来，听李娜唱那个《赵尚志》的主题歌“嫂子，借你一双大脚”，我就特别亲切，对东北这片热土，对这片热土上传承的独特的韵味，都有一番新的理解。

“是灰就比土热，是盐就比酱咸。”这句东北老话，曾经出现在很多黑土地题材的影视作品里。苦寒的生存环境，造就了一种炽热的、甚至超越了伦常的激情，你理解了这种激情，你就会对这片土地多一层理解。对女性，不再是放低了看，甚至会以图腾式的膜拜，看待那种发乎人性人情的“血色浪漫”。

我想起我们那些堂兄、表兄的老婆，我叫嫂子的，包括我们下乡时候叫大婶嫂子的。她们很有担承，感觉真的有一天爷们在前线倒下的话，那些如狼似虎的大娘们肯定个个都能冲上来，真前赴后继啊。

后来，看一个叫做《她们比男人更凶恶》的外国片子，20 世纪 70 年代末上映的，可能是好莱坞的吧。内容忘了，片名的冲击，片名传达的看透人性的强烈讽喻和旷达，却是多年不忘。

我自已有时也瞎琢磨：生活本身跟言情文学上表现的，真是大不一样。现实中，男人们在性这方面，往往表现得更含蓄。而我从田野荒山观察到的，女人没了约束以后，表现得往往比男人还强烈。

新兵连锻炼，我被分到哲里木军分区警卫通信连。早春的时候，我们去看麦地的苗，一个人守着好几亩地。收队大家回兵营的时候，却遥望到了想象不到的“人文风景”——那边山岗上，一拨子女犯人，也在那边田里干活。一看我们这几个小伙子扛着枪过来了，一下子各种表情、声音、动作都冒了出来，要有多狂放就多狂放。那真叫淫声浪语啊，给我们臊得简直都不行了，表面上还绷着脸，回来自个儿却在那儿想入非非。

不过当时可不敢有什么行动，大家集体在一块的时候个个都目不斜视，特逗。

若干年后，张贤亮的小说《男人的一半是女人》引起强烈轰动，“谈性色变”

的状况在思想解放年代到来之时，真正成为了历史。而在那小说里，主人公偶遇水渠里洗澡女犯人的一幕，会让我自然想起隔着山沟遥望的一幕。

都有画面冲击力。

在那个精神生活极其荒芜的年代，有时候，这样的貌似“野蛮”的原生态，反而是生活的一个乐子。

那时候的部队，也有“另类消遣”。任何一个时代，娱乐都是免不了的。

还记得当时地方的文工团来慰问我们，为我们演革命现代京剧《沙家浜》。但是在看演出之前，风言风语地听说阿庆嫂这个主演多漂亮，而且和他们团里的头儿还有一腿。团里的头儿因为跟她这个所谓的生活作风问题被撤职了。当地就开始风传这个故事——他们俩在一起的时候，团里的头儿惊呼“这白、这白”……于是，“这白、这白”就在我们脑子里留下印象了。结果在我们军分区礼堂看这出戏的时候，阿庆嫂一上来，就听见很多人窃窃私语，压低嗓门“这白、这白”，嘎嘎乱笑。

回来以后，我们军营宿舍七个人一个屋子，都在议论着阿庆嫂：“看不出哪儿白来……”人性人情的东西，即使是在兵营里，即使是铁的意志下，也是消解不掉的。

英雄救美，有缘无分

有时候，莫名其妙地爱上一个人，真是挺不可思议的一件事情。

我的真正的恋爱，起始于部队。

我，扪心自问，在青壮年以后，是一个心存浪漫的人，按照男女之间的玩笑说法，“不是省油的灯”。那时候的我，既有“文艺气质”又有点桀骜不驯、自尊敏感，也掩饰不住内心的征服欲，在集体主义统御精神生活的年代，我身上的这种“自我”反而会引起女性的好奇心。当年读外国爱情小说，里面老是出现一个词，“骄傲的人”，大概在某些女兵眼里，我属于这种类型的吧。

说说我在部队的两次恋爱。

看电视剧《激情燃烧的岁月》《幸福像花儿一样》，甚至看到濮存昕吕丽萍主演的《来来往往》前半截，看到那些军服，那个时代的男兵女兵的风采，会让我涌起对恋爱的回忆——这么说是不是有点“另类”？我的青春，初恋，都与那些色彩浑然一体。那些深夜的行军，“车辚辚马萧萧”的拉练，固然是最雄浑的军旅风景，然而另外有一种婉媚曲折，也是部队文艺工作者忍不住要回望，要讴歌的。不然，为什么要诞生“凯旋在子夜”的异性拥抱？出现“雷场玉兰花”的神秘芬芳？

她叫解梅，小名小华，有时候我又叫她婉华。38年过去了，现在，对很多人来说，可能名字这种东西已经“无所谓有无所谓无”了。然而对我来说，这些称谓，是我此生某个阶段，勾连那些色彩、气味和形状的符号。

20世纪70年代初，演出队来了一个唱歌的北京女兵，黑眼睛显得有几分忧郁，白白净净，一尘不染。对比听惯了的东北姑娘粗声大气的讲话，她的嗓音显得格外轻柔悦耳。

听说她是一个部长的女儿，难怪，我能感受到她身上的几分傲气。

我们怎样牵手的？只能简单闪回——

说起来就像电视剧的拙劣剧情安排，那一次军训投实弹，这个名叫解梅的女兵给了我表现的机会。她投弹时，犯了一个力学上的致命错误，用力过猛，手榴弹甩在了身后！靶场响起一片“不好”声。我，眼疾手快冲上前，捡起投了出去，惊魂未定之际，发现却是个哑弹，原来这个傻姑娘根本没拉弦儿！

我以最小成本充当了回“救美”英雄，赢得了她的爱慕。

这是一次遵循“严格流程”的恋爱，来来往往，心底默契，互相关心，偶有笑闹，“团结紧张严肃活泼”，也符合这个时代的韵律。

终于有机会“上门”了。这一年，到北京观摩学习《杜鹃山》，曾去她家造访。她家位于虎坊桥前孙公园，是一所三进大院。那次造访未见到其部长父亲，只见到一个面部阴沉穿将校呢大衣的男子，是她的哥哥，很入定的样子，对外界事物，显得无谓，漠然。我心想：大概“高干子弟”的气质都是这个味儿吧。

我的另外一个印象是，她家客厅墙上尽是名人字画，其中一幅是郭沫若的，上书“某某某补壁：十月完成于大会堂……”

造访“高干之家”，嗅到的那种气氛，让我隐隐约约感到了某种不祥的趋向。

果然，以后的路径，在我半文半白的岁月流水账中，甜蜜与忧愁、不谐、紊乱、折磨、烦躁和令人心酸的关节点比比皆是——

……冬天，闻我上调沈阳军区，约去208医院旁的大草堆，令我脱掉手套，执伊冰凉素手，厮磨温存，吻别；到沈阳，常通信；……去牡丹江演出，来信称检出乳腺肿瘤，要我“慎重”，当下向组织请假，允我途中在长春探女友病；伊阻我去医院，自来我家相会，馈我《英语900句》；辗转再回牡丹江，伊信又称肿瘤经积水潭医院检察切片是良性，然又告：伊母坚不允“找个演员”，故矛盾苦闷，联系平素观察，委蛇搪塞，行状躲闪，非光明磊落女子也！孰能再忍？大怒回信绝交；同年夏，伊来信称病，哀婉乞见，否则“永不复见矣”；又请假归长春；伊瘦弱憔悴，令我心摧肠断！追问，伊哭诉来历：本非高干之女，生父小资本家，其母与部长有交往，婉华似又为部长公子女友；经部长战友吉林军区某首长介绍，以部长之女名义入伍；而今某首长上林彪贼船，实情败露，伊亦被隔离审察，四面楚歌，原来逢迎拍马者多避之唯恐不及，乃至落井下石；……夜深，伊泪眼顾盼，楚楚可怜，有留宿之意，吾母慈悲，亦怜之，我坚不允，强送回医院；后来信婉责我竟何等肺腑：“当6路电车开来时，我真想扎到车轮下……”终处理转业，任儿童医院护士，劳顿异常……

1980年接她最后一封信说：“听了你的长篇《牛虻》，那富有磁性的声音勾起多少美好的回忆……”

唉，想来何苦？这份彼此的不忍和迟疑流连，只能徒增烦恼。这时我已结婚，为这封信，家里大闹一场，我的狼狈可想而知。后来，她终于嫁给一名美籍华人去了洛杉矶。但这也非安然了局，她的生活之路后来仍是坎坷不平。

回思往事，只觉当时已惘然。

我的第一次婚姻

我刚调到沈阳军区时，我们几个刚从基层调来不久的文工团员，其实都是所谓的学员，在一个楼角里抽着烟。

这时候从二楼蹦蹦跳跳的一个女文工团员下来了，很不屑地瞥了我们一眼，飘然而去。这时候我发现所有的人，刚才互相聊天的人，全都看着她，走神了。

她是那么漂亮而高傲，可奇怪，越是高傲，我还真越要看看了。

众人收回拉长的脖颈子，又互相望了一眼，不知道谁说了一句："知道这是谁吗，是前进歌舞团一朵花……"

于是一帮坏小子就互相打趣儿，"你别惦记着""没咱什么事……"

还有人说，"这今后肯定是哪个高干家的儿媳妇啊！"

听他们逗闷子，我就不言语。

有人看我不言语，便问："王刚你说呢？"

我记得我狠狠扔掉了烟头，说了一句："不要妄自菲薄！我才不信那个邪呢。"

以后发生的，就是这样：辗转在边防部队慰问的时候，都坐那种敞篷卡车，我们俩居然挨在一块儿了。没话找话，我也忘了具体说了什么，总而言之越说越投缘呢。

第一感觉原来她是北京的呀，我不知道怎么跟北京这么有缘。

这份恋爱，遇到的阻力是来自组织上的。

下部队一个多月回来，我就被批评了。上面有规定学员战士不能够在一个单位里谈恋爱，几乎所有人都知道我们俩好了，于是两边分头谈话，一通严厉的批评。

还记得我们教导员跟我说，不仅是因为部队的规定，战士在一个单位里是不能够谈恋爱的，还有重要的一点，你知道她的家庭出身吗？她父亲是右派，跟这种政治背景的人处对象，后果你掂量过吗？

我当然不服这个理儿，大声抗辩："既然通过政审了，都当了兵了，怎么还能算在政治上有问题，怎么还能算是家庭出身有问题呢？你那有政策，我这儿怎么就不行啊？"

教导员就差点拍桌子了："不行就是不行！我们是为了爱护你，你小子怎么那么不懂事啊？"

你越不让，两个人越往一块儿凑。那时候，一个是在三楼，一个是在四楼，却很难见面，我们就用走廊的电话聊天，冲破重重"阻力"，就是要恋爱。

军中伉俪。摄于 1978 年。

就那样，还是被干部发现了，又挨顿批评。

但是，最后我们两个人还是提干了，终于历尽磨难，走在了一起。1978 年 5 月 4 日，在五四青年节那一天，我们结婚了。

1979 年 9 月 6 日，我们有了个女儿。当时沈阳军区很多人都知道，在文工团里有这么一对儿郎才女貌的夫妻。

我们在沈阳结婚，回长春看爸爸妈妈。在南湖公园，我们想自己去玩儿，我爸爸还悄悄跟我说，你要小心一点，这女孩子长得太扎眼了，会惹麻烦。

果然如此，我们在南湖划船，好多不三不四的人把船划过来，撞我们的船，她吓得够戗，后来我们俩就不大敢出门了。

这段婚姻维系了 13 年。所以，网上还有各种杂志，都说这个婚姻在孩子一岁的时候就结束了，也就是只维持了两年时间，都是瞎掰，不知道他们哪儿听说的。

离婚的时候，孩子跟了母亲，生活费由我出。再后来，女儿跟她妈妈转业回北京了，一直在北京上学。我经常来北京做节目，特别是到电台录音什么的，每次一定去看女儿。拍《宰相刘罗锅》的时候，我有了我的第一辆车，二手的红色福特。有了这个车，第一个想法就是接我女儿去玩儿。我开着车，她住在她妈妈那儿，就把她妈妈也捎带着，一块儿直奔十三陵。

那时候，我不能天天像她妈妈那样跟她在一起，但孩子所有经济上的花销，都是我来负责，一直到送她出国留学。

我尽量让孩子感觉到爸爸还是爸爸，妈妈还是妈妈。

女儿在国内举办婚礼的时候，她的妈妈身穿中式服装，和我一起坐在女方父母席上。我们——我和女儿的妈妈，慈祥地看着她和他恩爱地结合。我没有觉得这样有什么不自然，只是隐隐觉得我们是在刻意弥补什么。

对女儿来说，这是美好记忆的延续，是岁月遗憾的弥补。

她一定明白：我们对她的爱一如既往，我们也知道，她给予我们的，是一种岁月酿就的宽容和谅解。

我与成方圆——惭愧与感恩

1997 年，我又再次登上春节联欢晚会的舞台，在微型音乐剧《天长地久》中，扮演了一位能歌善舞的照相者。

那里面有首歌，多年以后还被不少人挂记着：

你从东边，我从西边，走到一个相约已久的地点。
你从南边，我从北边，走到一个期待已久的时间。
你在我的左边，我在你的右边，手牵手心连心永不分开。
天知道，地知道，我的爱会让岁月知道，让岁月把承诺变老。
你知道，我知道，只有相爱的人才知道，什么，是最真最好。

那时候，正如大家所知道的，我和东方歌舞团的成方圆组成了一个新的家庭，开始了第二次婚姻生活。

我们很低调地处理两个人的事情，包括喜酒，就是两家人，简单地吃一顿饭。

但毕竟，两个都属于“公众人物”，真的想低调，那也是很难的。这段婚史，在当年见报率挺高的，媒体欢迎这种素材呀，所以当我的“绯闻时代”降临时，很多人的脑子还固化在这个时期。

大家对我的失望可想而知。

只能说：对不住，对不住善良的人们了。

在 1998 年,我们携手排演的经典音乐剧《音乐之声》也获得了空前的成功。

说到圆子（圈中好友都这样叫她），我挺佩服她，她真的是一个事业心很强的女人。

那时，她台上是主演，台下是总管。音乐剧头一轮在保利大厦要演十场，我天天下午还要到北京电视台主持两场《东芝动物乐园》，完了之后我自己开着车到保利大厦已经 5 点半了。圆子就在我们俩共有的一个化妆间，提前把凳子、椅子铺好，让我睡上二三十分钟。

虽然累，但是每天演完以后那感觉特别好。最后谢幕的时候，大家还跳着舞，向中间的观众、两旁的观众还有向楼上的观众敬礼。观众也不走，因为舞台剧它就有这样直接的反馈，它不像演别的。哎呀！那感觉真的很美好。

与圆子共同出演《音乐之声》的时候，是我们最幸福的时候。我们每天会收到很多鲜花，然后两个人抱着鲜花钻进车里。

往家开的时候，我记得成方圆说了一句非常发自内心的话："天天这样多好啊。"

圆子曾说："我和王刚有一种互补性，王刚属于传统的老派男人。"

可是，和圆子在一起的日子，我"纵酒使性"也到了一个高发期。

我的"酒史"，是从知青点——特别是 26 年的部队生涯中延续下来的。有美好，也有负面的插曲。

例如，我曾经在一个下雪天，在山海关某宾馆，把一个白天跟我斗酒的香港商人从被窝里拽起来："起来接着喝！"搞得对方的下属跪在地上苦苦哀求……

说起来，很不好意思。

我这个德行，给了周边人，给我的家庭，给我妹妹王静，给了圆子不少的困扰。

有一次我喝多了，忘了为什么事有点生气，便跟圆子拌起嘴来。她开着车，到三元立交桥上时，我竟要拉车门跳下去……几番折腾终于到了家，一进大院却又不进楼门，还高呼：这不是我的家！至今也不明白，我怎么会说出这样让圆子伤心的话来。

夫妻随团去欧洲演出。在法国的时候，当地华人非常热情，一连串的酒场酒局。得意忘形之余，坏了，不行了，身子灵魂都在坠落了。他们把我送往枫丹白露的急救中心。

路上，我觉得自己挺不下去了，把眼睛闭上了，心想：死了算了，太难受了。

这是一次濒临死亡的体验。

记得成方圆掐着我的人中，酸痛酸痛的。终于躺在病床上，当两个洋人的脸朝我俯下来时，我彻底昏过去了。

经过近一个小时的急救，我醒了，下地了，出去了。当时我觉得踩的那个草坪就像踩云彩一样，身上一点劲儿都没有了。在湖边，还看见一对法国的青年夫妇在拍婚纱照。枫丹白露有很多孔雀，我在草坪上，在树丛里走。真是如诗如画的那种感觉，特美。新娘发出欢快的笑声，听起来也特别悠扬。

我真的是梦里、云里、雾里的那种感觉，自己晕晕乎乎的。真的是从死亡线上绕了一圈回来。

我能记住圆子每逢出门前的叮咛。

我能记住圆子提醒我的：当我在外面，难以控制自己脾性时，一定要理会一下她的暗示。

能记住，尽管多数时间很徒劳。

能记住，那曾经的甜蜜，及在甜蜜中的一份"苦缘"。

近些年在网上看到过一些东西，特别是关于我和圆子离婚原因所编的"情节"，让我不得不在这里花笔墨澄清：比如说我们是因为孩子去英国留学的学费而分手的，这个事情实属子虚乌有。

其实，我跟圆子都是很低调的人，不管当初结合也好，离了也好，都是不愿意让大家知道，因为这纯属是个人的事情。人家说了什么，你又不能去反驳，因为你反驳将会掀起又一波波澜，于是我们俩就什么也不说。

话说回来，这种事情一发生，我觉得对圆子特别不公平。离婚对两个人都有伤害，但是对女人的伤害尤其大，十之八九都是如此。

但是由于种种因素，两个人想白头偕老却不是那么简单、容易的事情。真的，在这儿我不知道该说什么。

三年前某日要飞上海，正候机呢，忽接到东北挚友吴学刚电话，披头盖脸就数落我："大哥，这就是你的不对啦，前嫂子刚从你面前走过，你咋理都不理呢？！"啊？我急忙站起四顾，没她呀？我回头又问："学刚，我一直在低头看报纸，真没看见啊。”吴学刚说：“人家说你装没看见，刚才给我打电话，老气愤啦！”——天地良心，可我真没看见啊！

如果允许我客观地发表一些意见的话，我想说，两个人好了在一起，不好了分开，这中间肯定有它的原因。并且，可能存在各种各样的原因。我跟圆子之间也是这样，我们在一起，然后又分开了，其中有属于我们自己的故事，列位看官们大可不必理会八卦杂志上的“故事”。无论如何，我们以一种成熟理性的方式分开了，也许爱情不在，但是那种感情，那种对以往婚姻生活的共同记忆，还珍藏在我心间。

我是过来人，对感情也算有些经验及教训，所以对于主张两个人在一起最重要、夫妻一出现裂痕就拿孩子做阻拦分手的小“人质”的年轻夫妇，我想说的是，如果两个人经过理性的考虑和长期的试验后发现在一起并不快乐，或者说两个人一直不在一个“频道”上——请记住这个重要的前提，分手未必不是一个好的选择。一言以蔽之，如果真想避免这种局面的出现，最重要的不是果决离婚，而是在结婚前就持审慎的态度，想好了再结。

年届花甲，爱获新生

2008年夏，一些媒体和网络上冒出了我跟某个女主持人的婚讯——我的绯闻终于也铺天盖地了。我至今也不知道这是怎么弄出来的，而且对这个消息，我这个当事人却是最后才知道：网上消息都已经满天飞了，我还蒙在鼓里。

还有传我跟袁立怎么怎么的。袁立在她那个《正午时分》里还写到我：传我们俩绯闻，怎么可能呢？王老师那人特暴躁。她就讲一个细节：我们两个共用一个化妆师，但女孩子化妆慢，比如说好6点半她化，7点半化完，然后就轮到我。我守时来了，或者我晚5分钟，给人留5分钟，推门一看她还在那儿化妆，咣，门一摔我就走了。

那天去昆仑饭店会几个藏界朋友，刚步入咖啡厅，就听耳边一声高喊：“嘿，我的绯闻男友！”听声儿耳熟，回头一看：袁立！

在这个对娱乐圈极尽八卦之能事的年代，没承想到，尽管我年届花甲，也没逃得了这个编排。

对于这事儿本身，我倒没有说恼火得不得了，因为我也看到许多类似的事情，这事儿摊到自个儿身上，我也只能自我解嘲。新浪网还找我证实，说王老师你应该出来以正视听。后来，有一天，忽然谁告诉我说，《知音》杂志载有关于你恋爱整个过程的文章。好奇买本回来，一看不禁哑然失笑。除了人的名字单位等“硬件”外，所有的过程，全是跟写小说一样编出来的，太逗了。

但是你又没得反驳，为什么呢？没有一句贬低你的话。那文章内容简而言之就是：

2006年11月8日，我和她结了婚。2007年底，她怀孕了。2008年8月25日，喜讯传来：爱人剖腹产下一个重达4.3公斤的大胖小子。小家伙嗓门极大，就连医生都夸：嗓门很亮，以后可以像他爸爸一样当主持人！我这算是老来得子，自然喜不自胜，马上给“铁三角”的另外两人——张国立、张铁林等好友发去短信：“我添了一个男孩，祝贺我吧！”云云。

看看，全是好话、好事儿啊！你再去反驳澄清，你也忒不识好歹啦！

那以后，出于保护家人的原因，我极少在公开场合讲儿子的事，孩子也一直没有曝光过。

说到这里，有个小插曲。在遇到小郑之前，我一个人做“老光棍”的时候，有一次做《艺术人生》节目，在场很多观众得知我当时是独身的时候，纷纷对我的寂寞表示理解与同情。有的热心观众甚至还自告奋勇要做我的红娘，让我非常感动。

不过，最近网上一些言论却让我生出黑色幽默的感慨：我娶了小媳妇儿，又得了个宝贝，这是老天给我的恩赐。另一些人却觉得没必要逢迎你这个老家伙，于是王刚“老牛吃嫩草”啦，“成功老男士枯木逢春泡小蜜”啦，此类言论纷纷出笼，甚至更难听的说辞也有。

这让我不禁对人性的复杂感叹一番。我想：匿名时代的网络狂欢，总有时代背景的原因，也有“娱乐经济学”的因素，这不是你不喜欢就能抗拒得了的。

妹妹王静

我和王静差8岁，这一段亲缘，这样一对兄妹之间，本来按照现代的观念，妹妹应该像个小公主一样成长，无忧无虑，备受宠爱。

然而，历史和环境，却造就了另外一种模样。妹妹是被我“罩”着长大的，强壮的我性格又是天马行空独来独往，太多的关切，太多的亲密是没有的。然而王静却很知足，在接受采访的时候她说，她为有这么一个哥哥感到很骄傲。小时候，谁要敢欺负她，她就会说我是王刚的妹妹。或者，旁人会说这是王刚的妹妹，别胡来。

这种威信一直持续到下乡，我成了青年集体户的头儿，“罩”着妹妹的日子也就渐行渐远了。

到后来，王静显示出她的能量，成为一名出色的歌剧演员。一首大咏叹调七八分钟，一部戏下来，真不敢相信这样火热的表演，是如此低调含蓄的王静支撑下来的。

很多经典的外国歌剧是三个多小时，表演一场下来多不容易啊。没有一个非常扎实的基本功，没有相应的艺术表现力，根本完不成。

眼睁睁看着这么小的妹妹长成这么高个儿，演绎出那种声如裂帛的华丽乐

王静小时候文静、内敛，无声无息，后来，她成为一名出色的歌剧演员、女高音歌唱家。眼睁睁看着这么小的妹妹长成这么高个儿，演绎出那种声如裂帛的华丽乐章，看得我瞠目结舌。拍这张照片时，我9岁，妹妹王静1岁。

章，她的形象，那样熠熠生辉，看得我瞠目结舌。

说起来，东北老式家庭传统上都有点重男轻女。小时候，我们家就一间厨房两间屋子，而我自己独享一个小屋，我父母跟我妹妹住一个屋。

比起牛气冲天的哥哥，妹妹就像尘埃里的一朵小花，暗无声息。当时自己也不觉得有什么不妥，还隐隐约约觉得：人间的秩序，甚至宇宙的秩序都本是这样安排的。

还记得，那个年代里，妹妹要买点什么东西，都是通过我管我妈我爸要钱。

可以想见，在这种绝大多数人都觉得“天然合理”的秩序中，一个女性，想要变得杰出，是多么艰难。

记得2008年的新年，也是一大家子人，在昆仑饭店过的新年，一起迎接午夜钟声。我喝了几杯，挺高兴，开始“追古思今”。大家漫无边际地唠嗑，由岁末的风景，讲到我的生日，讲到我是冬至那天的申时（下午4点多钟）生人，等等。

妈妈也点头：“可不嘛，申时下地。那年兵荒马乱的，八路打长春，我还记得……”

王静想起什么，露出狡黠的笑容：“妈，那……我的生日是什么时辰？”

妈妈一愣，竟不知如何是好，掐算起来。

王静低头吃吃地笑，转过脸对我说：“哥，你看看，我比你小8岁，你生辰妈就记得，我这记不住，哈……”

我连忙打圆场：“不是妈记不住，生你的时候那都是新社会了，不讲这个了，所以印象就没那么深。”

妈妈如释重负地频频点头，笑得合不拢嘴。

后来王静笑着跟我说，你知不知道？你不在的时候，我曾经偷偷地管妈妈要钥匙，领着小同学进哥哥的屋子参观。

那时的我，独自享有一片天地。这个天地，对那时的孩子来说，是一个“物质极大丰富”的空间。

这几乎是我本人的“宫殿”，这个“宫殿”，使幼小的王静对她那自命不凡的哥哥充满了膜拜心理。

那个小屋，布置得蛮有意思的。靠墙是一个钢丝床，放着“榻榻米”——

其实就是稻草编的垫子，这种日本叫法在老东北沿袭了一段时间。墙上有一个往里挖的凹形空间，摆着一排书。这边是竹子的书架子，也是书。

床头边是一个写字台，上安一个台灯。那个台灯还有另外一个高级功能——放大照片的时候，拧上一个照相机的镜头就是放大机。

写字台的玻璃板底下，压着毛主席的照片和中共中央办公厅的回信，激励我将来要干一番大事的座右铭——“希望你努力学习，注意锻炼身体，准备将来为祖国服务”赫然入目。

墙上，这边是一张列宁的素描像，充满智慧的眼睛老是盯着我。另一面是两张地图，一个世界地图，一个中国地图。一个“胸怀五大洲”的男人，每天面对地图遐想：战略，战术，探险，仗剑远行，游历全球……

矿石收音机是自己装的。我的一些“超前”观念的形成，跟信息的把握有很大关系。在信息相对封锁的时候，你有更多的渠道，就不容易像一般人那样人云亦云。

1967 年的时候，我就有一部很好的电唱机，薄膜唱片一放，就可以在密封的小屋里欣赏音乐。我家还有一部 135 照相机，牌子叫“上海 582”，原价应该是 87 块 5，通过走后门从长春市公安局搞来。当时正好处理一批照相机，50 块钱一台。再花 5 毛钱找铁匠打了一个放大机的灯罩子，把相机镜头拧下来按上就是放大机。夜里用厚毯子蒙上窗户，点上一只红色灯泡，自己就可以放大照片了。

当时，我不让王静涉足的唯一空间，也就是这个冲洗照片的所谓“暗室”。

当时，学校老师对我们的评价大相径庭。在老师们看来，当哥哥的比较顽劣，而相形之下，妹妹简直就是一个“安琪儿”。妹妹的操行评语几乎没有缺点。

王静小时候家里人叫她毛毛，是特好看的一个小女孩。最早的时候她很瘦弱，进入青春期开始胖起来，到了少女时代，又出落得很苗条。

她就这样，无声无息地成长，比起哥哥的招摇，她显得那么内敛。

“文化大革命”期间社会环境很乱。1967 年开始武斗了，外面很不太平，经常枪响什么的。爸爸妈妈严厉限制我们的活动，“没事给我在家待着！”

爸爸妈妈上班了，家里就剩我们俩。兄妹俩在屋里，我给她朗读《牛虻》。《牛虻》这样一部洋溢着革命激情与人间真爱的浪漫小说，给了那时的我们极大的精神享受。

很大程度上，这部小说甚至影响了我们兄妹俩对于理想，对于审美的取向。

《牛虻》属于我们。

直到今天，我还能记得给她朗诵《牛虻》时她那双大眼睛熠熠发光的样子。

与她相比，其实是我更早开始唱歌。我的一个老同学叫李晓光，她爸爸是大名鼎鼎的李世荣，长影乐团的第一男高音。他唱的那段电影插曲“我们像双翼的神马，奔驰在草原上……”在那个时代几乎人人都能哼。

每次引吭高歌的时候，我感觉特好，特骄傲。

我根本想不到，身边这个柔弱的妹妹才是真的高人。终于有一天，她显露出“真山真水”，三脚猫的哥哥终于不再牛皮烘烘。想起这个转折，就为自己感到好笑。

淳朴的王静觉得哥哥会的东西特多。当时唱歌跟唱京剧是同时学的，王静喜欢唱那个李铁梅，她在床上站着唱：“虽说是，虽说是亲眷也不相认，可他比亲眷还要亲……”她咿咿呀呀唱，我在下面打着拍子。

当年，我们只是玩乐，根本没有什么“成名成家”的远大抱负。

也根本没想到，这点纯属娱乐的小爱好，决定了兄妹俩相似的人生道路。

接下来的“同行”，就是兄妹同时参军。

年青一代在那个年月就愿意穿军装，我跟妹妹一块儿在同一年当了兵，其“轰动效应”，比现在一家两个孩子一块考上了清华、北大还甚。

王静身材娇小，虽然她也挺能吃苦，可毕竟是进了部队，我还是放心不下。

我还记得：部队发下来的军鞋，即使是最小号的，她穿着也显得偏大。部队拉练对女兵来说是最苦的，每当这个节骨眼上，我就不放心，心里着急：她没有合适的鞋啊？这种长途拉练，连我都吃不住劲儿，她能坚持吗？

那一次，一趟趟部队这么过去，就是不见她的身影。我这心里的焦虑啊，汗水顺着眼帘脸膛往下流。大路上，尘土飞扬，她在哪里啊？穿上绿色军装，大家都一个模样，不好辨认啊。

这时候，我突然意识到，“长兄如父”这四个字，不再是一种抽象的名分，不再是可以被随意嘲弄的旧伦理，或者传统精神中的古董；而是血脉中跃动的浓情，一种东方男人沉甸甸的责任感。

看着行军的队伍，任何柔弱的格调，都与这雄浑的原色那么不协调。而我这个当哥哥的,在行军的队伍中,表面英武刚强,心里惦记着亲人,却是那样凄惶。

殿后的车队过来了，这个车队，就是让掉队的士兵搭乘的。这时，终于看见了敞篷车厢里有几个女兵，一个孩子蜷在那里，是她。

我吁了一口气，擦了擦汗，继续行军。

事实上，“长兄如父”这个观念，某种程度上也会造成一些矛盾。通常情况是：为一个问题，哥哥强硬，执拗，牛气冲天，还时不时咆哮。而妹妹竭力劝慰，有时候还急得抹眼泪。

也神奇得很，她一掉泪，为兄的那份狂怒就渐渐消失，讨论问题也就走上理性轨道。

写到此，想到以前的许多片段，心中还止不住有几分惭愧。

当然,很多时候,我的“主心骨”地位,并不因为我的急躁态度而有所削弱。

那一回，她也不知道怎么想的，突然要从吉林省军区宣传队转业到吉林省话剧团。全家来商量这个事，我这个“长兄”的威风就出来了。软硬兼施，甚至拍桌子打板凳：“你知道咱们兄妹当兵多么不容易吗？转业到地方？你还有没有政治眼光？不行！这事我说了算……”

当时要是谁无缘无故地转业到地方，感觉简直就是出毛病了。爸爸妈妈也惶惑得很，说部队的事我们也不懂，你跟她说说吧……“长兄如父”的旧俗，这个时候显出作用来了。不打消她转业的念头,那她后来也调不到总政歌剧团。

有的时候我真是急，嗷嗷叫，但是这也是一种手段，一个道理她弄不清楚，就得用手段。

当面临每个家庭的活生生的现实，当面临一些具体的情由时候，你不能超然于现实和血脉之外，急躁，褊狭，矛盾，都是亲情的一部分。兄弟姐妹之间的血缘和亲情，不能说一点矛盾没有，有各种各样的纷扰，但是踏踏实实，源远流长，连绵不断，更重要的是，这一切，是你生命的依托。

她的第一次独唱音乐会，是我主持的。

而第二次独唱音乐会,我是来助演的,兄妹俩一块唱了《我为祖国献石油》。我的劣势一下就显出来了，美声可不是你抓过来就能唱的。我虽然有基础，但是二十几年没怎么唱，我就得虚心地向她请教：应该在哪换气，怎么让它上下贯通一下，这个地方应该怎么处理。

我们俩在中央电视台还唱过《敖包相会》。她总是鼓励我，但是我有自知之明，知道观众的掌声出于鼓励——“他还能唱，还行啊。”

我们俩还演过轻歌剧《再别康桥》,她演林徽因,美丽,知性,善良,优雅……简直光彩照人。

说到她的优雅，一尘不染的尊贵，自爱，真是令我这个当哥哥的骄傲。

还有一件往事，我至今不忘。

1987 年中央电视台的春节晚会，我和王静都去参加。

在晚会正式直播之前，要组织一些主要演员到一些工矿企业去慰问。我们去了胜利油田，就是山东境内黄河入海口的东营市。

回来遇上大雾，冰雪天，结果车走了 20 多个小时才回到北京。

记得凌晨 4 点到了天津，饿得不行了，剧组的人下车叩门问路边鸡毛小店：有没有昨天晚上卖剩的煎饼果子……那情景，简直像逃难。大家伙抱怨的抱怨，焦躁的焦躁，出洋相的出洋相，王静依然像平常一样，还照顾着旁人。

一行人坐的是几辆考斯特，我坐在靠王静后面一点。过了午夜之后，大家东倒西歪睡着了，原来在大家眼中那些光彩照人的大明星，那个睡姿实在是不敢恭维了。我观察了一下，唯有王静，也是睡着，但是真的是不失优雅，仪态文静。

吾家女性，虽非大户人家，却深得良好教养传承，虽在匮乏条件下长成，却能保持一尘不染，波澜不惊。这个风范，自然天成，虽与吾族吾教文化厚养有关，然而个体、家人的自觉，父母的示范，裨益甚多。不敢把这一美德恣意夸耀，但也足以自矜。

有一次在央视的《心理访谈》做嘉宾，心理专家最后要用某种动物喻人，说我是“老虎”，这倒与中央电台资深编辑叶咏梅 20 年前对我的一次近乎玩笑的测试不谋而合。当时她问我：你不假思索立刻想到的两种动物是什么？我当即回答：老虎，梅花鹿！她便断言：第一个是你自己，第二个是你心仪的女人！

梅花鹿便是一种很优雅的动物啊。

没错，在我看来，无论是妹妹还是女儿，当然更包括妻子，我认为女人最重要的特质就是优雅：你可以不漂亮，身材也可以不太好看，穿的衣服也可以很朴素，但是你不能不优雅。

优雅，是长期教育和文化积淀的体现，是良好教养的表现。优雅是熏陶出来的，是用内心的力量整合出来的。优雅不是礼仪老师培训出来的，更不是一大堆香水和衣料堆砌出来的。

王静比我更能忍，更坚强，更有韧性。她自己的事业、恋爱、婚姻也有很多波折，但是很少跟我说。

我们兄妹俩稍微懂事的时候，就再没让大人操过什么心，父母相信我们肯定都能够处理好自己的事情。

其实这里面有很多波折，很多都不跟家里谈，单位的烦恼、恋爱、婚姻，多半只能兄妹俩交流一下。

20 世纪 80 年代的时候，也是因为她单位的事不顺心，王静跟我倾诉。记得是受了什么委屈，单位有个别人老整她。本来说完了也就完了，可我不依不饶，虽然奔 40 岁的人了，依旧怒发冲冠。当天就奔她单位剧场去了。

以下的一幕，估计多年下来，王静回忆起来，都为这个当哥的汗颜。

正好借着看完他们演出，看演员往外走的时候，我站在大门口那儿，杀气腾腾的，也不知道该冲谁。

他们团里大多数人不认识我，看着一个人以很突兀的姿态站在一个显眼处，不由得朝我这儿看。有人还在窃窃私语。

这时，我大吼起来："瞅什么瞅？——我告诉你们！今后谁再欺负王静，我绝对饶不了他……"

众人这才明白，这是王静他哥。

也有人暗笑：文静内秀的王静怎么摊上这么一个愣头青老哥？

我还在那里兀自大喊大叫："有种站出来冲我！"

事后王静急得直跺脚："哥啊，你这是干什么呀你？"

剧院门口赤膊上阵这一回，实际效果不太好——第一，这种亮相于我的身份不太符合；第二，给王静增加了心理负担，以后再说什么，她会不会考量哥哥的火暴脾气？

要说后悔得了不得，那也谈不上。有人说东北人"虎"，我觉得"虎"倒未必，说我们东北人普遍感情比较炽烈，爱憎分明，这倒是真的，眼里揉不得沙子。我常挂在嘴上的一句话是：我可以负重，但不能忍辱。我忍不了，大不了翻脸真刀真枪地干一仗呗。部队这么多年，不是没打过啊，行伍生活形成的“人生信条”之一：说不通打一场，有时候是最好的交流。

这个逻辑，肯定粗鲁了一些，这种脾性，也一直对身边人造成诸多困扰。

没奈何，只能任由时光磨平棱角。

反正，我的这个特点，对王静的生活难题并没有太实际的帮助。然而，兄妹的亲缘，天然的感情依恋，注定了她对外人（甚至对母亲）无法倾诉的事情，为兄的当然是唯一倾听者。说到关情处，痛哭失声的情形也是有的。

从青春到中年，都是如此。

而我的脾气又不太好，我一听着以后就要急，就要找某某算账去，她反过来又得宽慰我。每当这节骨眼儿，角色又有了置换，常常都是这样。

世事沉浮，家家有本难念的经，在风风雨雨中，我对我与王静的兄妹情感有了新的体悟。念到王维的诗句：“念昔别时小，未知疏与亲。今来始离恨，拭泪方殷勤。”我总能忆起那个瘦瘦小小、整天问我这问我那的小丫头。这是一种融合了手足之情、患难之交乃至舞台契友等情感的复杂体验，我一直由衷地希望她永远幸福。

家有小女初长成

20 世纪 80 年代初，一部日本电影《狐狸的故事》在中国甚是风靡。那是一部立意非常独特的影片。当时影片里的几首歌曲也在青年当中广泛传唱，“大地，早晨好”：Good morning world, good morning world, good morning sunshine girl... 清新且雄浑，好一首生机勃勃的地球赞美诗，应了改革开放初青年一代热情探索世界勇于迎接挑战的心态。

电影主角是狐狸，真的狐狸。在童话中狐狸是狡诈的动物，是反面角色，是丑陋、鬼魅的；而这部电影演绎的北海道的狐狸，却把我们同这种动物拉近了。片子结尾是母狐狸把孩子们撵走——突然没了母性，没了温存，撕咬，驱逐，没有语言交流，但每个人都读懂了那种语汇：是时候了，你们该独立了，走吧。

那场面真是惊心动魄、荡气回肠：小狐狸们委屈着，哭泣着，恋恋不舍，最后终于绝望了，缩着背跑开，消失在远方的地平线，步入那种残酷的独立闯荡生活。

这里面投射出的生存哲学很震撼也很极端，我也无意把生物学的规律硬套到人类的现实之中。然而，当我有了孩子的时候，我想：生命的准备总是必须的。我主持“东芝动物乐园”的体悟，就是发现动物世界的某些规律和人伦人性的相同之处甚多。

对我的孩子，起码对女儿婷婷，我一直处于一种矛盾的状态。在她长大之际，一方面，我希望她能够尽早完满地独立，但永远又牵挂着——当她真的走出我能掌控的世界，我又满心酸涩，说不出的失落。

记得婷婷刚出生的时候，我们按照当年东北人的风俗迎接这个小生命的到来，我拿着一个暖瓶，里面是小米粥，还揣着红皮鸡蛋。我真想朝大街上喊一声：“我有女儿了！我当爸爸了！”

她上小学时，我每天接送，骑着自行车，在家和学校间来回驮。

我暗忖：哪天我试试，看看她自己能不能走？

这天放学了，我躲在马路对过大树后面观察她的表现。那是冬天刚下过雪不久，我看各自家长都带着孩子走了，婷婷也出来了，东张西望的，一脸的迷惑：咦？这是怎么回事啊？

我躲在树后偷偷乐：小小年纪，思想激烈斗争还要故作镇定的样子就这么可爱啊。终于，就剩她一个人站在校门口了，她觉得没什么指望了，眼睛拼命眨巴，小嘴还撇了一下，想哭出来，却没有人接招，忍了。

这时候我就想冲上去，可是，理性占了上风，为父的我忍了。

终于觉得没什么盼头了，婷婷辨别了一下方向，奔家那边走。不赖啊，判断明晰，知道家在南八马路。就这么走，穿一个羊毛的小大衣，摇摇摆摆地走着，我在后面跟着。

终于走到还剩下一条街就到家了，那有堆起来的雪堆，白天日照稍稍化了点又结冰了。到那儿她一下滑倒在地上，然后就“嘿咦嘿咦”哭了起来。我噌的上去把她拉起来，一把抱了起来。

婷婷特委屈，捏着小拳头轻轻打我，我乐呵呵说：“行了行了……爸爸就在这儿，一直看着你呢。”

家有小女万事足，与小时候的婷婷在一起。

我永远记得这一次，她的小胳膊小身子和我贴得特别紧。

从小我就尝试着对她实行“双语教育”，一度把这孩子弄糊涂了，刚会说话的时候，有时候“Hello”，有时候“你好”——在语言教育专家看来，这样教孩子语言是比较犯忌的。但是我当时不懂，也并非预想到她长大会去留学。

当时《英语 900 句》那本书刚出来，特别火。父女识字，由这“900 句”开始。寓教于乐，父女俩像演小品似的，我来叫门，她来开门，在戏剧化情境下俩人用英语对话，特好玩儿。

估计，婷婷大胆报名演小品，就是从日常性的“戏剧模拟”中萌发念头的。

1990 年，央视《综艺大观》上档，我是首任主持人。婷婷爱看这个节目，有一次到北京录播，11 岁的婷婷非要跟我一块去。我说：你去也没事。她转了转眼珠子：爸爸，咱俩不能演个节目吗？我：……你行吗？——你说演什么吧？

嘿，这丫头。她这个突发奇想把我思路也给“盘活”了，我连夜想了一个小品，叫做“父子对话”。她挺有状态的，对了对词第二天就上飞机了。两天以后直播，她上来了。我先做一个开场白，我儿子如何如何，然后提高了声调说：他来了——

婷婷上场了，以一个小男孩的模样亮相，戴个帽子，戴了个眼镜框。

全场所有人都笑了。

孩子一点不怯，演得大胆、舒展。事后我夸女儿：真给爸爸长脸。

时过境迁，今天可以尽量以轻松的口吻谈论往事。然而，往事并非总是轻松愉快的。

在她13岁的时候，我跟她谈过一些沉重的话题。我说：爸爸是一个好爸爸，妈妈也是好妈妈，然而爸爸妈妈在一起生活很多矛盾，有些矛盾是根本解决不了的。但是你放心，尽管我跟你妈妈分开了，今后，爸爸还是你爸爸，妈妈还是你妈妈。

这是从道理上讲，然后在行动上也要让她有这种感觉。

离婚的确是对孩子的一个伤害。怎么尽量弥补？个人的恩怨千万不要带到孩子身上，两人离了，但是这孩子还是你们的孩子。

还有一种“关切”也是大可商榷的。孩子本来对这个事情并不总挂在心上，而长辈如街道大妈，总要带着哀怜的神情问这问那：“你就跟你妈一块儿？”“你爸常常看你吗？”“孩子你想爸爸吗？”诸如此类，以为这是关心，其实很残忍。

一转眼女儿15岁，该上高中了。我把她送到英国去读书。这种选择与我自己年轻时“读万卷书、行万里路”的经历有很大的关系。

当时离婚的时候，考虑到一个父亲带着这么大的女孩，13岁了，有诸多的不便，觉得从生活角度看，她还是跟她妈妈比较好，更方便照顾她。而到了后来，我老了，女儿就越来越多和我在一起。放假从英国回来的时候，基本上是一半时间跟妈妈，一半时间在我这里。

孩子和我很像，她渐渐长大后，甚至连说话节奏、气韵气质都和我别无二致。朋友们都说 她“活脱脱一个小王刚”。

就这么一个女儿，她走出去了，要面临什么样的世界？要面临什么样的男人？要产生什么样的变化？不得不想，不得不忧。

大概是1997年那年，女儿回北京，我偶然进她的房间，闻到一股淡淡的烟味。她妈并不抽烟啊，我一愣："你抽烟了？"女儿垂下眼皮，默认。

我无语，那天，父女正好一路出去。

大概我的表情很可怕，哀愁，痛苦，失望，愤懑，都写在脸上。女儿一声不吭，坐在副驾驶位子上。

我缓缓开口："你吸烟啊？"

女儿低声解释："不是，我就是偶然烦的时候抽一根……"

我："你多大啊？你还是一个女孩子，怎么沾了这毛病？我希望你戒了。"

她轻描淡写地说："谈不上戒不戒，就是偶然地抽一点……"

"怎么这么巧？偶然抽一点让我撞上了？"我真是压抑着内心的忧伤，尽量平静地说，"这样行不行？我戒烟。"

当时抽三五烟，我拿出来，捻碎了，把窗子摇下来，把打火机扔了出去。平时车里一般准备一两盒烟，撕吧撕吧都碎了。

我戒烟了。

女儿哭了。

我什么也没再说。

那次，嗜烟如命的我真的把烟戒了。

终于有一天，婷婷打电话回来，带着哭腔告诉我：她真的没再抽烟了。可是，"爸爸，你不要为这事把烟戒掉了。你一天到晚多累呀，我不愿意让你这么难受呀爸爸……答应我，别戒了，好吗？"

我鼻子酸酸的，拼命点头："欸，好，好，爸爸抽。"

女儿有点撒娇地："那我现在就要听……"

就这样，我在话筒边打着燃火机："婷婷，听见了吗？爸爸点上了，爸爸抽烟啦。"

有人问我：你为女儿哭过吗？

太有了。女儿出嫁时，我哭过。那是在英吉利海峡当中的根西岛——她的婆家，由牧师主持婚礼。乐曲声中，第一项就是：我这个为父的要把女儿交出去，仪式感特别强的一个场面。在现场，我没有失态，可当我独自躲在一棵大树背后时，不由时而仰面，时而垂首，任由眼泪大颗大颗滑落。

还有一次，《明镜高悬》现场。我演一个县太爷，邓婕饰县太爷夫人，跟戏中我的“女儿”（小陶红）有场对手戏，也是什么愁苦事，跟父亲诉说委屈。台词说了一半，勾起我的心事来。想到在外的女儿，难受得不行，我真流泪了。本来按照戏里要求这是好事，谁想到一发而不可收拾。这戏没法往下拍了，我跑到不远处的小树林里，哭了20多分钟，失态了，完全控制不住。

《艺术人生》节目找我的时候，张国立他们给我打预防针：别到那儿哭去，他们那儿净整这景儿。我挺自信：我多大岁数了，什么没经过？在那儿哭什么，能哭吗？结果他们搞一个越洋电话，听到女儿轻柔的声音，我一下就绷不住了，泪花闪闪的——他们专捅人的软肋。

有一种情愫很特别，那就是爸爸对女儿的情愫。一旦她出嫁了，心里难免有点酸溜溜。有人不是这样说嘛，每个有女儿的男人都要经过两次灵魂的考验，一次是女儿出嫁的时候，再一次是女儿生孩子。巧合的是，女儿在我有儿子半年之后，也给我生下一个活泼可爱的小外孙。

上苍对我太眷顾了。

她在英国学习，有两门风马牛不相及的课程非常优秀：数学和画画。但我也没能免俗，总觉得孩子不能靠画画为生。数学特别好的话，就学工商管理、会计专业，结果孩子考上工商管理专业。这个学校的这个专业在全英排名第二，但念了三个月她就另有主意了。她给我打来越洋电话说：“爸爸，我实在没兴趣，不想一辈子跟数字打交道，跟经济财政打交道。”

我当时的反应是：这不是兴趣问题，你首先得考虑安身立命，好不容易考上了这个学校，就该好好学。

但女儿怎么也听不进去。

我又说，你的爱好和社会的需要未必吻合。

大道理讲了一通，孩子最后来了一句：“爸爸，我觉得应该发挥我潜在的艺术才能。”

我有点按捺不住，当年干涉王静人生选择的劲头又上来了：“在巴黎的蓬皮杜中心广场上，看见很多画家给人画肖像挣小钱。你如果学这个，有可能变成那样，你能做得了吗？”

她毫不犹豫地说：“爸，我能做得了。”

得，无言以对。也许因为我也是搞艺术的，这理由对我来说靠谱，最后我被孩子说动了，同意了她的选择。

于是，她重新准备了一年，结果考上英国一家艺术学院。

说这个细节的意思，是想说明，我们父女之间的沟通，并非总是和风细雨——有的时候，我会说着说着就失去耐性，“父权意识”又上来了：“怎么就说不通你呢？这是天下古往今来通用的道理啊！”

事后我想：我小时候，父亲打我都拧不过来。为什么代际轮转到我这儿，就要把自己当年不愿意承受的，非要要求后辈去承受呢？

女儿虽然很乖，但也顶撞过我。她出国回来不久，我们在一个阿拉伯餐厅一块吃饭。我这人急性子，人生目标极其明确：望子成龙、望女成凤，毫不掩饰。在交谈时，她感觉到我的话题过于沉甸甸，有点压力。女孩子的特点，更希望你谈一些很生活的话题，一谈到学业、事业她就有压力，但是我多少有点急，喋喋不休，一直在批评、压制。说着说着她也急了，都掉眼泪了。

一看到她掉眼泪，我就有点懊悔。

前面说过，我们这个家族，就我有点犯浑。

后来我意识到：父母对于自己的儿子和女儿的教育方式一定要有所区别，甚至是很大的区别。

不然，为什么关于女儿的话题，也属于关于女性的话题？

一般地，我有时候固执己见时，我女儿她不直接说“爸你这不对”，而是会很柔性地把她不赞成的信息传达给我。这种风范，类似于我的母亲和王静，我们家的家教和整个的传承都如此。

她从小就知道自己有一个“不一样”的爸爸。

说到这儿，脑子里突然想起一个故事。迪斯尼创始人的女儿曾经问她老爸，你是不是米老鼠和唐老鸭的作者？他回答说我是啊。过一会儿，他女儿柔声柔气地说，那你能给我签个名吗？孩子突然有种身份体认，特别有趣。

与婷婷在伦敦大学大维德基金会展馆门前。别看门脸儿不大，这里却是国内外瓷器大藏家必去之地，著名的元青花至正型象耳瓶就藏于此。摄于 2004 年。

女儿从小时候起，当然能意识到父亲不是默默无闻之辈。孩子看电视长大的嘛，也知道靠着“近水楼台”给自己创造电视上露脸的机会。然而，欢乐的感受过去，父亲就是父亲，女儿就是女儿。她面临的考验和烦恼，一点也不比其他孩子少。

也许，父母离异的隐痛，使孩子早早就懂事了。

婷婷在大英博物馆工作的时候，故宫博物院当时一个代表团访问经过，婷婷负责接待，跑前跑后给人当翻译，特别敬业。故宫方面一个负责外宣的闫主任——也是我的一位朋友，觉得婷婷这模样气质有点特别，就跟她聊起来。我女儿说：“我是中国人，从北京来这儿留学的。”这边问：“你父母做什么的？”她说：“母亲在某单位，父亲嘛……在电视台主持节目。”

闫先生仔细看了看我女儿的名字："王婷婷。"若有所悟："王刚？"

女儿大大方方地说："那是我爸。"

大英博物馆的工作工资特别低，开始年薪是一万英镑，试用期三个月，任务挺重的。

然而，也许是受了我的影响，她觉得这工作特别有意思。

刚去一个多月，她告诉我，《女史箴图》在大英博物馆藏着，大英博物馆想把原来的英文说明译成汉语。这个原来有人翻译过，他居然把晋代的"晋"（JIN），翻译成"金"——好家伙，这差了多少年啊？女儿承担了订正译文的工作，于是爷俩开始不断通过网上交流。笔谈中，女儿强烈地意识到，尽管进了这个博大精深的文化殿堂，但自己的汉语水平亟待提高，我等于帮助她重新补习了一回中文。

我特别希望她能够在大英博物馆待下去。我甚至对她羡慕不已。

记得一次半夜来电话，女儿语气中透着兴奋："爸，你知道我手里拿着啥吗？"原来，他们正在整理东方艺术部的瓷器，她手里正拿着一只成化斗彩葡萄纹杯。"天哪！"我说，"闺女，你可真有福气呀，爸当年去大英博物馆参观，最多只能隔着玻璃看两眼，从未上过手啊！"羡慕完又立马担心起来，"你可拿好了哇，那玩意儿起码值几千万哪！"

可惜，女儿在那儿没能干长。希望也罢，羡慕也好，还是实际点儿好，我不能以自己的兴趣爱好让女儿天天喝西北风——待遇实在太低了，而她一个月的房租就得 400 英镑左右。那还剩什么钱了？基本白干。

让我欣慰的是，尽管在伦敦喝罐可乐都得掂量掂量，孩子却很懂得孝敬我，常打电话给我，嘱咐我要爱惜身体。每次从英国回来，她都会送给爸爸一些小礼物，比如一块苏格兰格绒、一套小瓶的葡萄酒。她知道我喜欢喝酒，我也知道她是拿着我的钱买的，可我就是高兴。我这种心情，大概天下父母都能理解吧。

我过 50 岁生日的时候，女儿从伦敦寄来一张贺卡，我保留至今。那上边英文汉文横七竖八印了写了许多字。封面大写的"DAD"（爹爹）后是句苏格兰谚语：

Don't forget，hard work never hurt anyone.——不要忘记，辛苦的工作从不伤

害任何人。

接下来是：

我最亲爱的老爸，又是一年了，去年寄卡好像是昨天的事，太快了！你又辛苦了一年，为我。所以，生日这天，好好轻松一下，因为还有明年呢。我这一年收获很大，希望你也如此。祝生日快乐，青春永驻！

看来女儿在鼓励我。在她眼里，我还年轻，我还能干上几十年呢。

每次和女儿一起出门，牵着女儿的手，我心里就特别自豪，而且不怕人家认出来，也不理会别人是否会误解。有一次在秀水，我领着女儿逛摊儿。进一家店的时候，就听见有两个五十多岁的女士，神神秘秘地私语道："看，王刚来了，还带了个小蜜！啧啧……"我跟丫头相视一笑，随她们说去。接着去了紫光电影院看《刺秦》，那个卖票的看了看我女儿，问我："您是要散座，还是情侣座啊？"我真想跟他急眼，女儿就笑呀笑，笑着晃我的胳膊："爸，看来您还是年轻啊，是我老了。"

女儿结婚的时候，英国姑爷的一家都来北京参加婚礼。在英国是西式婚礼，而在北京，我安排的是典型的中式传统婚礼：坐花轿，骑大马，迈火盆，拜天地、拜高堂（父母）、夫妻对拜……

婚礼前几天，女儿怯生生地问我，爸，我妈能来吗？

我心里掠过一股暖流：当然要请她来了，我跟你妈妈是你的父母啊。

拜高堂的时候，这边是我跟孩子她妈，我们都穿着中式传统服装；那边是英国老头跟老太太。亲家公是位律师，头天还特意去国贸买了一件唐装。

我时常说：在我步入老年时，常感到一种时光轮转的曼妙，亲缘在重组，在以一种微妙的方式为一切遗憾做挽结。生活，仁慈地延续。

这种亲情篇章，与其说是写出来的，还不如说，是时光的流水轻柔地送来的。流水走了一圈，把那些最亲切的人像，把那些对话，耳语，拌嘴，触摸，拥抱，依次送来。人的感情为什么变得深厚，就是因为有这种时光流转，有这种永远的相随。

儿子的世界，我的世界

此书落笔的时候，儿子正好度过 1 岁的生日。

有了儿子，生活和展望和以前又有不同。

如今的网上流行说“回家”怎么怎么的，自己琢磨着，这“回家”挺好，回家者，回归也，几经浪荡，归回本真也。在闹哄哄的世道人心下，回归也是个很好的事儿。

拍《铁嘴铜牙纪晓岚》第 4 部时，每逢下工的时候，我跟哥儿几个道别，总是要带出一句：“回家抱孩子去喽！”

大家平常说“回家抱孩子”，总是用暮气沉沉的口吻，含着讽刺，显着老态，透着消极，而我挂在嘴上的“回家抱孩子”，则透着富足，显着圆满。

“回家抱孩子去喽！”

“老态”？“消极”？那是不敢有的。不能老，也不敢老。

孩子，也是我这本书的最终归结点。

如今这个全媒体时代，这个什么都可以弄来娱乐一把的时代，我的儿子是在媒体殷切的关注之中诞生的。

那家杂志社手段特别逗。我爱人的爸爸妈妈住在解放军艺术学院的大院里，家里有两部电话，一个是地方线的，一个是部队线的。

那个电话是通过部队线打进来的，所以老两口自然就少了防范。

再加上刚有了外孙子，正沉浸在快乐当中，夫妇俩也根本就没往别处想。一接电话，对方特别热情，口气里透着那份儿熟啊——“这是郑老师家吧？”“对对对，您是？”“怎么样，郑老师挺好吧？”“挺好的挺好的……”“孩子长得像谁啊？”“都像，取他们的优点……”

该说的都说完了，忽然觉得不对：“您是哪儿啊？您哪位啊？”

一听对方说“我们是杂志社的”，吓得赶快把话筒放下了，老两口面面相觑。

当晚，这段音频网上就播出去了。

面对各种各样的爆料，不可能心里一点也不别扭。可是我该怎么办呢？还能怎么办呢？只好安慰着自己：你看人家写的，我怎么就写不出来呢？人家也是“正面报道”嘛，虽然就像写小说一样，一波三折——得遇点波折才好看，比如写到，王刚不准备要这个孩子，还去征询张国立的意见，张国立严肃地说：你得要……

连什么心理活动都替我操办好了。虽说我读到这些“报道”的时候，鼻子耳朵都不知道往哪儿搁，该采取什么态度呢？

不吭声也是一种选择。只好采取低调处理吧。有人紧追不舍的时候，顶多挠挠后脑勺，自我解嘲：人家说的都是好事，可惜……有些好事咱们没摊上啊。

我甚至不无调侃地想象未来：儿子明儿大了，看到这样的描绘，原来他妈妈和他老爸竟然不想要他，会不会朝我们两口子嚷嚷：“好哇，你们当年真的很自私呃！”

儿子，其实不是这样啊。

儿子，假如你看到那些影剧小品里“将做人父”的大老爷们儿惶恐不安一惊一乍的样子觉得特别好笑的话，那当爸爸的我告诉你：你爸爸在产房外的表现，那抓耳挠腮的模样，不比他们更庄重，更洒脱。

永远忘不了，当那个护士大声地说“男孩啊”，听到这个，我的眼泪哗就

2008 年，儿子刚出生半小时留影。

下来了；第一件事就是给妈妈打电话：“妈，您有孙子了……”

我妈说不出别的话，一个劲儿说好啊好啊。

永远忘不了，掀开那个小被角看见儿子的第一次父子相见，宝贝儿子侧着脸，眼睛闭着，眼线长长的，小耳朵的轮廓跟我的一样。

我一字一顿地说：“儿啊，是爸爸。”

骄傲的小家伙没答理我。

推着孩子的是个男护士，问：“王老师，您是在这儿等您爱人出来，还是？”

我有点不解：“什么还是，怎么的？”

“我们现在要上 8 楼去给孩子洗澡，然后量体重、身长，还有诸多的指标。”他指着门，特意关照了一句，“要通过走廊再上电梯，得先出这个门。”

“出这个门”意味着什么，彼此心照不宣。

男护士好心地再提醒：“走廊都是人。您是在这等您爱人？”

我说：“不不不，我跟你走。”

“可外面有人……”

我口气急促:“没关系，爱谁谁! ……我就守着这车!”

上到8楼,门口有一个布帘,我不自觉地还要往里闯,这回男护士真不干了。

“王老师，这儿不能进了。”

“里面几个啊?”

“放心吧，里面就您这一个孩子。”

我这才意识到自己的失态，点点头说那行，我就在这儿等着。擦擦汗，定定神，还是忍不住鬼鬼祟祟地瞄那门帘。恨不得眼睛戴了一个潜望镜，跟过去，罩着我的儿子。

说出这个心理状态，确实有着几分堪笑处：我真是怕给丢了，怕给换了。我不是正主持《王刚讲故事》吗?里面好几个案例都是讲被换了孩子的悲剧，还有无意中抱错的事故。接下来就是伦理的冲突，突如其来的打击，感情的崩溃、重整……

虽然在节目里，我是置身事外地讲，可轮到自己站在产房外，那是一副什么状态呢?说句有点不太妥当的话，真有点“革命革到自己头上”的滑稽感。

这些故事对我心理上的影响太大了，弄得我都有点强迫症了。

记不得当天下午，我再去棚里说《王刚讲故事》的时候，表现跟平常有什么不同。但有一点可以确定：那期节目恰好有讲婴儿、讲孩子的故事，感觉大不一样了。

就记得辽宁台这个栏目的编导赵飞对我说:“王老师，你今天讲的，特别那啥……讲得太感人了，那感情老真挚了……”

儿子跟我一个属相,天干地支皆同,都是戊子年生人。莫非这也是一个轮转?

妻子请教过医生，医生的观察分析是：这孩子好奇心浓厚，将来可能适合探索性强的工作——比如说，研究性的工作。

两口子既高兴又有点心有不甘：孩子这么漂亮，让他自由发展，没准儿是个炫目的人杰啊。研究性的工作，会不会……寂寞了一点?哈。

总之是矛盾重重，总之，是在无限欢喜中的瞎操心。

最强烈的感觉：他就是你，你的生命就由他延续了。

我和爱人，曾在《送子观音图》前默祷：希望我们的孩子是健康的、聪明的、漂亮的、活泼的。

不求更大的福祉，只求平安。只求延续。

任何一种祝愿，都免不了蹈人窠臼，可是，还能祈愿什么呢？

那一天儿子的百日宴上，主持人张国立要大家“民主议决”：希望王刚的儿子长成以后做什么？

“做演员？”

在场有二百多人，竟没一个人举手。

“当主持人？”

零零星星三两个赞成。

张国立看我一眼：“当收藏家？”

稀稀拉拉也就十几只手。

张国立好像很无奈地点点头，看了一下我爱人，仿佛很泄气地撂下一句：“大提琴演奏家？”

哗——全场沸腾，掌声雷动。

我和张国立两人孤独地站在那里，做面面相觑状。尤其是我，显出一副无比尴尬的神态，透着“怯”，透着卑微。

大伙儿笑得更欢。

我看着爱人，内心充满了骄傲和感激，她刚刚给来宾们演奏过圣桑的《天鹅》。一位幸福的经常抱着儿子喜极而泣的母亲，此刻恰如她当年的硕士论文的题目——《人琴合一》了，那她奏出的每一个音符怎么能够不动人魂魄呢？

孩子给我们带来的，不仅仅是欢乐，更多的时候，他给我们带来的，是整个世界。

图书在版编目（CIP）数据

我本顽痴 / 王刚著.—南京：江苏文艺出版社，2010.3
ISBN 978-7-5399-3675-8

Ⅰ.①我… Ⅱ.①王… Ⅲ.①王刚—自传 Ⅳ.①K825.7

中国版本图书馆CIP数据核字（2010）第045361号

我本顽痴

著　　者：王　刚
责任编辑：刘　霁
策划编辑：一　草　耿金丽
营销编辑：尚　蕾
装帧设计：张丽娜
出版发行：凤凰出版传媒集团
江苏文艺出版社　http://www.jswenyi.com
集团网址：凤凰出版传媒网　http://www.ppm.cn
印　　刷：三河市鑫金马印装有限公司
经　　销：新华书店
开　　本：787×1092　1/16
字　　数：200千字
印　　张：18
插　　页：20p
版　　次：2010年4月第1版第1次印刷
书　　号：ISBN 978-7-5399-3675-8
定　　价：29.80元